W0356012

Windows XP

ISBN : 2-7460-1615-X

Editions ENI

BP 32125
44021 NANTES Cedex 1
Tél : 02.51.80.15.15
Fax : 02.51.80.15.16

e-mail : editions@ediENI.com
http://www.editions-eni.com

Auteur : Béatrice DABURON
La collection **Repère** est dirigée par Corinne HERVO

AVANT-PROPOS

La collection **Repère** est destinée à toute personne qui débute en micro-informatique. Elle est conçue pour vous donner des explications claires, très détaillées, à l'aide de termes simples et précis. Ces explications sont basées sur la règle "un titre - un écran" : chaque commande est illustrée par une boîte de dialogue ou par un écran d'exemple :

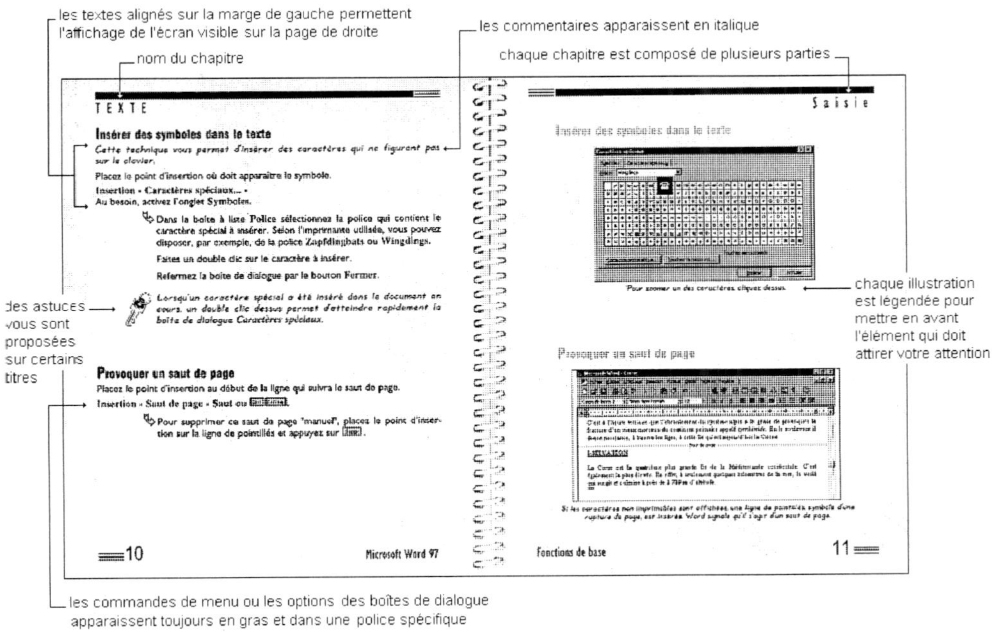

Ce support devant être le plus complet possible, nous avons choisi de vous présenter toutes les solutions permettant d'effectuer une manipulation en les caractérisant à l'aide des icônes (solution menu), (solution souris) et (solution clavier).

Chaque support de la collection **Repère** est organisé en chapitres de plusieurs parties correspondant à un thème. L'organisation générale de l'ouvrage est détaillée dans la **Table des matières** qui suit.

En fin d'ouvrage, une annexe dresse la liste des raccourcis-clavier et l'**Index** permet de retrouver rapidement la page correspondant à un point précis.

Table des matières

AFFICHAGE ET RECHERCHE

GESTION DES FICHIERS ET DOSSIERS

COPIER UN FICHIER SUR CD-Rom

CONFIGURATION — Chapitre 4

SYSTÈME ET COMMUNICATION — Chapitre 5

Chapitre 1

WINDOWS XP

Démarrer Windows XP

Lorsque vous démarrez votre micro-ordinateur, les utilisateurs de votre ordinateur apparaissent par défaut dans la fenêtre de bienvenue de Windows XP (page d'accueil).

Si vous êtes le seul utilisateur de cet ordinateur, cette fenêtre d'accueil n'apparaît pas. Votre session s'ouvre automatiquement, et vous visualisez le Bureau Windows.

Si plusieurs utilisateurs ont été créés et que vous ne voyez toujours pas la page d'accueil Windows, cela signifie que celle-ci a été désactivée. Dans ce cas, pour démarrer une session, vous devez saisir votre nom d'utilisateur ainsi que votre éventuel mot de passe dans la boîte de dialogue ***Ouverture de session Windows****.*

- Comme le message de la page d'accueil vous y invite, cliquez sur votre **nom d'utilisateur**.

- Précisez, éventuellement, votre **Mot de passe** afin d'ouvrir une session de travail.

  Si vous avez oublié votre mot de passe, cliquez sur le bouton pour visualiser l'indication du mot de passe (cf. UTILISATEURS - Gérer le mot de passe d'un utilisateur).

  Si vous avez saisi un mot de passe, cliquez sur le bouton ou appuyez sur la touche Entrée pour valider la saisie.

  L'espace de travail, appelé aussi le Bureau, apparaît à l'écran.

Démarrer Windows XP

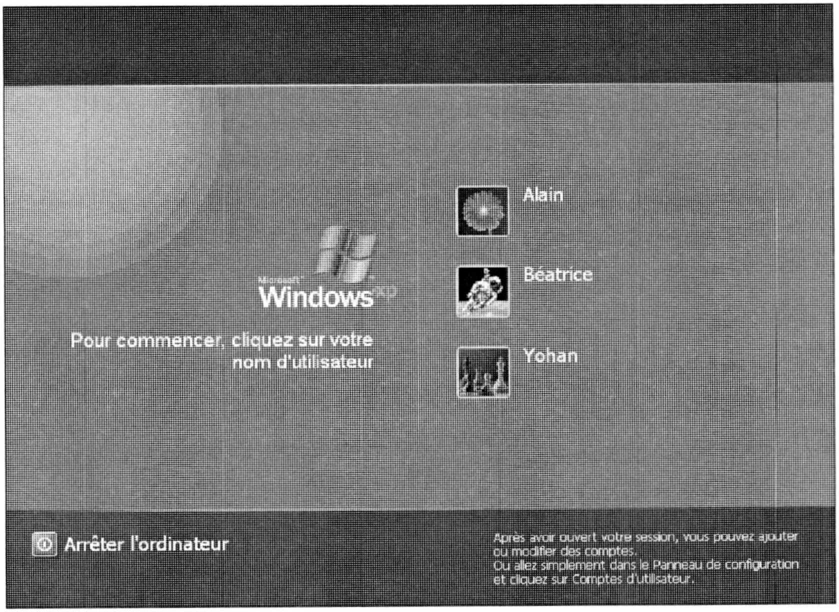

Windows XP est un sytème multi-utilisateurs, de ce fait, plusieurs "profils" (utilisateurs) peuvent être proposés. Dans notre exemple, trois utilisateurs ont été créés.

Le mot de passe saisi apparaît sous forme de points.

Ouvrir ou activer une nouvelle session

Windows XP peut ouvrir plusieurs sessions en même temps. Selon que vous avez activé ou non la bascule rapide utilisateur (cf. UTILISATEURS - Activer/désactiver la bascule rapide utilisateur) deux cas peuvent se présenter.

Lorsque la bascule rapide utilisateur est active

Cette fonction permet d'ouvrir plusieurs sessions sur le même micro-ordinateur.

Pour ouvrir une autre session, cliquez sur le bouton **démarrer** puis sur **Fermer la session**. Cliquez sur le bouton **Changer d'utilisateur** de la boîte de dialogue **Fermeture de session Windows** afin d'activer la page d'accueil Windows ou la boîte de dialogue **Ouverture de session Windows**. Selon que vous obtenez la page d'accueil Windows ou la boîte de dialogue **Ouverture de session Windows**, cliquez sur le nom du second utilisateur ou saisissez son nom.
Saisissez l'éventuel mot de passe puis validez votre saisie.

La session précédente n'est pas fermée, elle reste juste en "attente" en arrière-plan.

Pour réactiver une session ouverte, cliquez sur le bouton **démarrer**, puis sur le bouton **Fermer une session**. Cliquez ensuite sur le nom de l'utilisateur à activer.

*Le raccourci clavier ⊞ **L** vous permet de changer d'utilisateur rapidement.*

Sachez que chaque session ouverte sollicite la mémoire de votre ordinateur. Dans le cas où celle-ci serait limitée, il est préférable de fermer la session en cours avant d'en ouvrir une autre.

Lorsque la bascule rapide utilisateur est désactivée

Dans ce cas, pour ouvrir une nouvelle session, vous devez fermer la session précédente.

Pour ouvrir une autre session, cliquez sur le bouton **démarrer** puis sur **Fermer la session**.

Cliquez sur le bouton **Fermer la session**. À partir de la page d'accueil Windows, cliquez sur le nom de l'utilisateur pour lequel vous souhaitez ouvrir une session puis saisissez son éventuel mot de passe.

À partir de la boîte de dialogue **Ouverture de session Windows**, saisissez le nom de l'utilisateur puis, si nécessaire, son mot de passe avant de cliquer sur **OK**.

Ouvrir ou activer une nouvelle session

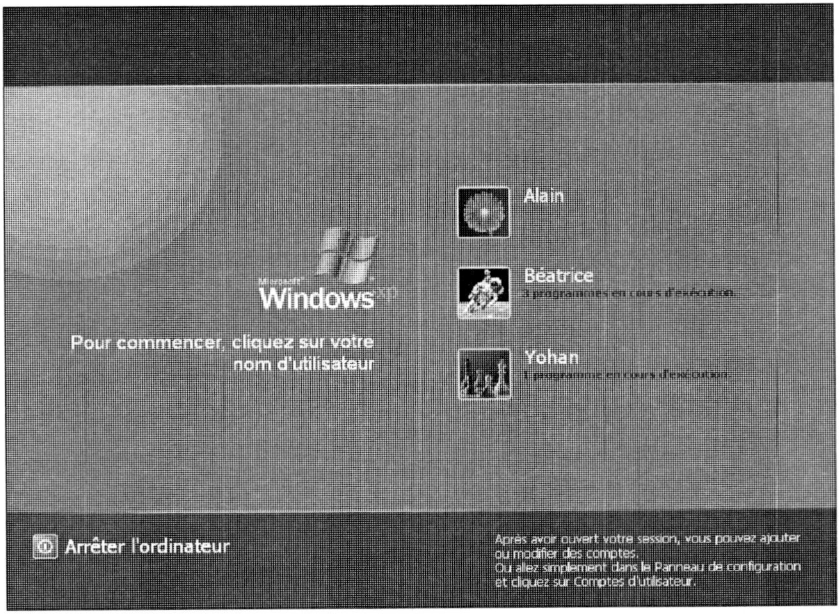

*Sur la page d'accueil Windows, les sessions ouvertes sont indiquées soit par le nombre de **programmes en cours d'exécution**, soit par le message **Session ouverte**.*

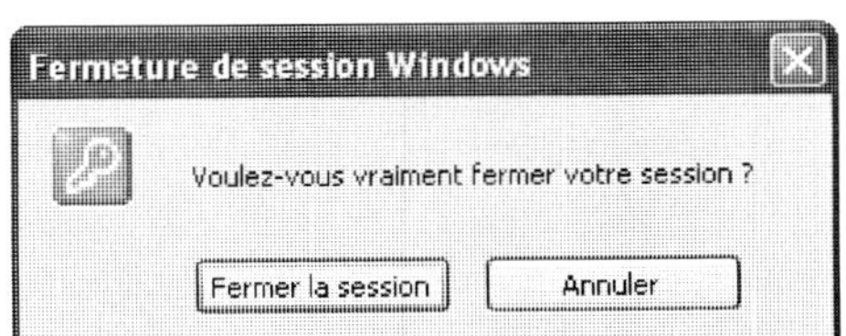

*Le bouton **Fermer la session** ferme également les applications et les fichiers.*

Fermer une session Windows XP

Pour chaque utilisateur connecté, une session est ouverte. Le fait de fermer une session a pour but de fermer tous les fichiers et applications ouverts par cet utilisateur.

Enregistrez, si besoin est, toutes les modifications apportées aux fichiers ouverts.

Cliquez sur le bouton **démarrer** puis sur le bouton  **Fermer la session.**

- Cliquez sur le bouton **Fermer la session**.

  Windows ferme alors toutes les applications ouvertes et contrôle le dernier enregistrement des fichiers ouverts. Si vous n'avez pas enregistré les dernières modifications apportées à vos fichiers, Windows vous propose de le faire, dans ce cas, cliquez sur le bouton **OK**.

  Windows enregistre alors vos paramètres puis active la page d'accueil à partir de laquelle vous pouvez ouvrir une nouvelle session.

Rappelons que si la bascule rapide utilisateur est active, il n'est pas obligatoire de fermer une session pour en ouvrir une autre.

Fermer une session Windows XP

Cette boîte de dialogue apparaît si la bascule rapide utilisateur est active.

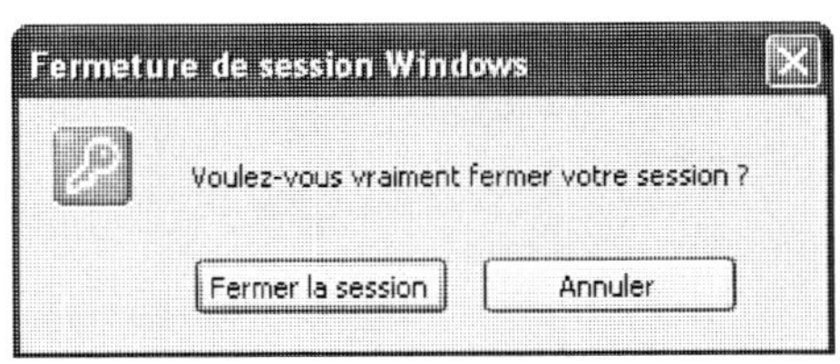

Celle-ci apparaît si la bascule rapide utilisateur est désactivée.

Découvrir le Bureau

La présentation et le contenu de l'espace de travail, appelé aussi Bureau, peuvent être personnalisés, et donc différer d'une station à l'autre.

Vous y trouverez cependant ces quelques éléments :

La barre des tâches

Elle facilite l'accès à chacune des tâches, c'est-à-dire à chaque application active. Au démarrage du micro-ordinateur, elle contient généralement un bouton **démarrer** qui permet de faire apparaître le menu principal de Windows ; elle affiche aussi à droite la **Zone de notification** : celle-ci contient l'horloge ainsi que certaines icônes vous signalant tel ou tel événement, comme par exemple la réception d'un message électronique. La barre des tâches peut être cachée momentanément, afficher la zone de **Lancement rapide...** (cf. BARRE D'OUTILS - Gérer la barre des tâches).

Si vous pointez l'heure visible dans la barre des tâches, la date système de votre micro-ordinateur apparaît.

Les objets

Différents objets symbolisés par des icônes peuvent être visibles sur le bureau ; par défaut seule la **Corbeille** apparaît :

- la **Corbeille** est un emplacement réservé à la suppression de fichiers. Par défaut, lorsque vous supprimez des fichiers, ils sont transférés dans la corbeille. Cela vous permet de récupérer des fichiers supprimés malencontreusement.
- d'autres objets, tels des raccourcis permettant d'accéder rapidement à des applications ou des fichiers, peuvent apparaître aussi sur le bureau.

Un double clic sur l'heure ouvre une boîte de dialogue vous permettant de modifier la date ou l'heure système et le fuseau horaire correspondant à votre pays (cf. INTERFACE - Modifier la date et l'heure système).

Découvrir le Bureau

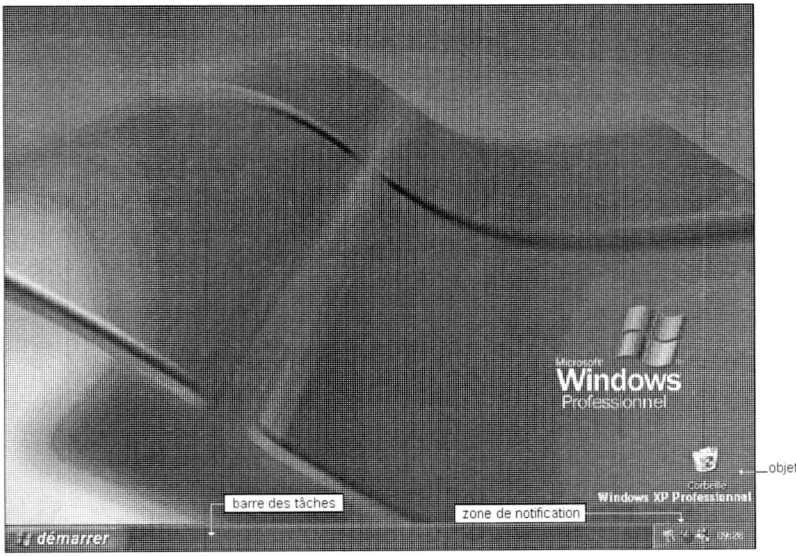

Bureau de Windows XP Professionnel

Bureau de Windows XP Edition familiale

Découvrir le menu démarrer

Pour afficher le menu principal de Windows XP, cliquez sur le bouton **démarrer** ou appuyez sur la touche ⊞ de votre clavier ou Ctrl Echap .
Lorsque vous déplacez le pointeur de la souris sur une option ou un menu, nous dirons que vous "pointez" l'option ou le menu.

Le menu principal de Windows XP contient :

- Le nom de l'utilisateur actif apparaît en en-tête du menu.
- Le menu **Tous les programmes** affiche la liste des programmes installés sur l'ordinateur.
- Le menu **Mes documents récents** contient la liste des 15 derniers fichiers que vous avez exploités, afin que vous puissiez y accéder rapidement.
- Le bouton **Mes documents** ouvre la fenêtre du même nom et qui contient tous vos éléments de travail classés dans trois dossiers : **Ma musique**, **Mes images**, **Mes vidéos** (ce dernier est généré automatiquement au lancement de l'application Windows Movie Maker).
- Les boutons **Mes images** et **Ma musique** affichent directement le contenu des dossiers correspondants.
- Le bouton **Poste de travail** vous donne accès à tous les composants de votre ordinateur.
- Le bouton **Panneau de configuration** ouvre la fenêtre du même nom et vous permet ainsi de configurer votre environnement de travail.
- Le bouton **Imprimantes et télécopieurs** active la fenêtre du même nom et vous permet d'ajouter une imprimante, de configurer les télécopies, etc.
- L'option **Aide et support** permet d'accéder à l'aide de Windows XP et son assistance.
- Le menu **Rechercher** permet l'accès aux options de recherche de fichiers, de dossiers, de personnes ou d'éléments sur Internet.
- L'option **Exécuter** permet d'exécuter un programme à l'aide du fichier exécutable correspondant.
- L'option **Fermer la session** vous permet de changer d'utilisateur et/ou de fermer la session en cours.
- L'option **Arrêter l'ordinateur** doit être activée avant d'éteindre le micro-ordinateur.

Pour fermer le menu démarrer, cliquez n'importe où sur le bureau ou appuyez sur Echap autant de fois que nécessaire.

Découvrir le menu démarrer

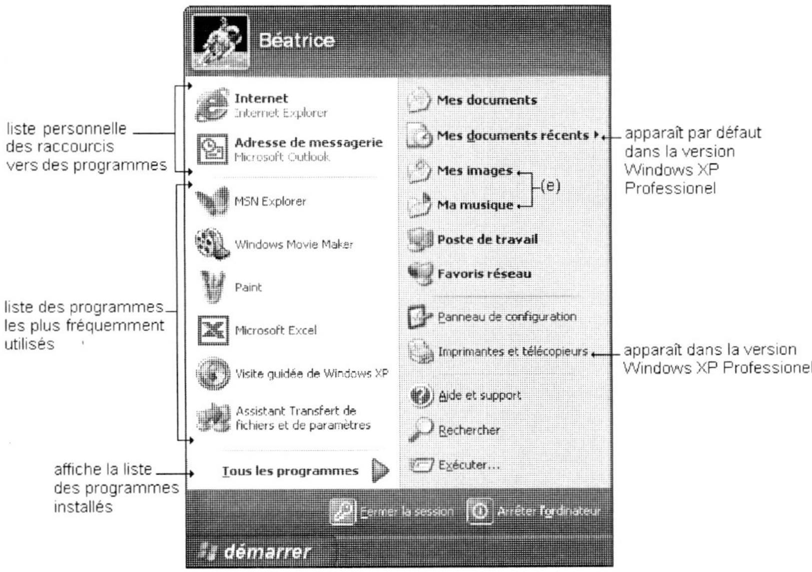

Les options dont le nom est suivi d'un triangle noir donnent accès à des sous-menus. Les points de suspension visibles à droite de certaines options indiquent l'affichage d'une boîte de dialogue si cette option est activée.

Utiliser le menu démarrer

Cliquez sur le bouton **démarrer** puis sur l'option **Tous les programmes.**

*Par défaut Windows XP intègre un certain nombre d'applications fort utiles. Les principales sont regroupées dans le menu **Accessoires.***

Cliquez sur le menu **Accessoires.**

Le menu **Accessibilité** regroupe des applications permettant d'améliorer l'accessibilité aux utilisateurs souffrant d'handicaps visuels, auditifs ou moteurs.

Le menu **Communications** regroupe des applications permettant de vous connecter à un réseau ou à d'autres ordinateurs.

Le menu **Divertissement** intègre quelques applications multimédias.

Le menu **Outils système** regroupe des applications concernant la gestion de votre système.

L'**Assistant Compatibilité des programmes** peut vous aider à régler certains problèmes de compatibilité entre un programme et Windows XP.

L'option **Bloc-notes** ouvre l'application correspondante qui permet de gérer des fichiers texte.

L'option **Calculatrice** ouvre l'application du même nom qui permet d'afficher une véritable calculatrice.

L'application **Carnet d'adresses** permet de gérer les adresses de vos contacts afin de les utiliser facilement dans des programmes tel que Outlook Express.

L'**Explorateur Windows** permet d'afficher la structure hiérarchique de vos fichiers et dossiers et vous donne accès aux postes du réseau.

L'option **Invite de commandes** permet d'utiliser des commandes MS-DOS.

L'application **Paint** est un programme de dessin (en mode point).

L'option **Synchroniser** permet la mise à jour sur le réseau d'éléments modifiés hors connexion.

L'option **Visite guidée de Windows XP** permet de visualiser une présentation animée ou non du système Windows XP.

L'application **Windows Movie Maker** permet de gérer des séquences vidéos.

L'application **WordPad** est un programme de traitement de texte.

Utiliser le menu démarrer

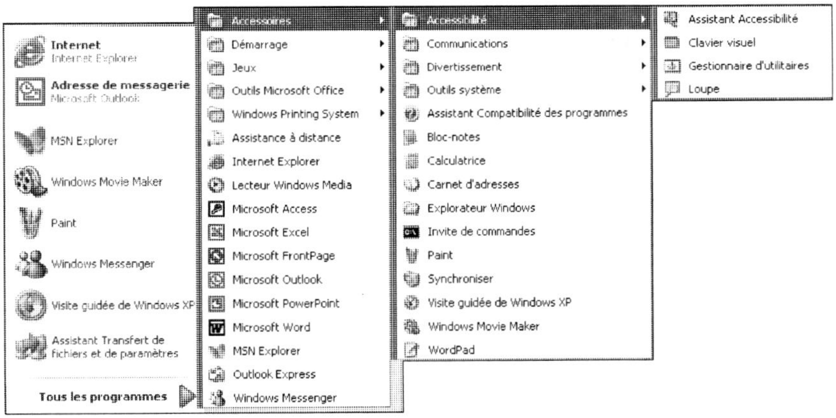

Pour afficher les programmes par ordre alphabétique, faites un clic droit sur la liste puis cliquez sur l'option **Trier par nom**.

Utiliser l'aide de Windows

Ouvrez le menu **démarrer** puis activez l'option **Aide et support** ou appuyez directement sur la touche [F1] (à partir du Bureau).

Pour chercher de l'aide à partir des liens hypertexte proposés

- La liste **Choisir une rubrique d'aide** (a) vous propose des rubriques d'aide variées sous forme de lien hypertexte.
- Les liens associés à la partie **Demandez de l'assistance** (b) vous permettent d'être guidé dans des fonctionnalités particulières telles que l'autorisation d'un correspondant extérieur à se connecter à votre ordinateur afin de résoudre votre problème ou bien encore la recherche des informations dans les forums de discussion dédiés à Windows XP.
- Pour obtenir de l'aide sur une tâche précise, consultez la liste **Choisissez une tâche** (c), un lien hypertexte correspondant peut-être à votre recherche y apparaît.
- Des informations, astuces, remarques... vous sont automatiquement proposées dans la zone **Le saviez-vous** (d) dès l'ouverture de cette boîte de dialogue, si votre connexion Internet est active.

Pour visualiser l'aide correspondant au lien, cliquez sur celui-ci.

Consultez l'aide proposée et/ou effectuez les manipulations en suivant les conseils énoncés. Pour revenir à la fenêtre d'accueil du **Centre d'aide et de support**, cliquez sur l'outil [Accueil].
Pour revenir sur la fenêtre précédemment visualisée, cliquez sur l'outil [Précédent]. Pour fermer la fenêtre d'aide, cliquez sur le bouton [X].

Pour réduire la fenêtre du Centre d'aide et de support, cliquez sur le bouton [Modifier l'affichage]. Pour agrandir la fenêtre, cliquez sur le bouton [Modifier l'affichage].
Pour afficher les pages d'aide visualisées durant cette session, cliquez sur le bouton [Historique].

... /...

Utiliser l'aide de Windows

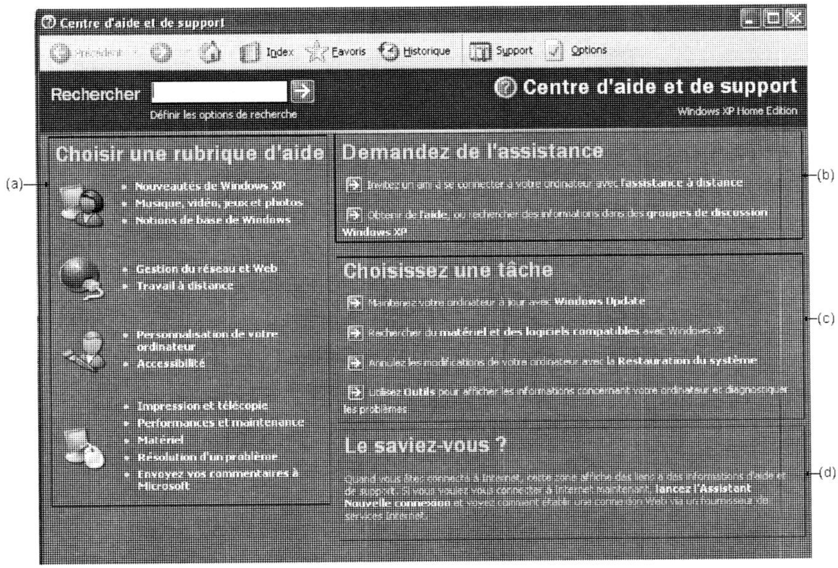

L'outil 

permet d'accéder directement au contenu des liens ***Demandez de l'assistance***.

... /...

Utiliser l'aide de Windows (suite)

Pour chercher de l'aide à partir de mots clés, cliquez dans la zone de saisie **Rechercher** (située en haut de l'écran) puis saisissez un ou plusieurs mots clés relatifs à votre recherche.

La saisie en majuscules ou minuscules n'a donc aucune incidence sur la recherche.

Validez votre saisie par la touche Entrée ou cliquez sur le bouton.

*Le bouton **Arrêter** permet d'interrompre la recherche en cours.*

*Les différents **Résultats de la recherche** apparaissent dans la partie gauche de l'écran classés suivant deux méthodes de recherche :*

- ***Rubriques suggérées** renvoient les résultats de la recherche avec la plus grande probabilité de pertinence puisque les termes recherchés sont comparés à des mots clés associés aux documents d'aide.*
- ***Résultats de la recherche en texte libre**, dans ce cas, les documents proposés contiennent les termes recherchés mais pas spécialement en tant que mot clé.*
  *Attention : si vous utilisez la version Windows XP Edition familiale, les résultats de la recherche de texte intégrale sont fournis uniquement s'il n'y a pas de résultats de mot clé (**Rubriques suggérées**) de disponible.*
- *Si vous disposez d'une connexion à Internet active, la recherche s'effectue d'une manière transparente dans le site Web de la base de connaissances Microsoft. Les résultats de la recherche apparaissent sous l'en-tête **Base de connaissances Microsoft**.*

Pour afficher/masquer le contenu de ces trois catégories, cliquez sur leur bouton respectif.
Pour visualiser le détail de l'aide dans la partie droite de l'écran, cliquez sur le lien correspondant à l'aide recherchée situé dans la partie gauche.

Pour imprimer une rubrique d'aide, cliquez sur le bouton Imprimer..., choisissez le nom de l'imprimante souhaitée puis cliquez sur le bouton **Imprimer**.

Le bouton Index vous permet également d'effectuer une recherche à partir de mots clés dans l'**Index** d'aide généré par Windows.

Utiliser l'aide de Windows (suite)

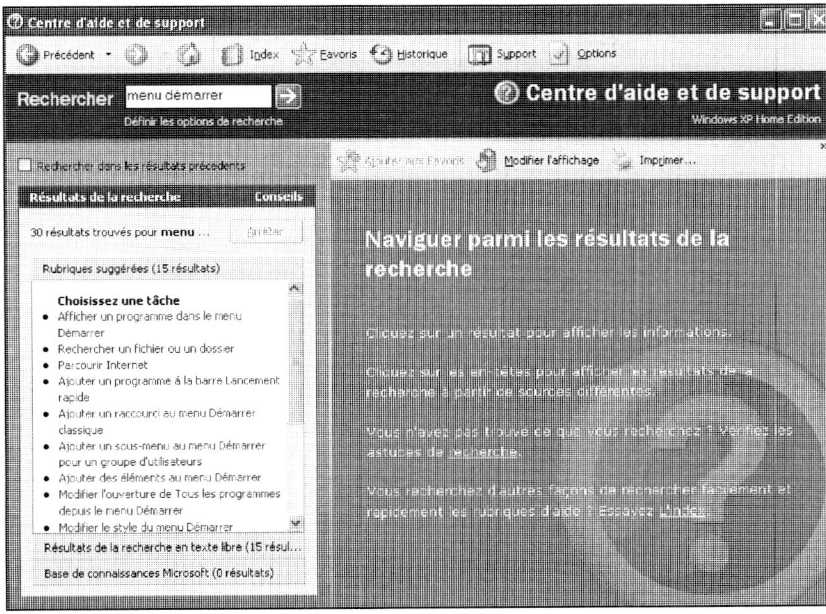

Après quelques instants, Windows affiche les résultats de la recherche.

Lancer/quitter une application

Pour lancer une application, ouvrez le menu **démarrer**, cliquez (une fois) sur le nom de l'application concernée, située dans la liste **Tous les programmes** ou dans la liste des programmes fréquemment utilisés.

La fenêtre de l'application s'ouvre. Un bouton apparaît sur la barre des tâches.

Pour quitter une application, il faut refermer sa fenêtre par **Fichier - Quitter** ou ☒ ou [Alt][F4].

Grâce à cette manipulation, Windows vérifie l'état d'enregistrement des fichiers ouverts afin d'éviter des pertes de données.

Si un raccourci existe sur le bureau, un double clic dessus lance l'application ; si un raccourci existe dans la barre des tâches, un simple clic dessus lance l'application.
Si vous rencontrez un problème avec un programme qui fonctionnait correctement avec une version précédente de Windows, vous pouvez utiliser la commande **Assistant - Comptabilité des programmes** (**démarrer - Tous les programmes - Accessoires**) pour tenter de corriger le problème.

Éteindre le micro-ordinateur

Avant de couper l'alimentation de votre micro-ordinateur, il est indispensable de lancer cette procédure afin de préserver l'état de vos fichiers et de vos paramètres.

Fermez toutes les sessions en cours (cf. GÉNÉRALITÉS - Fermer une session Windows XP).
Cliquez sur le bouton **démarrer** puis sur le bouton **Arrêter l'ordinateur**.
*La boîte de dialogue **Arrêter l'ordinateur** apparaît.*

Cliquez sur le bouton **Arrêter** pour fermer Windows afin de pouvoir éteindre votre micro-ordinateur.

Après quelques instants, selon le type de votre ordinateur, celui-ci s'éteint automatiquement, sinon Windows vous invite à le faire (pour certains ordinateurs, il est nécessaire de maintenir le bouton Power situé sur l'unité centrale pendant une ou deux minutes pour qu'ils s'éteignent).

Lancer/quitter une application

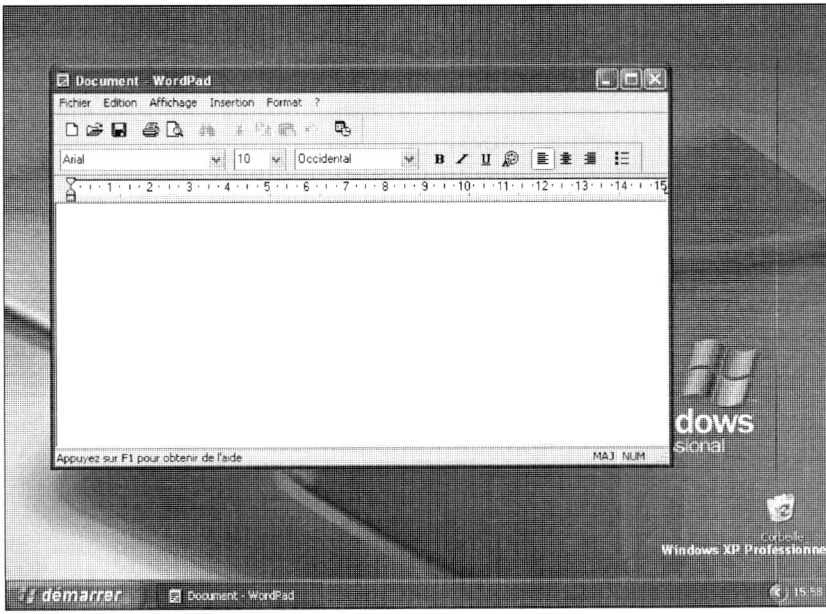

*L'application **WordPad** est active : sa fenêtre apparaît au premier plan et le bouton correspondant sur la barre des tâches apparaît enfoncé.*

Éteindre le micro-ordinateur

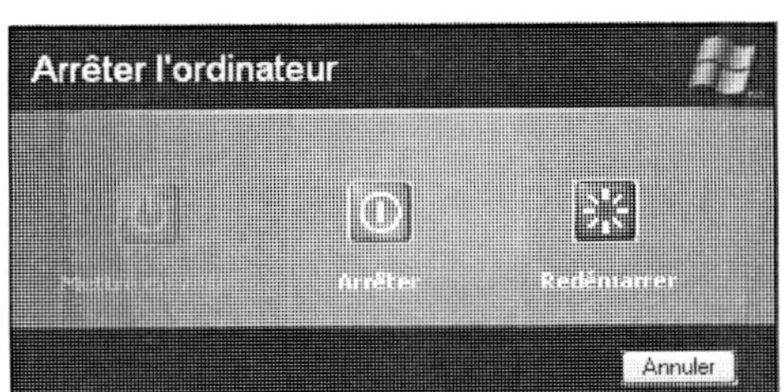

*Le bouton **Annuler** de cette boîte de dialogue permet d'annuler cette manipulation. Le bouton **Redémarrer** permet de fermer Windows et de le relancer aussitôt.*

Gérer une fenêtre

Chaque fenêtre possède les éléments suivants :

- Le bouton du menu **Système** (a) permet de gérer la taille, la position de la fenêtre ou encore sa fermeture.
- Une **barre de titre** (b) rappelant le nom du fichier actif (ici, **Sans titre** car aucun document n'est ouvert) suivi du nom de l'application.
- Les boutons **Réduire** (c) et **Agrandir** (d) permettent de réduire ou d'agrandir la taille de la fenêtre.
- Le bouton **Fermer** (e) permet de fermer la fenêtre et donc de quitter l'application.
- La **barre de menus** (f) contient les différents menus de l'application.
- Les **barres et flèches de défilement** (g) permettent de faire défiler le contenu de la fenêtre (ici, ces éléments ne sont pas disponibles car la fenêtre est vide).

Pour déplacer une fenêtre, pointez la barre de titre (b), puis faites un cliqué-glissé de façon à déplacer le pourtour grisé représentant la fenêtre vers la position à atteindre, puis relâchez la souris.

Pour masquer la fenêtre tout en conservant l'application active, cliquez sur le bouton  (c) ou cliquez sur le nom de la fenêtre qui apparaît dans la barre des tâches.

L'application est toujours chargée en mémoire centrale.

Pour afficher une des fenêtres de la barre des tâches, cliquez sur son nom. La fenêtre retrouve sa taille précédente.

Modifier les dimensions d'une fenêtre

Pour agrandir la fenêtre au maximum et l'afficher en plein écran, cliquez sur .

Pour redonner à la fenêtre sa taille précédente, cliquez sur .

Pour modifier la largeur ou la hauteur d'une fenêtre, pointez le bord correspondant de la fenêtre.

Pour modifier la largeur et la hauteur, pointez le coin inférieur droit de la fenêtre (le pointeur de la souris se transforme en flèche à deux têtes).

Cliquez et faites glisser la souris de façon à délimiter le nouveau pourtour de la fenêtre ; relâchez ensuite la souris.

Gérer une fenêtre

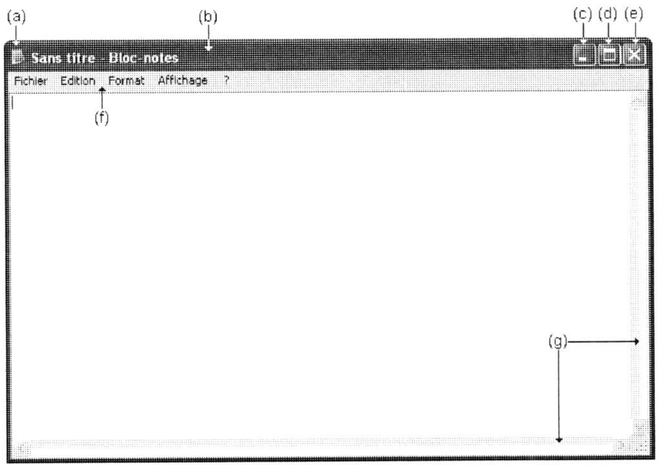

Les barres de défilement sont grisées car la fenêtre est vide.

Modifier les dimensions d'une fenêtre

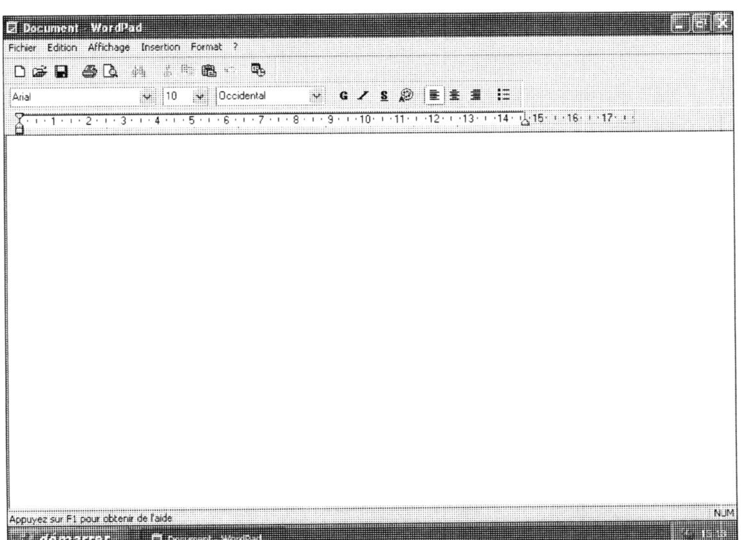

La fenêtre occupe tout l'écran : seule la barre des tâches reste visible.

Gérer plusieurs fenêtres

Quand plusieurs fenêtres se superposent, la fenêtre active se reconnaît à une barre de titre de couleur différente ; et le bouton correspondant de la barre des tâches semble enfoncé.

Pour accéder à une fenêtre et rendre ainsi l'application active, cliquez dans la fenêtre (si celle-ci est visible) ou, cliquez sur le bouton correspondant de la barre des tâches, ou appuyez sur [Alt][⇄] jusqu'à l'activation de la fenêtre voulue.

La fenêtre active apparaît au premier plan.

Pour modifier la disposition des fenêtres, cliquez avec le bouton droit sur un espace vierge de la barre des tâches afin de faire apparaître le menu associé à la barre puis choisissez l'option :

Cascade	pour superposer les fenêtres.
Mosaïque horizontale	pour disposer les fenêtres les unes en dessous des autres.
Mosaïque verticale	pour disposer les fenêtres les unes à côté des autres.
Afficher le Bureau	pour masquer toutes les fenêtres.

Après avoir choisi l'une de ces options, vous remarquerez que le menu associé à la barre des tâches possède une option ***Annuler*** *qui vous permet d'annuler le dernier mode de disposition sélectionné.*

Pour afficher de nouveau toutes les fenêtres (réduites auparavant par l'option **Afficher le Bureau**), affichez le menu de la barre des tâches puis activez l'option **Afficher les fenêtres ouvertes** ou **Annuler - Réduire tout**.

Vous retrouvez alors la disposition précédente.

Fermer une fenêtre

Cliquez sur le bouton ou [Alt][F4] ou **Fichier - Quitter** s'il s'agit de la fenêtre d'une application. S'il s'agit d'une fenêtre de fichier, vous pouvez utiliser **Fichier - Fermer**.

Fermer une fenêtre d'application revient à quitter l'application.

Gérer plusieurs fenêtres

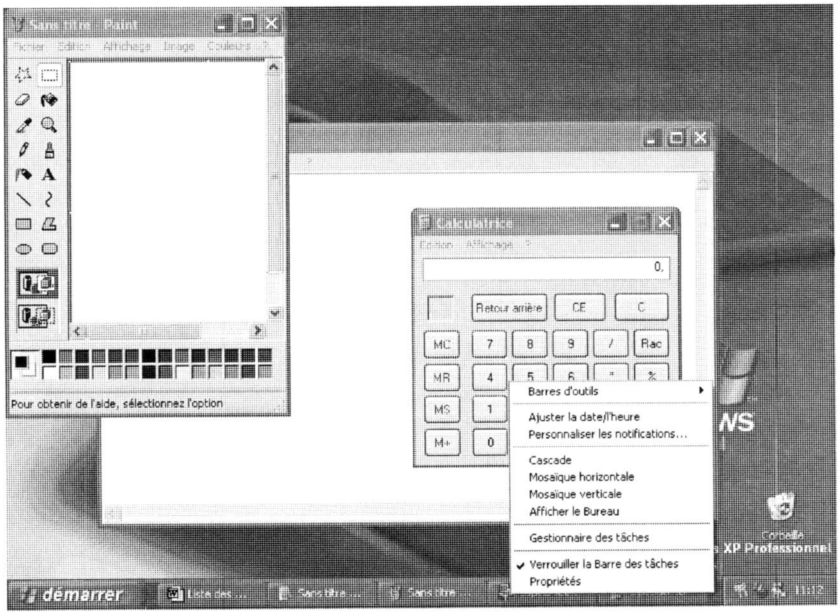

Le menu associé à la barre des tâches est un menu contextuel.

Fermer une fenêtre

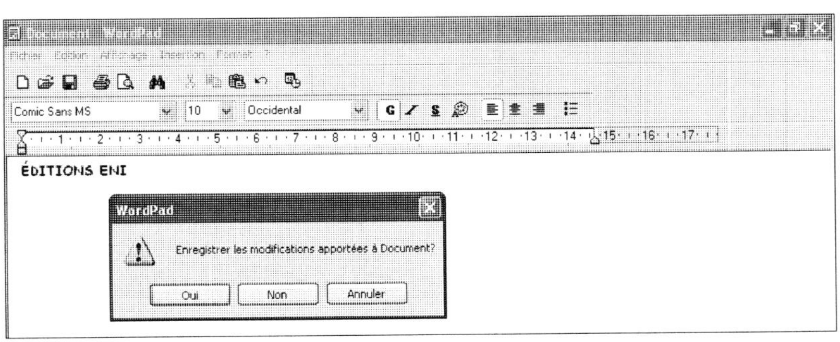

Si un fichier de l'application n'a pas été enregistré, Windows vous propose de le faire avant de fermer la fenêtre.

Gérer les menus et options d'une application

Pour ouvrir un menu, cliquez sur le nom du menu à ouvrir.

Les options du menu s'affichent sous forme de liste.

Pour ouvrir le sous-menu situé à droite ou à gauche, pointez le nom du menu.

Pour exécuter une option d'un menu, cliquez sur l'option.

Pour fermer un menu sans activer d'option, cliquez n'importe où en dehors du menu.

Pour ouvrir un menu contextuel, c'est-à-dire un menu restreint comportant les options propres à la partie pointée, cliquez avec le bouton droit de la souris à l'endroit souhaité.

Gérer les menus et options d'une application

Pour ouvrir un menu : appuyez sur la touche [Alt] ou [F10] pour activer le premier menu, puis appuyez sur la touche [Entrée] pour l'ouvrir ou appuyez sur la lettre soulignée du menu.

Pour activer une option de menu, sélectionnez l'option avec les touches [→], [←], [↑], [↓] puis appuyez sur [Entrée] ou bien tapez directement la lettre mnémonique de l'option (sans valider).

Pour fermer un menu sans activer d'option, appuyez sur [Entrée] deux fois ou sur [Alt] ou [F10] une seule fois.

Les raccourcis-clavier (combinaison de touches) visibles à droite de certaines options, permettent d'exécuter l'action sans avoir à ouvrir le menu.

Gérer les menus et options d'une application

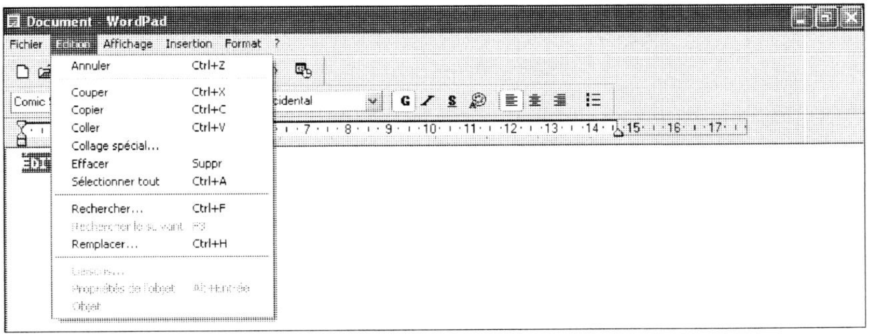

Les options qui apparaissent en gris clair ne sont pas accessibles pour le moment.

Gérer les menus et options d'une application

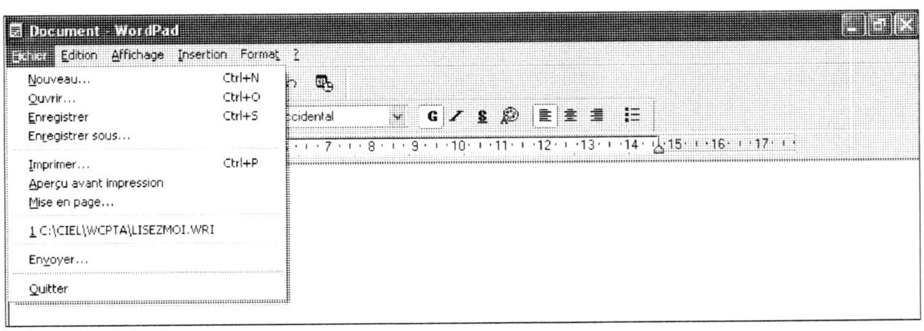

La lettre soulignée d'un menu ou d'une option est appelée lettre mnémonique.

Utiliser les boîtes de dialogue

Chaque boîte de dialogue peut contenir les éléments suivants :

Les **onglets** (a) permettent d'accéder aux différentes pages de la boîte de dialogue.

Les **boutons d'option** (b) : l'option active est celle dont le bouton est plein. Dans un même groupe d'options (exemple : **Orientation**), une seule option peut être active.

Les **cases à cocher** (c) : l'option est active si la case contient une coche (lorsqu'elle est grisée, cela signigie qu'elle est inaccessible pour le moment).

Une **zone de saisie** (d) permet de saisir une donnée ; lorsque la donnée est numérique, la zone de saisie peut contenir des **boutons d'incrémentation** (e) sur lesquels vous pouvez cliquer pour augmenter ou diminuer la valeur affichée. Dans une zone de liste traditionnelle, des barres et flèches de défilement permettent, comme dans les fenêtres, de faire défiler le contenu de la liste.

Les **zones de liste** (f) : ici, il s'agit d'une zone de liste déroulante. Pour l'ouvrir et sélectionner une option dans la liste (ou pour fermer la liste), cliquez sur le bouton .

Le bouton **OK** (g) referme la boîte de dialogue en conservant les modifications d'option que vous avez pu effectuer. Le bouton **Annuler** (h) (ou le bouton) referme la boîte de dialogue en annulant les modifications apportées.

Le bouton **Appliquer** peut apparaître dans certaines boîtes de dialogue : il permet d'appliquer les modifications d'option que vous venez de faire, sans refermer la boîte de dialogue.

Pour accéder à une option, utilisez les touches ⇧Shift ⇆ ou ⇆, sinon appuyez sur Alt et sur la lettre mnémonique de l'option (lettre soulignée).

Pour se déplacer à l'intérieur d'un groupe d'options ou d'une liste, utilisez →, ←, ↑ ou ↓.

Pour activer ou désactiver une case à cocher, utilisez la barre d'espacement ou cliquez sur la case.

Pour activer une autre page dans la boîte de dialogue, cliquez sur l'onglet concerné.

Pour obtenir de l'aide sur une des options, cliquez sur le bouton , le pointeur de la souris est alors accompagné d'un point d'interrogation ; cliquez ensuite sur l'option pour laquelle vous souhaitez de l'aide.

Utiliser les boîtes de dialogue

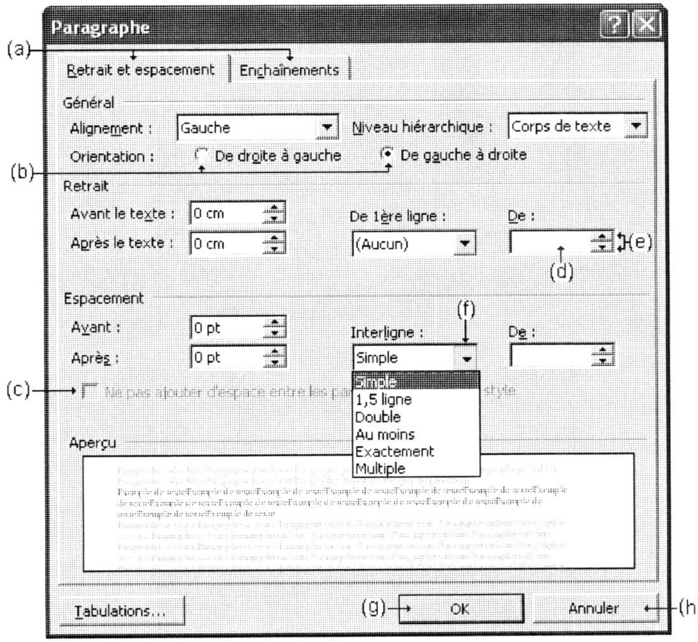

Ajouter/supprimer un utilisateur à votre ordinateur

Pour effectuer cette manipulation, vous devez être connecté avec un compte de type Administrateur.

Pour ajouter un utilisateur, cliquez sur le bouton **démarrer** puis sur **Panneau de configuration**.
Cliquez sur le lien **Comptes d'utilisateurs** puis sur **Créer un nouveau compte**.
Saisissez un nom d'utilisateur dans la zone **Entrez le nom du nouveau compte** puis cliquez sur le bouton **Suivant**.

Définissez le type de compte utilisateur souhaité pour ce nouvel utilisateur en activant l'option **Administrateur de l'ordinateur** ou **Limité**.

*Le type de compte **Administrateur de l'ordinateur** est destiné aux personnes susceptibles d'apporter des modifications au niveau du système de l'ordinateur, d'installer des logiciels et d'accéder à tous les fichiers "non privés" sur l'ordinateur. Seul un utilisateur de type Administrateur peut avoir un accès complet à tous les autres comptes d'utilisateur de l'ordinateur. Il doit toujours exister un utilisateur de type Administrateur sur l'ordinateur.*

*Le type de compte **Limité** est destiné aux utilisateurs qui ne sont pas autorisés à modifier la plupart des paramètres de l'ordinateur et ni à supprimer des fichiers importants.*

Cliquez sur le bouton **Créer un compte**.

Pour supprimer un utilisateur, ouvrez la boîte de dialogue **Comptes d'utilisateurs (démarrer - Panneau de configuration - Comptes d'utilisateurs)** puis cliquez dans la liste **ou choisir un compte à modifier** sur le nom de l'utilisateur concerné par la suppression.
Cliquez sur le lien **Supprimer le compte**.

L'Administrateur actif n'est pas autorisé à supprimer son propre compte.

Pour supprimer le compte ainsi que ses fichiers/dossiers, cliquez sur le bouton **Supprimer les fichiers** et pour supprimer le compte tout en conservant les fichiers/dossiers de cet utilisateur, cliquez sur le bouton **Conserver les fichiers**.
À la demande de confirmation de la suppression du compte et de ses fichiers ou de la suppression du compte uniquement (avec conservation des fichiers), cliquez sur le bouton **Supprimer le compte**.

Ajouter/supprimer un utilisateur à votre ordinateur

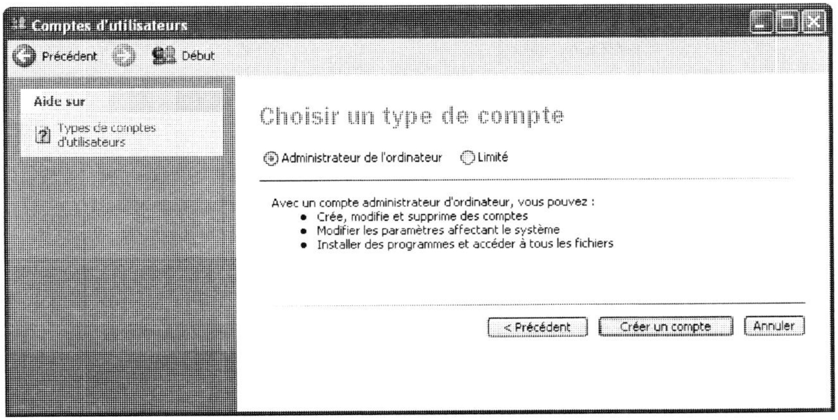

Un descriptif des possibilités du compte activé (ou seulement pointé) s'affiche automatiquement dans la partie centrale de la boîte de dialogue.

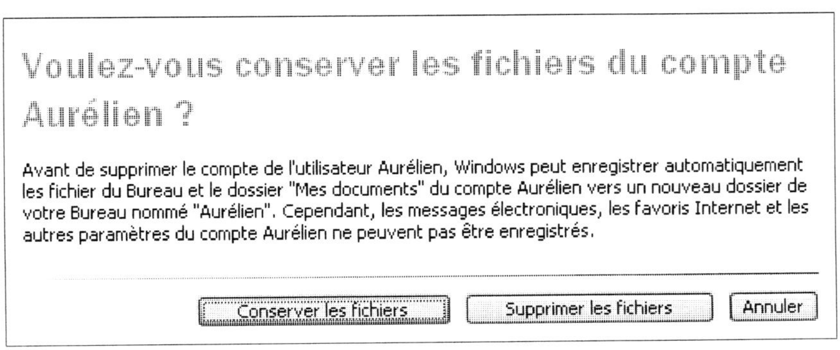

Associer un mot de passe à un utilisateur

Pour les utilisateurs de Windows XP Professionnel, vous ne pourrez utiliser les fonctionnalités décrites dans ce titre que si, lors de l'installation de Windows XP, votre ordinateur a été défini en tant que membre d'un groupe de travail et non membre d'un domaine.
Selon la version Windows utilisée (Professionnel ou Edition familiale) les options ou intitulés présentés dans ce titre peuvent être légèrement différents. Par exemple : ***ou choisir un compte à modifier*** *pour la version Professionnelle devient* ***ou choisissez un compte à modifier*** *pour la version Familiale.*

démarrer - Panneau de configuration - Comptes d'utilisateurs

Si vous êtes connecté avec un compte de type Administrateur, cliquez dans la liste **ou choisir un compte à modifier**, sur le nom de l'utilisateur pour lequel vous souhaitez associer un mot de passe (cela peut être votre propre compte).
Si vous êtes connecté avec un compte de type Limité, vous n'avez pas accès aux comptes des autres utilisateurs, le vôtre est automatiquement activé.

Cliquez sur **Créer un mot de passe**.

- Pour saisir le mot de passe, cliquez tout d'abord dans la zone **Entrez un nouveau mot de passe** et saisissez-le une première fois, puis cliquez dans la zone **Entrez le nouveau mot de passe à nouveau pour le confirmer** puis saisissez-le une seconde fois.

  Attention : Windows différencie les majuscules des minuscules.
  Si vous avez peur d'oublier votre mot de passe, Windows peut vous aider à vous en souvenir en affichant une indication de mot de passe (un mot ou une phrase) qui évoquera votre mot de passe. Cette indication sera visible par tout utilisateur de l'ordinateur, attention à ne pas être trop précis !

  Pour saisir une indication de mot de passe, cliquez dans la zone **Entrez un mot ou une phrase à utiliser comme indication de mot de passe** puis saisissez le texte souhaité puis cliquez sur le bouton **Créer un mot de passe**.
- Pour interdire tout accès à vos fichiers/dossiers par d'autres utilisateurs (malgré la protection par mot de passe), cliquez sur le bouton **Oui, Rendre privé**. Dans le cas contraire, cliquez sur le bouton **Non**.

  (Pour plus d'informations sur les dossiers privés, voir le titre UTILISATEURS - Protéger l'accès à vos dossiers personnels).

Pour afficher l'indication de mot de passe lors de la saisie du mot de passe sur la page d'accueil de Windows XP, cliquez sur le bouton ?.

Associer un mot de passe à un utilisateur

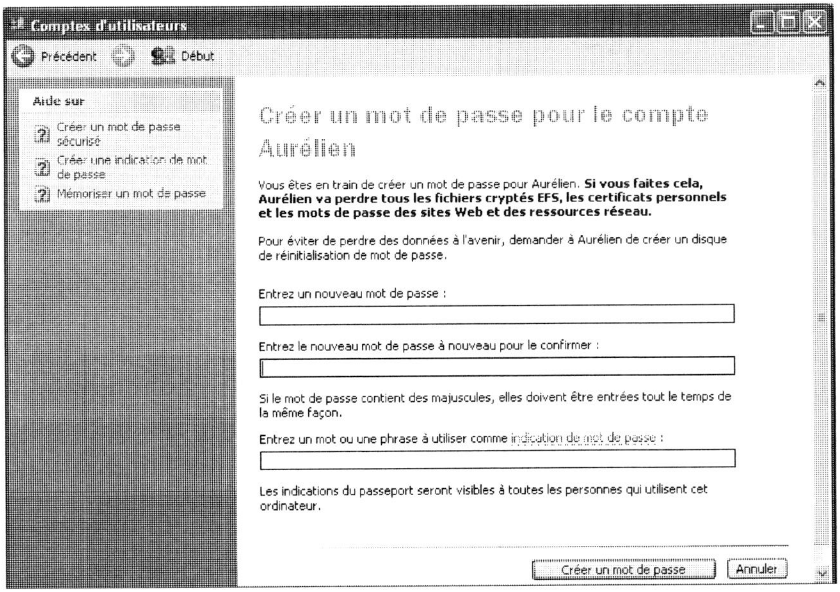

L'intitulé de cette fenêtre est ***Créer un mot de passe pour votre compte*** *si vous êtes en création de mot de passe pour votre propre compte.*

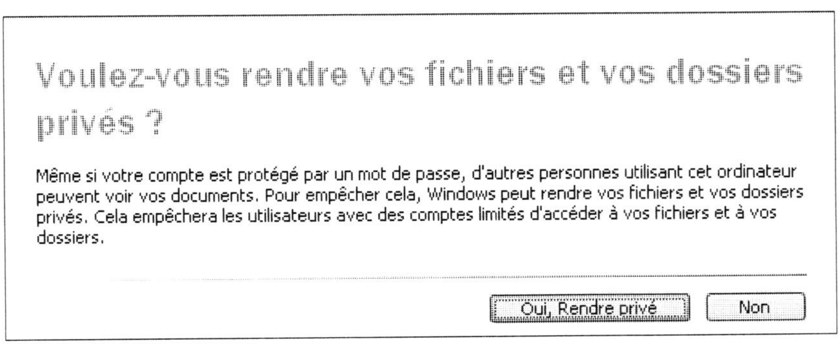

Cet écran ne vous est proposé que si vous êtes connecté avec un compte utilisateur de type Administrateur.

Modifier un mot de passe

Ouvrez la boîte de dialogue **Comptes d'utilisateurs** (**démarrer - Panneau de configuration - Comptes d'utilisateurs**).
Si vous êtes connecté avec un compte de type Administrateur, cliquez dans la liste **ou choisir un compte à modifier** sur le nom de l'utilisateur concerné par la modification (cela peut être votre propre compte).

Si vous êtes connecté avec un compte de type Limité, vous n'avez pas accès aux comptes des autres utilisateurs, le vôtre est automatiquement activé.

Cliquez sur le lien **Changer le mot de passe** (pour un utilisateur différent de celui qui est actif) ou **Changer mon mot de passe** (pour l'utilisateur actif).
Dans la zone **Entrez votre mot de passe actuel**, saisissez le mot de passe que vous avez (ou que vous auriez) utilisé pour ouvrir la session.
Pour saisir un nouveau mot de passe, cliquez dans la zone **Entrez un nouveau mot de passe** et saisissez le nouveau mot de passe une première fois, puis cliquez dans la zone **Entrez le nouveau mot de passe à nouveau pour le confirmer** puis saisissez-le une seconde fois.

Windows différencie les majuscules des minuscules.

Pour saisir une indication de mot de passe, cliquez dans la zone **Entrez un mot ou une phrase à utiliser comme indication de mot de passe** puis saisissez le texte souhaité.

Cliquez sur le bouton **Modifier mot de passe**.

Modifier un mot de passe

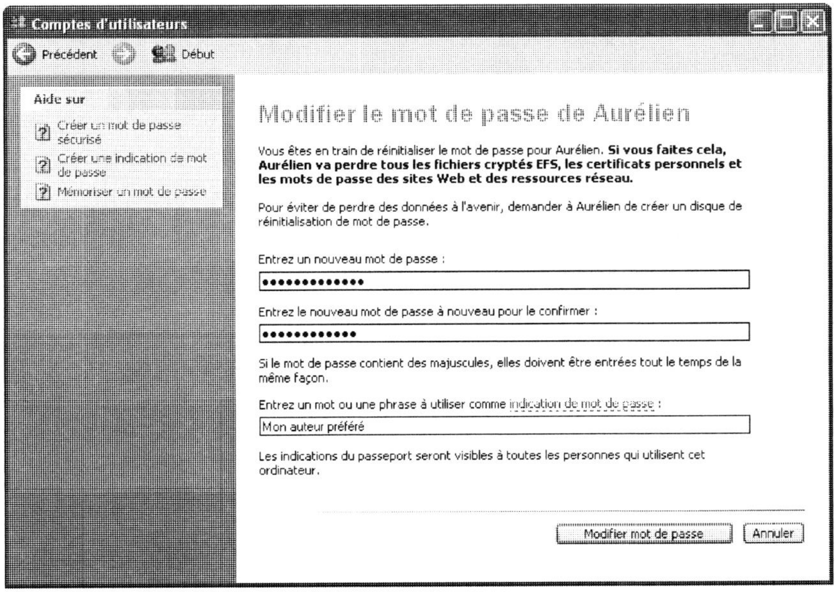

Le changement de mot de passe efface automatiquement l'ancienne indication de mot de passe. Si vous souhaitez garder la même indication, ressaisissez-la.

Supprimer un mot de passe

Ouvrez la boîte de dialogue **Comptes d'utilisateurs** (**démarrer - Panneau de configuration - Comptes d'utilisateurs**).

Si vous êtes connecté avec un compte de type Administrateur, cliquez dans la liste **ou choisir un compte à modifier** sur le nom de l'utilisateur concerné par la suppression (cela peut être votre propre compte).

Si vous êtes connecté avec un compte de type Limité, vous n'avez pas accès aux comptes des autres utilisateurs, le vôtre est automatiquement activé.

Cliquez sur le lien **Supprimer le mot de passe** (pour un utilisateur différent de celui qui est actif) ou **Supprimer mon mot de passe** (pour l'utilisateur actif).

➪ Si vous êtes en train de supprimer le mot de passe d'un compte utilisateur différent de celui qui est actif, Windows XP vous rappelle les conséquences de la suppression. Dans ce cas, cliquez sur le bouton **Supprimer le mot de passe** après avoir pris connaissance du message.

➪ Si vous souhaitez supprimer votre propre mot de passe, Windows vous rappelle les conséquences de cette manipulation, et vous demande de vous identifier. Dans ce cas, confirmez votre identité par votre mot de passe puis cliquez sur le bouton **Supprimer le mot de passe**.

Supprimer un mot de passe

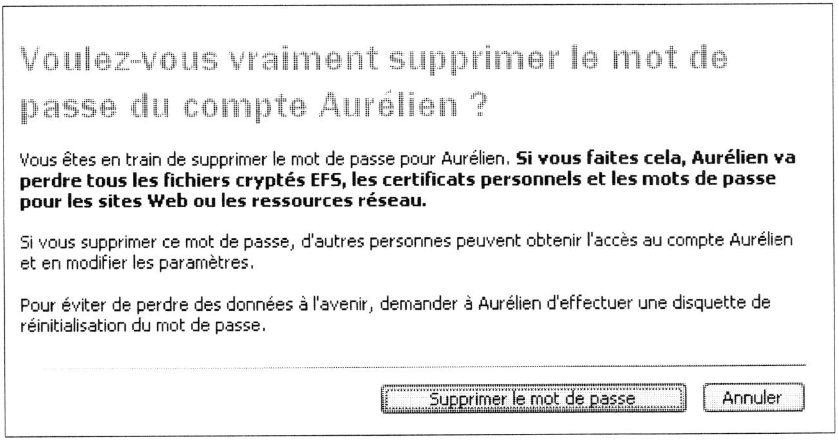

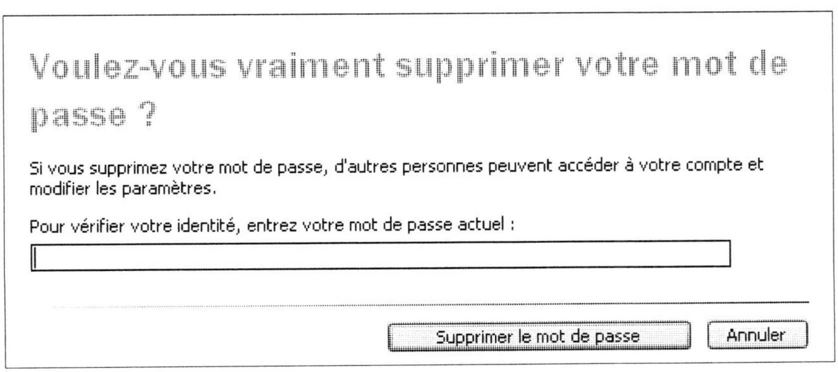

Créer une disquette de réinitialisation de mot de passe

La disquette de réinitialisation de mot de passe vous permet d'accéder de nouveau à vos données et vos paramètres en cas de perte du mot de passe ou en cas de problèmes.

Pour créer une disquette de réinitialisation, vous devez être impérativement connecté avec le compte Utilisateur concerné par la création de disquette.

Ouvrez la boîte de dialogue **Comptes d'utilisateurs** (**démarrer - Panneau de configuration - Comptes d'utilisateurs**).

*Si vous êtes connecté avec un compte de type Administrateur, cliquez dans la liste **ou choisir un compte à modifier** sur votre nom d'utilisateur.*

Si vous êtes connecté avec un compte de type Limité, vous n'avez pas accès aux comptes des autres utilisateurs, le vôtre est automatiquement activé.

Cliquez sur le lien **Empêcher un mot de passe oublié** situé dans le volet gauche de l'écran.

*Si vous ne voyez pas ce lien, contrôlez que l'utilisateur actif est identique au nom du compte Utilisateur que vous venez de sélectionner. Rappelons que le nom de l'utilisateur actif apparaît en haut du menu **démarrer**.*

*L'**Assistant Mot de passe perdu** se lance.*

Cliquez sur le bouton **Suivant** de la boîte de dialogue **Assistant Mot de passe oublié**.

Insérez une disquette vierge dans le lecteur de disquette puis cliquez sur le bouton **Suivant**.

Saisissez le **Mot de passe utilisateur actuel** dans la zone de même nom puis cliquez sur le bouton **Suivant**.

Lorsque la copie des données sur la disquette est terminée, cliquez sur le bouton **Suivant** puis sur le bouton **Terminer**.

Conservez précieusement cette disquette dans un endroit secret !

Créer une disquette de réinitialisation de mot de passe

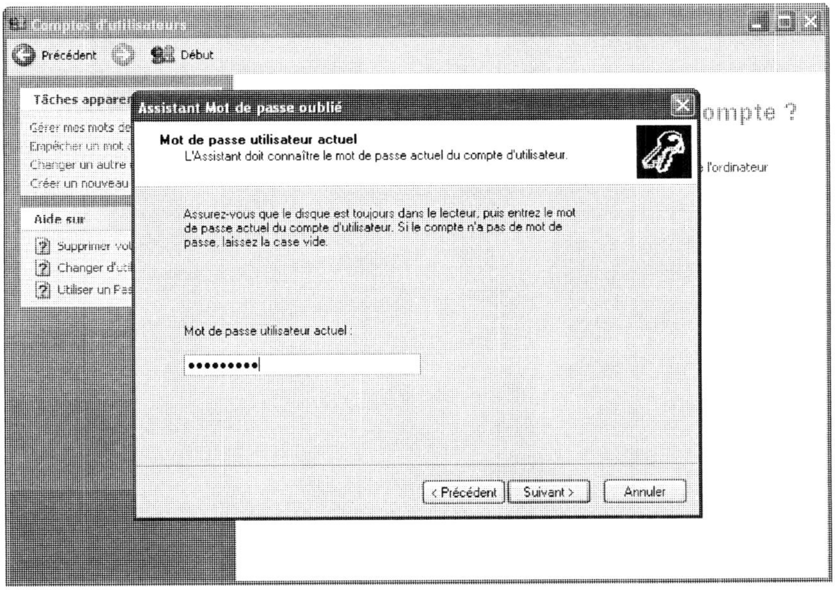

Le mot de passe saisi apparaît toujours sous forme de points.

Utiliser la disquette de réinitialisation de mot de passe

*Si, malgré l'**Indication** de mot de passe visible sur la page d'accueil Windows, vous ne vous souvenez pas de votre mot de passe, vous pouvez quand même ouvrir une session grâce à la disquette de réinitialisation de mot de passe créée auparavant.*

- Sur l'écran d'accueil Windows, sélectionnez votre nom d'utilisateur puis cliquez sur le bouton →.

  Cliquez sur le lien **utiliser votre disque de réinitialisation de mot de passe** puis cliquez sur le bouton **Suivant**.

  Insérez votre disquette de réinitialisation dans le lecteur de disquette puis cliquez sur le bouton **Suivant**.

- Saisissez une première fois votre nouveau mot de passe dans la zone **Entrez un nouveau mot de passe**, puis une seconde fois dans la zone **Entrez à nouveau le mot de passe pour le confirmer**.

  Si nécessaire, **Entrez une nouvelle indication de mot de passe** dans la zone de même nom.

  Cliquez sur le bouton **Suivant**.

  Cliquez sur le bouton **Terminer** de la fenêtre **Fin de l'Assistant Réinitialisation du mot de passe**.

  Ôtez la disquette du lecteur et remettez-la en lieu sûr.

  Vous pourrez réutiliser cette disquette si vous perdez à nouveau votre mot de passe, il n'est pas nécessaire d'en créer une nouvelle.

Si vous avez perdu votre disquette de réinitialisation ou omis d'en créer une, demandez à un utilisateur de type Administrateur qu'il vous crée un nouveau mot de passe. Pour des raisons de sécurité, un administrateur ne peut pas restaurer votre mot de passe en cas d'oubli, mais il peut seulement en créer un nouveau. Dès que vous avez accès de nouveau à votre ordinateur, créez une disquette de réinitialisation !

Utiliser la disquette de réinitialisation de mot de passe

Ce message ne peut apparaître que si une disquette de réinitialisation de mot de passe a été créée pour cet utilisateur.

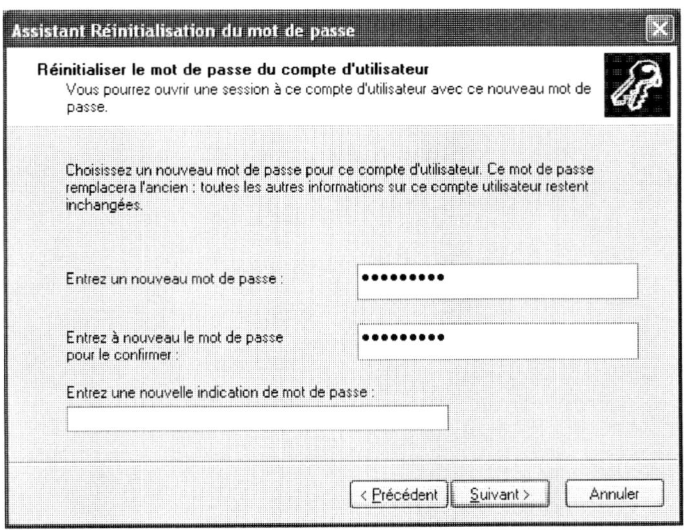

Modifier le nom et le type d'un compte utilisateur

Seul un utilisateur de type Administrateur a accès à cette fonctionnalité.

Ouvrez la boîte de dialogue **Comptes d'utilisateurs** (**démarrer - Panneau de configuration - Comptes d'utilisateurs**), puis cliquez dans la liste **choisir un compte à modifier**, sur le nom de l'utilisateur concerné par la modification (cela peut être votre propre compte).

Pour modifier le nom d'un utilisateur, cliquez sur le lien **Changer le nom** ou **Changer mon nom** selon le cas.

Dans la zone **Entrez le nouveau nom du compte utilisateur**, saisissez ou modifiez le nom de l'utilisateur.

Cliquez sur le bouton **Changer de portrait** pour valider votre saisie.

Pour modifier le type de compte d'un utilisateur, cliquez sur le lien **Modifier le type de compte** ou **Changer mon type de compte** si le compte actif est identique au compte sélectionné.

Activez le type de compte souhaité (**Administrateur de l'ordinateur** ou **Limité**) puis cliquez sur le bouton **Modifier le type de compte.**

Attention : rappelons qu'il doit y avoir au moins un compte de type Administrateur de créé pour l'ordinateur.

Modifier le nom et le type d'un compte utilisateur

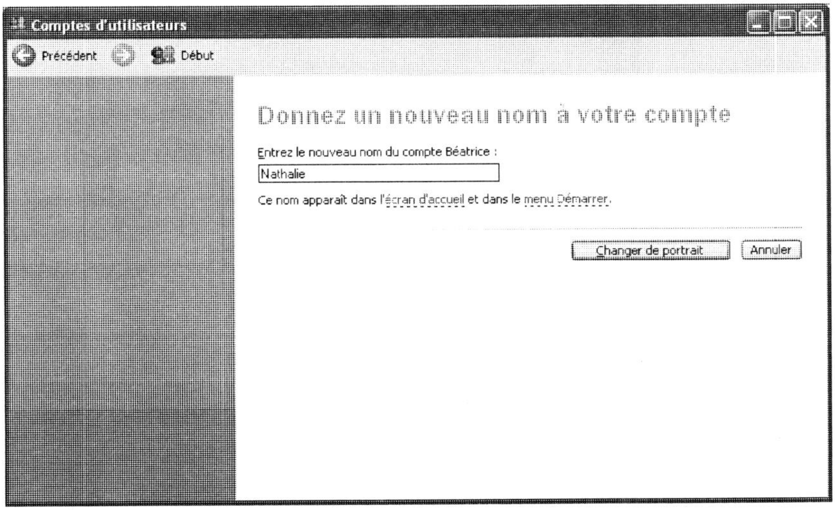

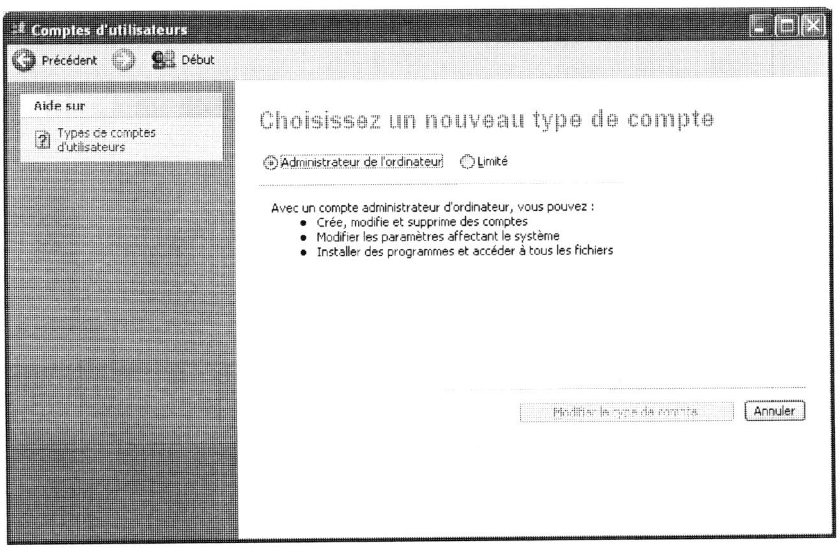

*Le bouton **Début** vous permet de revenir directement à la page Comptes d'utilisateurs sans valider les modifications.*

Modifier l'image associée à l'utilisateur

Pour modifier l'image associée à l'utilisateur, ouvrez la boîte de dialogue **Comptes d'utilisateurs** (**démarrer - Panneau de configuration - Comptes d'utilisateurs**).

Si vous êtes connecté avec un compte de type Administrateur, cliquez dans la liste **ou choisir un compte à modifier** sur le nom de l'utilisateur concerné par la modification (cela peut être votre propre compte).

Si vous êtes connecté avec un compte de type Limité, vous n'avez pas accès aux comptes des autres utilisateurs, le vôtre est automatiquement activé.

Cliquez sur le lien **Modifier l'image** ou **Modifier mon image** selon le cas.

⇨ Pour associer une des images proposées par Windows à l'Utilisateur, utilisez la barre de défilement vertical pour les visionner, puis cliquez sur celle choisie. Validez votre choix par le bouton **Changer de portrait**.

Pour **Rechercher d'autres images** que celles proposées par Windows, cliquez sur le lien du même nom puis, à l'aide de la boîte de dialogue **Ouvrir**, sélectionnez le fichier graphique souhaité (par défaut, Windows recherche les fichiers de type bmp, gif, jpg, png). Puis validez votre choix par le bouton **Ouvrir**.

Activer/désactiver l'Utilisateur Invité

*Le compte utilisateur **Invité** est créé par défaut par Windows XP. Il est sensiblement similaire au compte **Limité** à la différence qu'aucun mot de passe ne lui est associé. Ce compte est destiné aux utilisateurs n'ayant pas de compte personnel de créé sur l'ordinateur.*

Pour utiliser cette fonctionnalité, vous devez être connecté avec un compte Utilisateur de type Administrateur.

Ouvrez la boîte de dialogue **Comptes d'utilisateurs** (**démarrer - Panneau de configuration - Comptes d'utilisateurs**).

Dans la liste **ou choisir un compte à modifier**, cliquez sur le nom de l'utilisateur **Invité**.

Cliquez sur le bouton **Activer le compte Invité** ou **Désactiver le compte Invité**.

Lorsque le compte Utilisateur Invité est activé, toute personne ne possédant pas de compte sur l'ordinateur peut ouvrir une session en passant par l'écran de bienvenue. Elle n'a par contre pas accès aux paramètres, aux dossiers ou aux fichiers protégés par mot de passe.

Modifier l'image associée à l'utilisateur

Le titre de cette boîte de dialogue devient "Choisir une nouvelle image pour votre compte" si vous êtes en cours de modification de l'image de votre propre compte.

Activer/désactiver l'Utilisateur Invité

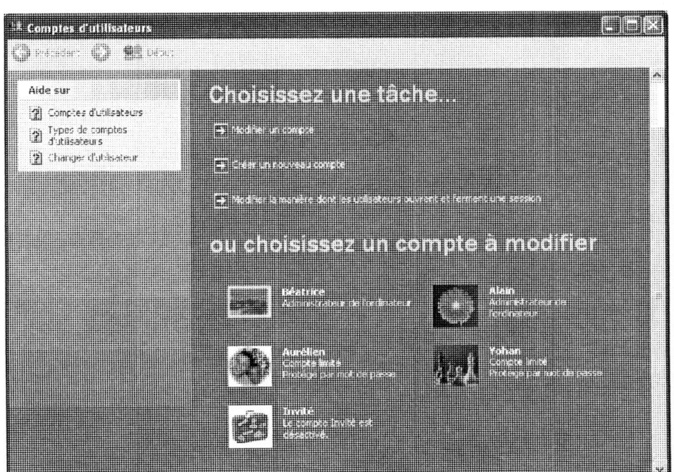

*L'image de **l'Invité** ne peut pas être modifiée.*

Activer/désactiver la bascule rapide utilisateur

Pour utiliser cette fonctionnalité, vous devez être connecté avec un compte utilisateur de type Administrateur.

Ouvrez la boîte de dialogue **Comptes d'utilisateurs** (**démarrer - Panneau de configuration - Comptes d'utilisateurs**).

Cliquez sur le lien **Modifier la manière dont les utilisateurs ouvrent et ferment une session.**

Cochez l'option **Utiliser la Bascule rapide utilisateur** si vous souhaitez que les programmes en cours d'exécution par un utilisateur restent ouverts lorsqu'un autre utilisateur ouvre une session sur l'ordinateur.

Ceci permet de retrouver à la réactivation de sa session ses applications et ses fichiers dans l'état où ils étaient lorsqu'une autre session a été ouverte.

À l'inverse, décochez l'option **Utiliser la Bascule rapide utilisateur** si vous souhaitez que les applications se ferment en cas de changement d'utilisateur.

L'avantage de cette fonctionnalité est que l'utilisateur actif dispose de toutes les ressources de la machine à lui seul.

Cliquez sur le bouton **Appliquer les options.**

Cette option est inaccessible si l'option **Utiliser l'écran d'accueil** de la même boîte de dialogue, est décochée.

Activer/désactiver la bascule rapide utilisateur

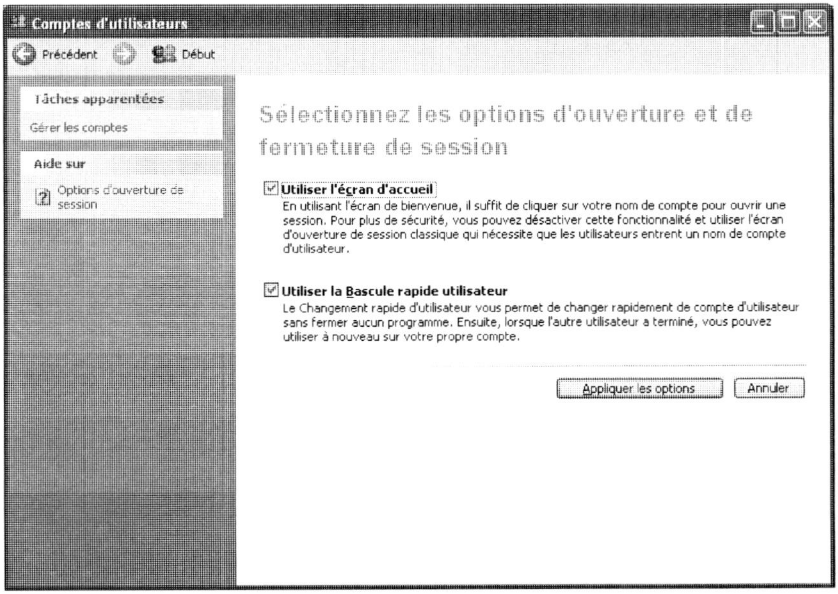

Vous ne pouvez pas décocher l'option ***Utiliser la Bascule rapide utilisateur*** *si plusieurs sessions sont ouvertes.*

Protéger vos dossiers personnels en les rendant privés

Pour interdire l'accès à vos dossiers personnels par les autres utilisateurs, vous pouvez les rendre "Privés". On entend par "dossiers personnels", ceux qui font partie de votre profil utilisateur, c'est-à-dire les dossiers Mes documents (et ses sous-dossiers : Mes images, Ma musique...), Bureau, Menu démarrer, Cookies et Favoris.

Cliquez sur le bouton **démarrer** puis sur **Poste de travail**.

Double cliquez sur le lecteur de disque dur où Windows XP est installé, généralement, il s'agit du lecteur C:.

Si vous ne visualisez pas le contenu du lecteur, cliquez sur le lien **Afficher le contenu de ce lecteur** situé dans les options **Gestion du système** (volet gauche).

Double cliquez sur le dossier **Documents and Settings**.

Double cliquez sur votre dossier utilisateur.

Les dossiers de votre "profil utilisateur" apparaissent.

Cliquez avec le bouton droit sur le dossier que vous souhaitez protéger puis cliquez sur l'option **Propriétés**.

- Cliquez sur l'onglet **Partage** puis cochez l'option **Rendre ce dossier confidentiel** avant de cliquer sur le bouton **OK**.

  Pour que cette protection soit efficace, vous devez avoir associé un mot de passe à votre compte utilisateur. Sinon, n'importe quel autre utilisateur pourra se connecter en utilisant votre compte et ainsi accédera à vos dossiers, même s'ils sont rendus privés ! Dans le cas où vous n'auriez pas associé de mot de passe à votre compte, Windows vous le signale par un message d'alerte.

- Dans ce cas, cliquez sur le bouton **Oui** pour créer un mot de passe et rendre ainsi votre dossier réellement "privé" (Cf. Utilisateurs - Gérer le mot de passe d'un utilisateur).

Protéger vos dossiers personnels en les rendant privés

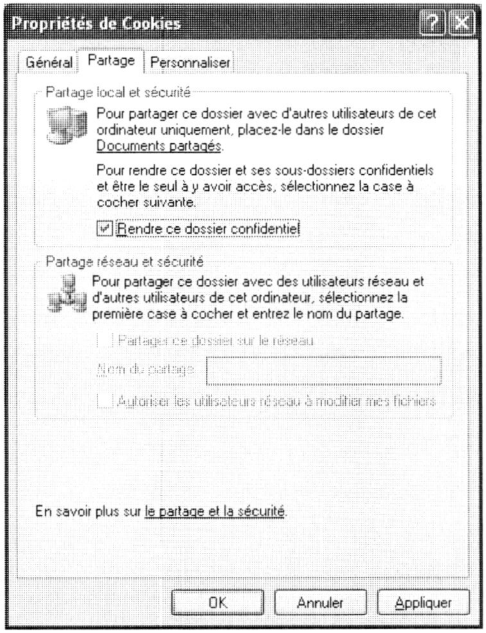

Pour que cette fonctionnalité soit disponible, le disque dur doit être formaté en NTFS.

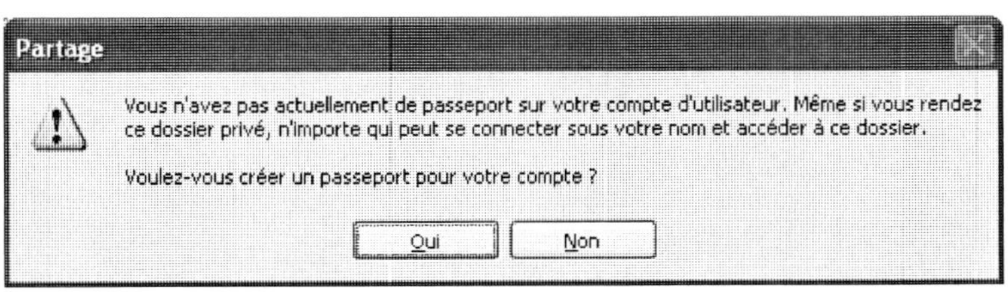

Le message fait référence à un passeport alors qu'il s'agit bien d'un mot de passe.

Protéger vos dossiers/fichiers personnels en les cryptant

Pour interdire l'accès à vos dossiers et/ou fichiers à tous les autres utilisateurs, y compris les utilisateurs de type Administrateur, vous pouvez les crypter. Cette fonctionnalité n'est disponible que pour les utilisateurs de la version Windows XP Professionnel et dont le lecteur (disque dur, partition...) est de type NTFS.

Cliquez sur le bouton **démarrer** puis sur **Poste de travail**.

Pour sélectionner un dossier ou fichier particulier, faites un double clic sur votre dossier personnel dans la liste **Fichiers enregistrés sur cet ordinateur**, puis cliquez sur le dossier ou fichier à crypter.

Pour crypter votre dossier personnel entièrement, faites un simple clic sur son nom dans la liste **Fichiers enregistrés sur cet ordinateur**.

Cliquez avec le bouton droit sur le dossier ou fichier à crypter puis cliquez sur l'option **Propriétés**.

Cliquez sur le bouton **Avancé** situé dans la zone **Attributs** de l'onglet **Général**.

Cochez l'option **Crypter le contenu pour sécuriser les données** puis cliquez sur le bouton **OK** de la boîte de dialogue **Attributs avancés**. Cliquez sur le bouton **OK** de la boîte de dialogue **Propriétés de**.

... /...

Protéger vos dossiers/fichiers personnels en les cryptant

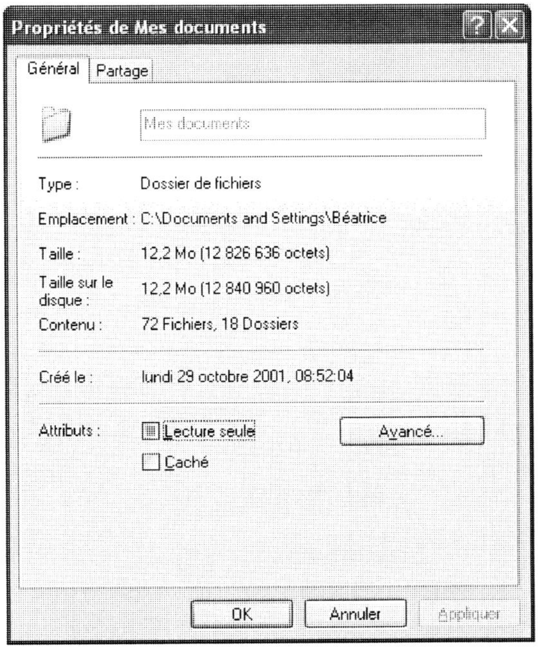

Selon que vous cryptez un fichier ou un dossier, la boîte de dialogue proposée varie.

... /...

Protéger vos dossiers/fichiers personnels en les cryptant (suite)

- Si vous souhaitez crypter uniquement le dossier sélectionné et non ses sous-dossiers ou fichiers, activez l'option **Appliquer les modifications uniquement à ce dossier**. Pour crypter le dossier sélectionné et tous ses sous-dossiers et fichiers, activez l'option **Appliquer les modifications à ce dossier et à tous les sous-dossiers et fichiers.**

  Si vous souhaitez crypter uniquement le fichier sélectionné, activez l'option **Crypter le fichier uniquement**. Pour crypter le fichier sélectionné et le dossier le contenant, activez l'option **Crypter le fichier et le dossier parent**.

  Cliquez sur le bouton **OK** pour valider.

  *Les fichiers/dossiers cryptés apparaissent dans une couleur différente (vert) dans l'Explorateur Windows et le Poste de travail si l'option **Afficher les fichiers et les dossiers NTFS cryptés ou compressés en couleur** est cochée (**Poste de travail - Outils - Options des dossiers** - onglet **Affichage**).*

- Pour décrypter un dossier et/ou un fichier, décochez l'option **Crypter le contenu pour sécuriser les données** (boîte de dialogue **Attributs avancés**).

Pour vérifier que votre lecteur est formaté en NTFS, cliquez sur le bouton **démarrer** puis sur **Poste de travail**. Cliquez avec le bouton droit sur le lecteur concerné (par exemple : disque dur C:) puis cliquez sur l'option **Propriétés**. Le **Système de fichiers** est indiqué dans l'onglet **Général**.
Un fichier ou dossier ne peut pas être compressé (zippé) et crypté en même temps.
Si vous cryptez un dossier seul ou avec ses sous-dossiers et fichiers, sachez que tous les fichiers et sous-dossiers ajoutés ultérieurement à ce dossier seront automatiquement cryptés.

Protéger vos dossiers/fichiers personnels en les cryptant (suite)

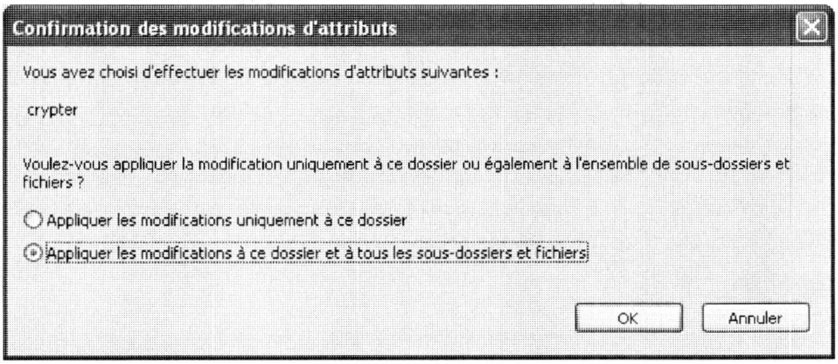

Dans cet exemple, nous avons demandé à crypter un dosiser (et non un fichier particulier).

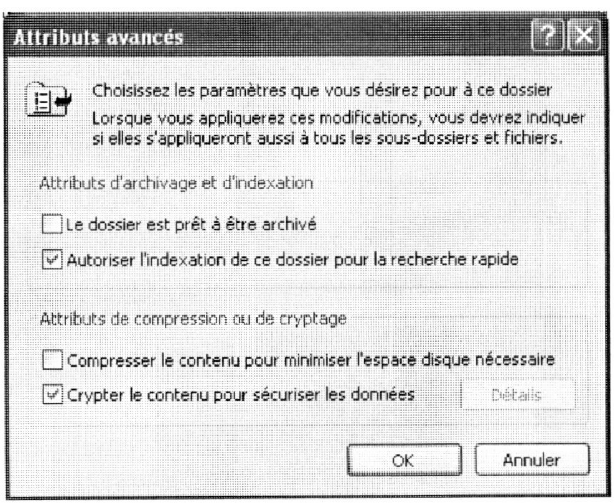

L'option ***Crypter le contenu pour sécuriser les données*** *est indisponible dans la version Windows XP Edition familiale.*

Créer un Passport Microsoft en créant un compte MSN.com

Microsoft Passport est un service qui vous permet d'utiliser, lors de vos connexions sur Internet, le même nom d'utilisateur et le même mot de passe sur tous les sites Microsoft.com ainsi que sur d'autres sites Web qui ont un accord de partenariat avec Microsoft.

Si vous disposez d'un compte à MSN Explorer ou Hotmail, celui-ci fait office de passeport.

Assurez-vous que votre connexion à Internet est active. Ouvrez la boîte de dialogue **Comptes d'utilisateurs**. Si vous êtes connecté avec un compte de type Administrateur, cliquez dans la liste **ou choisir un compte à modifier** sur votre nom d'utilisateur.

Si vous êtes connecté avec un compte de type Limité, votre compte est activé.

Cliquez sur le lien **Configurer mon compte pour utiliser un passeport .NET**.

Cliquez sur le bouton **Suivant**.

Windows XP vous propose d'utiliser votre adresse de messagerie existante en tant qu'élément du nouveau Passport ou de créer un compte sur le site MSN.com (ainsi qu'une adresse de messagerie chez Hotmail.com) qui vous servira d'identifiant en tant qu'utilisateur Passport.

- Activez l'option **Non, j'aimerais ouvrir un compte MSN.com gratuit dès maintenant** puis cliquez sur le bouton **Suivant**. Saisissez votre **Prénom** puis votre **Nom de famille** dans les zones correspondantes puis cliquez sur **Suivant**. Renseignez la boîte de dialogue **Où habitez-vous ?** en complétant les champs proposés puis cliquez sur **Suivant**. Après avoir pris connaissance des conditions d'utilisation de Hotmail et de NET Passport activez l'option **J'accepte le contrat** puis cliquez sur le bouton **Suivant**. Complétez la boîte de dialogue suivante par vos données personnelles, **Date de naissance, Sexe, Secteur d'activité** puis cliquez sur **Suivant**.

- Saisissez le nom que vous souhaitez utiliser en tant qu'adresse de messagerie électronique. Cliquez sur le bouton **Suivant**.

  Saisissez votre **Mot de passe** une première fois dans la zone correspondante puis **Retapez le mot de passe** pour le confirmer.

  Le mot de passe doit comporter au moins 6 caractères et peut contenir des lettres (minuscules ou majuscules), des chiffres ou des symboles standards. Par contre, les espaces, les caractères internationaux et la partie de votre adresse de messagerie contenant votre nom sont interdits.

  Cliquez sur le bouton **Suivant**.

... /...

Créer un Passport Microsoft en créant un compte MSN.com

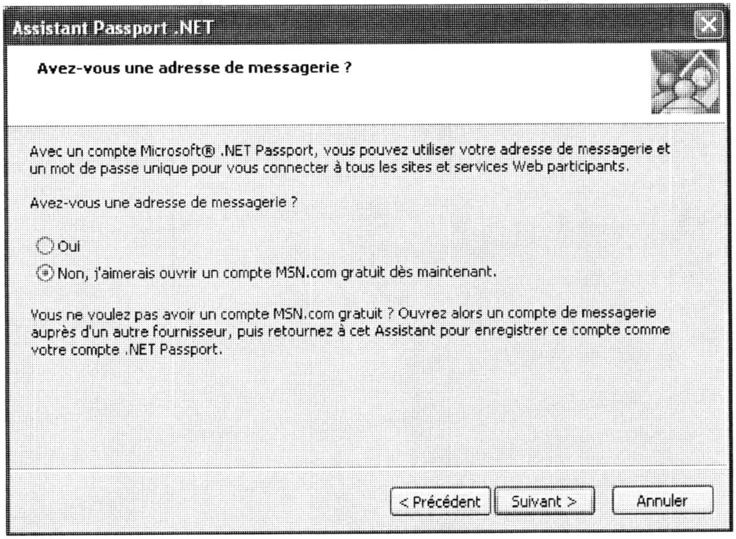

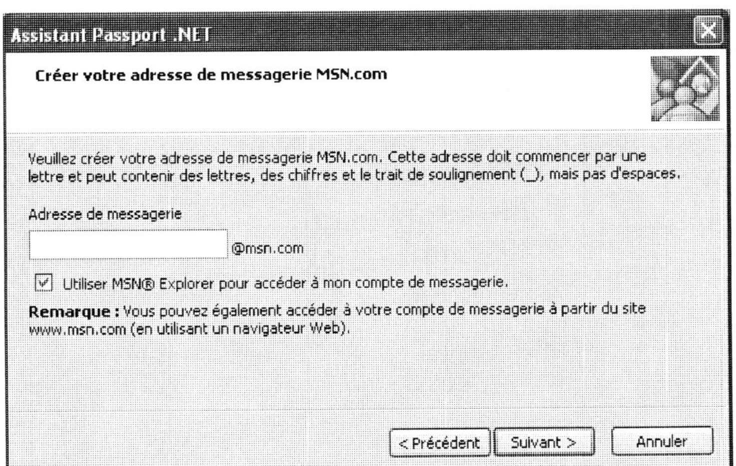

Si vous utilisez Microsoft Internet Explorer et non MSN Explorer comme navigateur, vous pouvez décocher l'option ***Utiliser MSN Explorer pour accéder à mon compte de messagerie****.*

... /...

Créer un Passport Microsoft en créant un compte MSN.com (suite)

Pour pallier une éventuelle perte de votre mot de passe, Windows XP vous propose de choisir une **Question secrète** dans la liste associée à ce champ, puis de saisir une **Réponse** à cette question.

De cette façon, pour accéder à votre compte et créer un nouveau mot de passe, vous devrez répondre exactement à la question posée afin d'être correctement identifié.

Cliquez sur le bouton **Suivant**.

Lors de votre visite sur les sites internet utilisant .NET Passport, votre adresse de messagerie, votre nom et prénom et/ou vos autres données utilisées lors de l'inscription au Passport, peuvent être repris automatiquement ce qui vous évitera de les saisir à chaque fois. Pour cela, cochez la ou les options correspondantes dans la boîte de dialogue **Partager vos informations avec les sites associés à Passport ?** puis cliquez sur le bouton **Suivant**.

Pour être **Répertorier dans l'annuaire des utilisateurs MSN Hotmail**, cochez l'option correspondante puis cliquez sur le bouton **Suivant**.

Windows vous signale alors que votre compte d'utilisateur Windows XP peut désormais utiliser le Passport .NET ainsi créé.

Cliquez sur le bouton **Terminer** pour valider la création de votre passeport.

Créer un Passport Microsoft en créant un compte MSN.com (suite)

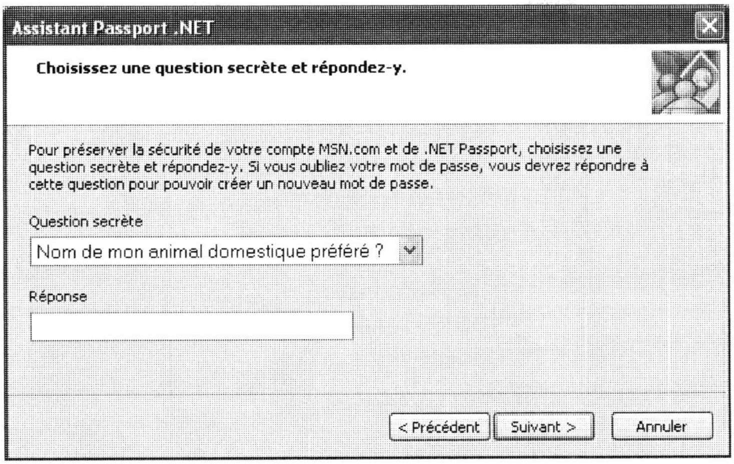

Vous avez ainsi le choix pour répondre à l'une des neuf questions secrètes proposées par Windows.

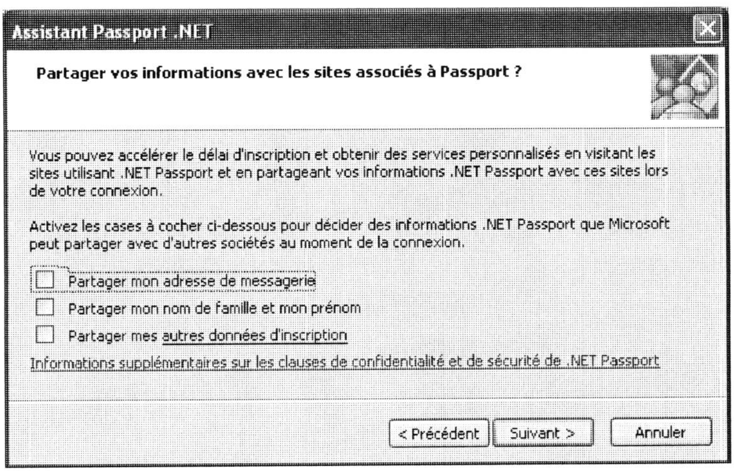

Créer un Passport Microsoft en utilisant mon E-mail

démarrer - Panneau de configuration - Compte d'utilisateurs

Cliquez sur le nom d'utilisateur concerné.

Cliquez sur le lien **Configurer mon compte pour utiliser un paragraphe .NET** puis sur le bouton **Suivant**.

À la question **Avez-vous une adresse de messagerie ?**, activez l'option **Oui** puis cliquez sur le bouton **Suivant**.

Saisissez votre **Adresse de messagerie**.

Si vous utilisez une adresse de messagerie Hotmail ou MSN.com, Windows vous demande alors de saisir votre mot de passe existant.

Si vous n'utilisez pas d'adresse de messagerie Hotmail ou MSN.com, saisissez un **Mot de passe** une première fois, puis ressaisissez-le une seconde fois pour confirmation.

Poursuivez la création du compte Passport en renseignant les différentes boîtes de dialogue comme décrit dans le titre **Créer un Passport Microsoft en créant un compte MSN.com**.

Créer un Passport Microsoft en utilisant mon E-mail

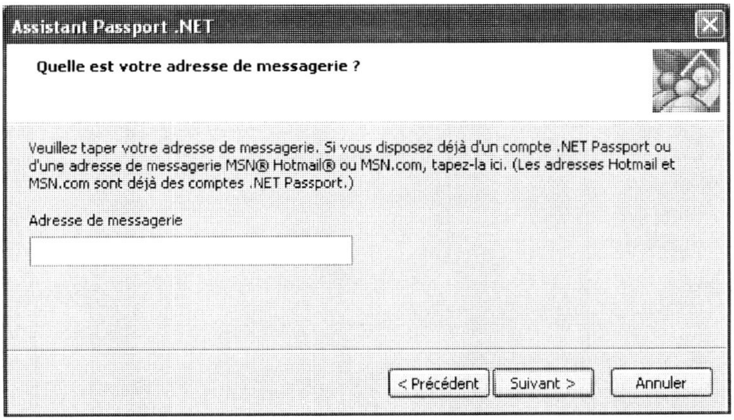

NOTES PERSONNELLES

Chapitre 2

EXPLORATEUR/ POSTE DE TRAVAIL

Découvrir la fenêtre de l'Explorateur

Pour lancer l'Explorateur, cliquez sur le bouton **démarrer**, pointez le menu **Tous les Programmes** puis le menu **Accessoires** et cliquez sur **Explorateur Windows**.

La fenêtre de l'Explorateur apparaît.

*Sachez qu'il existe cinq volets d'exploration différents. À l'ouverture de l'Explorateur, c'est le volet d'exploration **Dossiers** qui s'affiche par défaut. Celui-ci présente la structure hiérarchique de l'ordinateur.*

*Dans notre exemple, le volet d'exploration **Dossiers** est actif, le dossier **Mes documents** est sélectionné, et le contenu de ce dossier (**Ma musique** et **Mes images**) apparaît dans le volet droit de la fenêtre. Il se peut que sur votre écran vous ayez des dossiers ou fichiers supplémentaires.*

Pour afficher ou masquer la barre d'état, activez ou désactivez l'option correspondante du menu **Affichage** (par défaut, l'option est désactivée).

Pour afficher ou masquer une barre d'outils, activez ou désactivez l'option correspondante du menu **Affichage - Barres d'outils**.

Pour désactiver l'affichage du volet d'exploration, cliquez sur le bouton situé sur sa barre. Pour réactiver le volet d'exploration **Dossiers**, cliquez sur le bouton 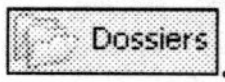

.

Pour lancer l'Explorateur Windows, vous pouvez aussi cliquer avec le bouton droit de la souris sur le bouton **démarrer** et activer l'option **Explorer** pour accéder directement au menu **démarrer** de l'utilisateur actif ou sur l'option **Explorer tous les utilisateurs** pour accéder au menu **démarrer** du dossier **All users** (seul l'utilisateur Administrateur visualise cette dernière option).

Découvrir la fenêtre de l'Explorateur

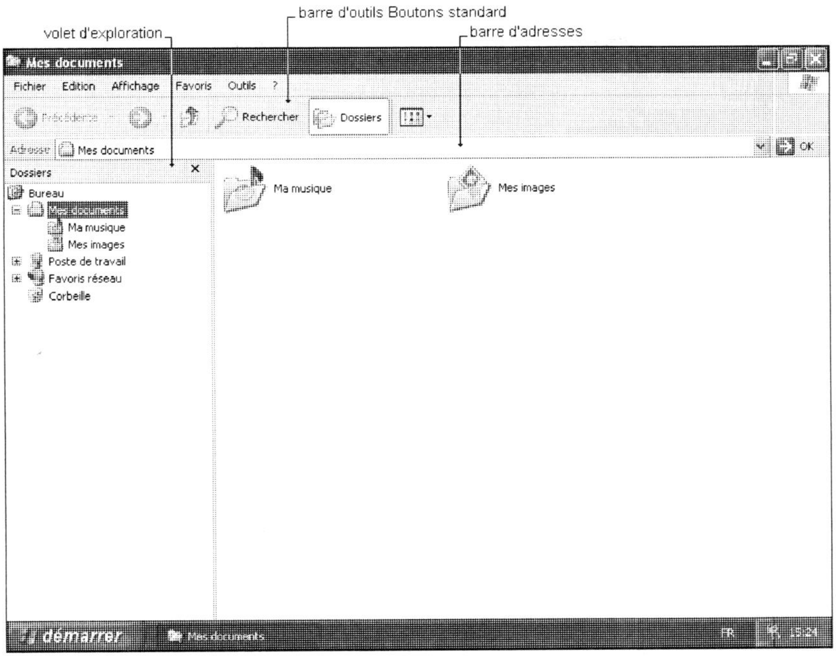

L'écran de l'Explorateur est composé de deux parties : à gauche apparaît le volet d'exploration et à droite, apparaît le contenu de l'élément sélectionné dans le volet d'exploration.

Utiliser le volet d'exploration Dossiers

Affichez, si besoin est, le volet d'exploration **Dossiers** en cliquant sur le bouton [Dossiers] ou par la commande **Affichage - Volet d'exploration - Dossiers**.

↳ Les différents éléments du bureau sont présentés sous forme d'arborescence : certaines branches de l'arborescence sont développées (a), montrant ainsi les objets et dossiers qu'elles contiennent, d'autres, au contraire, sont réduites (b).

Une branche développée est symbolisée par un signe - ; une branche réduite est symbolisée par un signe +. Pour développer ou réduire une branche, il suffit de cliquer sur le signe + ou sur le signe -.

Le panneau de droite affiche le contenu de l'élément sélectionné dans le panneau gauche. Les différents éléments composant le Poste de travail varient selon votre installation mais sont généralement classés suivant ces différentes catégories :

- ***Fichiers enregistrés sur cet ordinateur*** *répertorie les dossiers de classement de vos fichiers de travail.*
- ***Lecteurs de disques durs*** *répertorie la ou les unités de disques.*
- ***Périphériques utilisant des supports amovibles*** *répertorie les lecteurs et graveurs multimédia.*

Notez que les icônes symbolisant tous ces éléments varient selon leur catégorie.

↳ **Pour visualiser le contenu d'un élément** (lecteur, disque dur...), cliquez sur cet élément.

Afin de mieux distinguer un "dossier" d'un "fichier", rappelons qu'un dossier sert à stocker des fichiers (et/ou des sous-dossiers) et qu'il est toujours représenté par cette icône . L'icône du fichier varie selon l'application utilisée à sa création.
Si l'icône d'un dossier n'est pas précédée d'un signe + ou d'un signe -, cela signifie que ce dossier ne contient pas de sous-dossier (mais peut par contre contenir des fichiers).

Pour développer complètement une branche, cliquez sur la branche puis tapez *.

L'arborescence complète de cette branche est alors visible.

... /...

Utiliser le volet d'exploration Dossiers

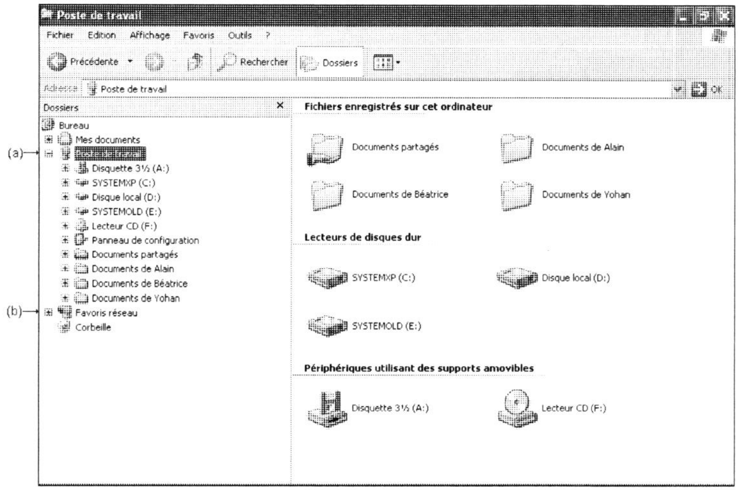

*Dans cet exemple, le **Bureau** contient le dossier **Mes documents**, le **Poste de travail**, les **Favoris réseau**, la **Corbeille**.*

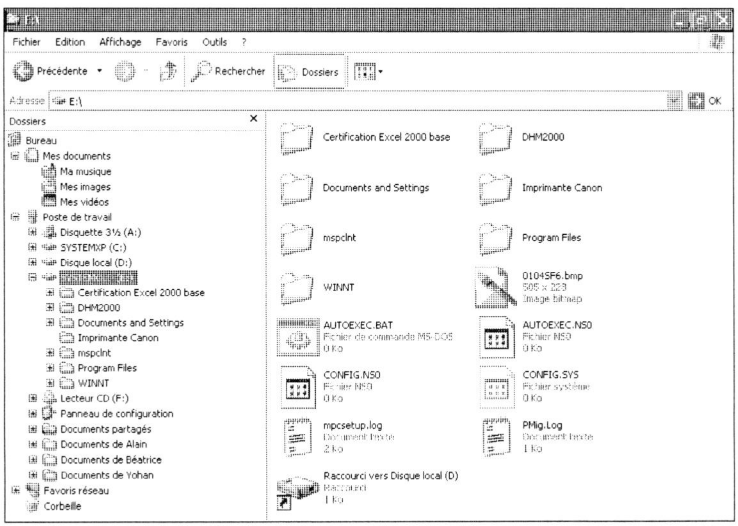

En cliquant sur l'unité E : nous faisons apparaître, dans le panneau de droite, l'ensemble des dossiers et fichiers existant dans cet élément. L'affichage de ce panneau peut être modifié.

... /...

Utiliser le volet d'exploration Dossiers (suite)

Pour visualiser le contenu d'un dossier, cliquez sur ce dossier.

Pour atteindre le dossier ou l'emplacement précédent, cliquez sur le bouton Précédente.

Pour atteindre l'emplacement ou le dossier suivant, cliquez sur le bouton .

Pour atteindre un des dossiers ou emplacements activés depuis l'ouverture de l'explorateur, cliquez sur la flèche associée au bouton Précédente ou au bouton puis sur le dossier ou emplacement concerné.

Pour revenir au dossier père, cliquez sur le bouton .

Vous pouvez également atteindre un des éléments de votre micro-ordinateur en cliquant sur la flèche (vers le bas) située à droite de la **Barre d'adresses**.

Vous retrouvez toutes ces options dans le menu **Affichage**, option **Atteindre**.

Pour mettre à jour le contenu de la fenêtre (si des modifications ont été apportées depuis que vous l'avez affichée), utilisez la commande **Affichage - Actualiser** ou F5.

Le contenu du Poste de travail est également directement accessible par le bouton **démarrer** puis l'option **Poste de travail**.

Utiliser le volet d'exploration Dossiers (suite)

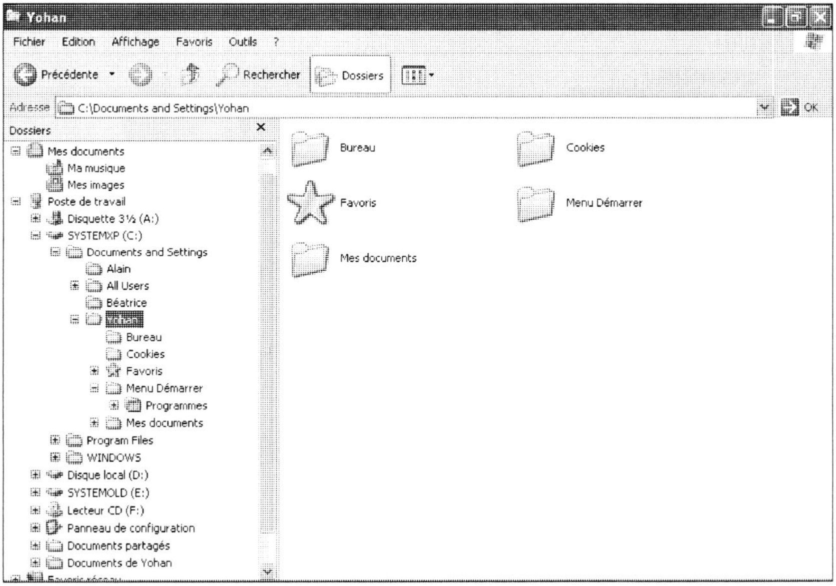

Lorsqu'un dossier est ouvert, l'icône le représentant se modifie légèrement (ici, il s'agit du dossier Yohan). Ce dossier est composé de 5 sous-dossiers.

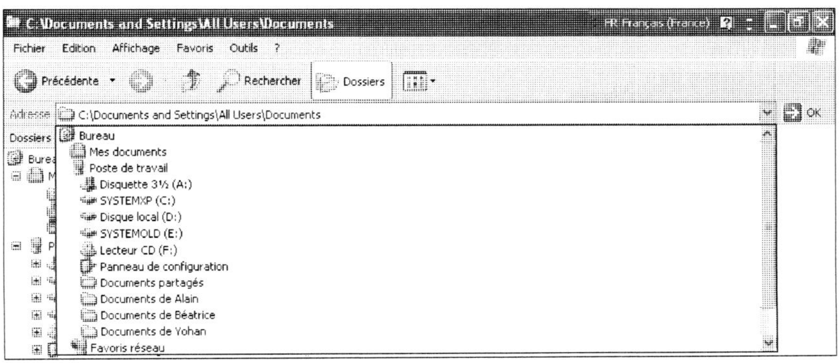

Cette fonctionnalité s'avère pratique lorsque vous n'affichez pas le volet d'exploration **Dossiers**.

Utiliser le volet d'exploration Historique

Affichez, si besoin est, le volet d'exploration Historique par la commande :
Affichage - Volet d'exploration - Historique ou Ctrl **H**

Pour visualiser les fichiers ouverts un jour précis ou une semaine précise, cliquez sur ce jour ou sur cette semaine, puis sur le site contenant les pages que vous souhaitez revoir. Pour visualiser une page htm dans la partie droite de l'écran, cliquez sur son nom.

Pour modifier le type d'affichage des historiques, cliquez sur le bouton **Affichage** du volet d'exploration Historique, puis précisez si les pages doivent apparaître **par date, par site, par fréquence de visite** ou **par ordre de visite du jour**.

Pour effectuer une recherche dans le volet Historique, cliquez sur le bouton Rechercher du volet d'exploration Historique puis saisissez le début ou le nom entier de la page à rechercher.

Cliquez sur le bouton **Rechercher maintenant**.

La liste des pages correspondantes apparaît.

Pour fermer le volet Rechercher de l'Historique, cliquez sur le bouton **Affichage** puis choisissez le type d'historique voulu.

Utiliser le volet d'exploration Historique

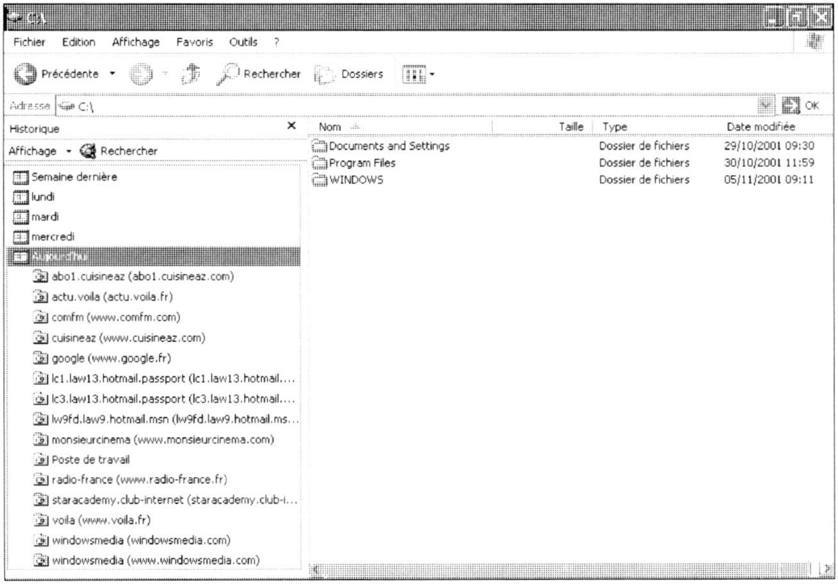

Par défaut, le volet affiche à gauche la liste des pages HTML ou des fichiers triés par date de visite.

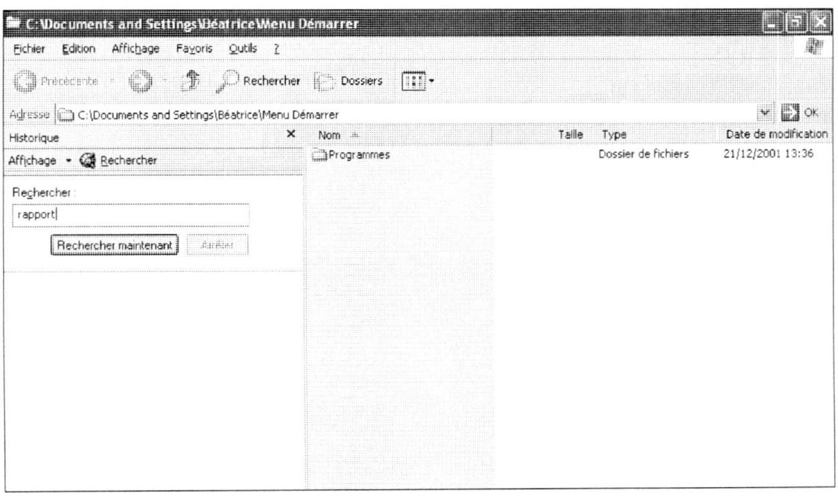

Utiliser le volet d'exploration Favoris

Les Favoris sont principalement utilisés pour accéder rapidement aux pages Web les plus souvent visitées. Vous pouvez néanmoins y ajouter des dossiers de fichiers.

Affichez, si besoin est, le volet d'exploration **Favoris** par la commande : **Affichage - Volet d'exploration - Favoris** ou Ctrl **I**

Cliquez sur le nom du dossier, et éventuellement, du sous-dossier comportant la page Web à afficher.

Cliquez sur le nom de la page.

Windows affiche la page dans la partie droite de la fenêtre de l'Explorateur.

Pour ajouter une page Web au dossier Favoris, saisissez dans la **Barre d'adresses** l'adresse de la page Web à ajouter puis appuyez sur la touche Entrée (si celle-ci se situe sur Internet, votre connexion doit être active).

Faites **Favoris - Ajouter aux Favoris** ou Ajouter... puis précisez le **Nom** de la page.

Cochez l'option **Rendre disponible hors connexion** si vous souhaitez pouvoir consulter cette page hors connexion au réseau (Internet ou Intranet).

Cliquez, si besoin est, sur le bouton **Créer dans** >> pour afficher le cadre **Créer dans** afin de préciser l'endroit où vous souhaitez enregistrer la page Web.

*Le bouton **Nouveau dossier** permet de créer un dossier dans le dossier **Favoris**.*

Cliquez sur le bouton **OK** de la boîte de dialogue **Ajout de Favoris**.

Utiliser le volet d'exploration Favoris

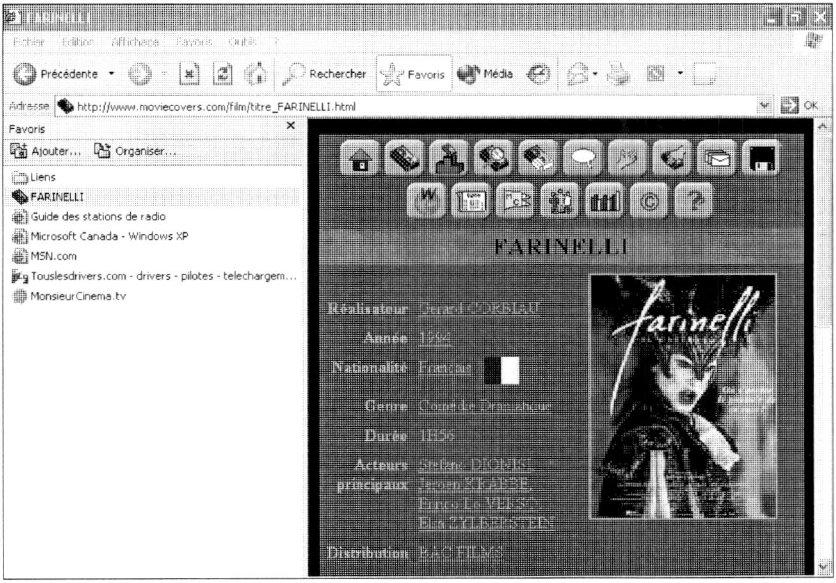

*L'adresse de la page apparaît dans la barre d'outils **Barre d'adresses**.*

Organiser le dossier Favoris

Affichage - Volet d'exploration - Favoris ou Ctrl **I** puis cliquez sur Organiser... du volet Favoris.

Vous pouvez également utiliser la commande ***Organiser les Favoris*** *du menu* ***Favoris****.*

Pour développer le contenu d'un dossier du dossier Favoris, cliquez sur son nom dans la partie droite de la boîte de dialogue.

Pour créer un dossier, cliquez éventuellement sur le nom du dossier qui doit contenir lui-même le nouveau dossier puis cliquez sur le bouton **Créer un dossier**. Saisissez le nom du nouveau dossier et validez.

Pour déplacer une page Web dans un des dossiers du dossier Favoris, cliquez sur le nom de la page puis cliquez sur le bouton **Déplacer vers le dossier**. Cliquez sur le nom du dossier dans lequel doit être déplacée la page. Cliquez sur le bouton **OK**.

Pour renommer un élément, cliquez sur son nom puis sur le bouton **Renommer** ; saisissez alors le nouveau nom puis appuyez sur la touche Entrée.

Pour supprimer un élément du dossier Favoris, cliquez sur son nom puis cliquez sur le bouton **Supprimer** ; confirmez l'envoi de l'élément vers la corbeille en cliquant sur le bouton **Oui**.

Cette manipulation ne supprime pas l'élément en lui-même mais le lien créé dans le dossier ***Favoris****.*

Pour fermer la boîte de dialogue Organiser les Favoris, cliquez sur le bouton **Fermer**.

Organiser le dossier Favoris

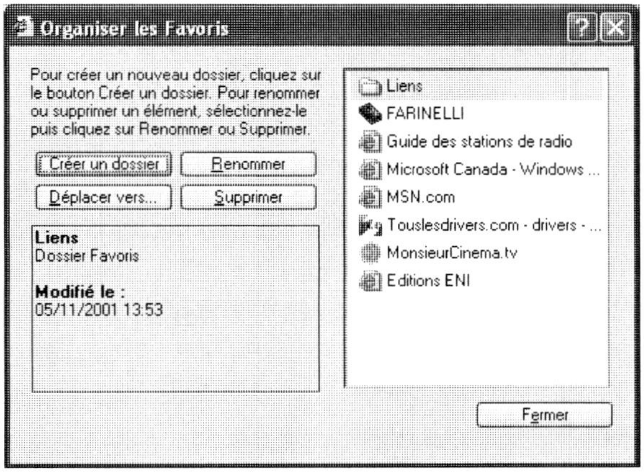

La partie droite de cette boîte de dialogue affiche le contenu du dossier Favoris.

Utiliser le volet d'exploration Média

Affichage - Volet d'exploration - Média

Pendant quelques instants, Windows tente de puiser différentes informations sur le site Windowsmedia.com.

Si votre connexion Internet est inactive, un message vous propose de retourner à la page d'accueil **(Retourner à la previous menu)**, *cliquez alors sur ce lien afin d'afficher les* **Emplacements des médias** *de votre poste de travail.*

À partir de ce volet, cliquez sur l'un des dossiers proposés : **Ma musique**, **Mes vidéos** (ou tout autre dossier) pour l'ouvrir. Cliquez ensuite dans le volet droit de votre écran sur le fichier à visualiser.

Lancez la lecture (audio ou vidéo) grâce au bouton du lecteur situé en bas du volet d'exploration Média.

Dans le cas d'une vidéo, un petit écran s'affiche juste au dessus de la barre du lecteur.

Stoppez la lecture du fichier grâce au bouton .

Si la connexion Internet est active, Windows XP vous propose des actualités multimédias puisées dans le site WindowsMedia.com.

Cliquez sur **Options de média** situé sur le lecteur puis cliquez sur l'option :

Guide radio	pour afficher une liste de sites radiophoniques. Pour écouter l'une des radios, cliquez sur le lien correspondant.
Autres média	pour afficher le site WindowsMedia.com à partir duquel vous pouvez visualiser des bandes annonces cinématographiques, écouter de la musique ou la radio.

Si vous souhaitez lire l'un de vos fichiers (audio ou vidéo) stocké en interne tout en ayant votre connexion Internet active, nous vous conseillons d'activer le volet d'exploration Média après avoir affiché grâce au volet Dossiers par exemple, la liste du ou des fichiers à lire.

Utiliser le volet d'exploration Média

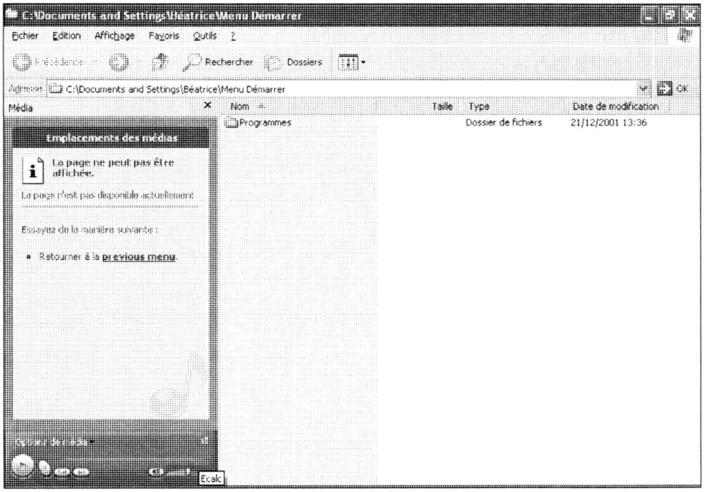

Notez que dans la partie inférieure du volet gauche, un lecteur de fichiers multimédias a fait son apparition. Ce dernier peut être rendu indépendant du volet d'exploration en cliquant sur le bouton .

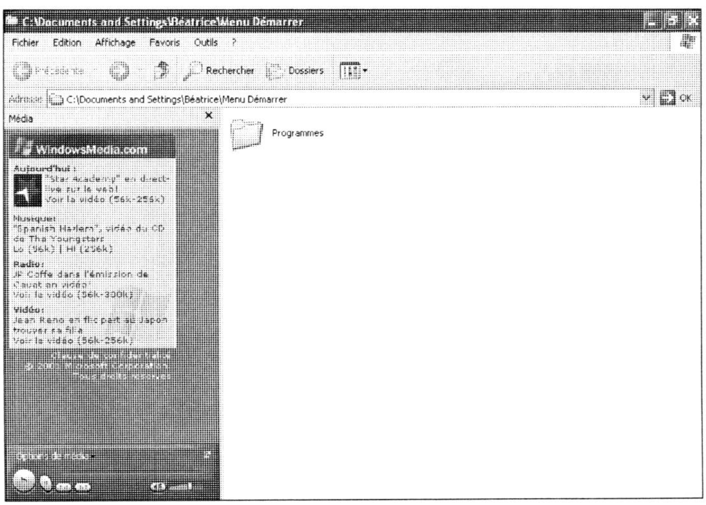

Les informations du site WindowsMedia.com varient régulièrement.

Utiliser l'Assistant Recherche

L'Assistant Recherche permet la recherche de fichiers (ou dossiers), de personnes ou d'ordinateurs de votre réseau informatique ou sur Internet.

Pour afficher le Volet d'exploration **Rechercher**, faites **démarrer - Rechercher** ou à partir de l'Explorateur Windows utilisez la commande **Affichage - Volet d'exploration - Rechercher** ou Ctrl **E**.

Cliquez, si besoin est, sur le bouton situé à droite de la barre de titre afin d'afficher la fenêtre **Résultats de la recherche** en plein écran et visualiser ainsi toutes les options proposées par l'assistant.

Pour modifier les préférences, cliquez sur le lien correspondant situé en bas de l'Assistant Recherche.

Pour masquer le personnage animé (petit chien par défaut), cliquez sur le lien **Sans personnage animé à l'écran.**

Pour réactiver le personnage animé, cliquez de nouveau sur le lien **Modifier les préférences** puis cliquez sur **Avec un personnage animé apparaissant à l'écran.**

Pour changer de personnage animé, cliquez sur le lien **Avec un autre personnage.** Cliquez sur le bouton **Suivant** ou **Précédent** afin de visualiser tous les personnages existants. Cliquez sur le bouton **OK** lorsque le personnage vous convient.

Pour générer un index à partir des données locales, cliquez sur **Avec le service d'indexation (recherches locales plus rapides)**. Cet index limite effectivement le temps de recherche, mais prend de la place disque. Activez ensuite l'option **Oui, activez le service d'indexation** puis validez par **OK**.

*Pour désactiver le service d'indexation, cliquez de nouveau sur le lien **Modifier les préférences**, cliquez sur **Sans service d'indexation**. Activez l'option **Non, ne pas activer le service d'indexation** puis validez par le bouton **OK**.*

Pour modifier le type de comportement de recherche défini par défaut, cliquez sur le lien **Modifier les paramètres de recherche des fichiers et des dossiers**. Activez l'option **Standard** afin d'être guidé tout au long de la recherche (option active par défaut) ou l'option **Recherche avancée** pour effectuer des recherches pointues grâce à la saisie de critères spécifiques, puis validez par le bouton **OK**.

Pour revenir à la page d'accueil de l'Assistant Recherche sans activer aucune de ces options, cliquez sur le bouton **Précédent**.

... /...

Utiliser l'Assistant Recherche

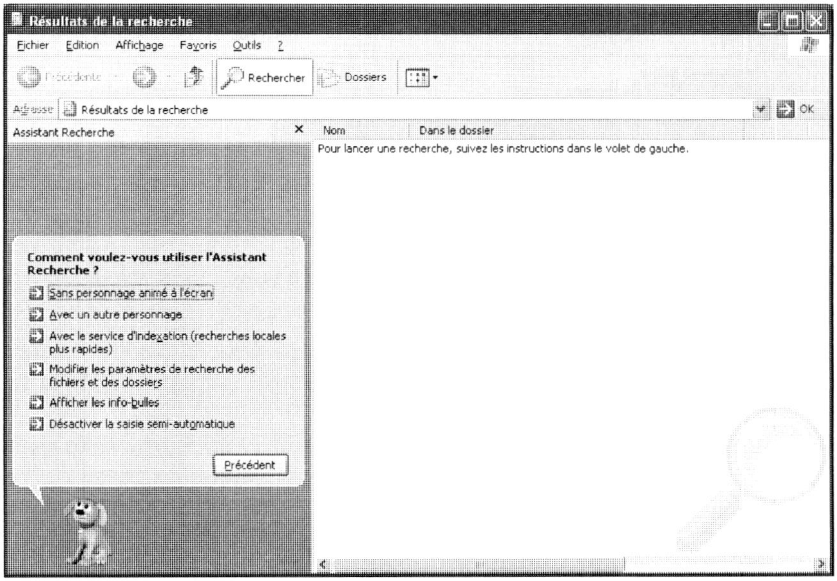

Par défaut, un petit chien animé (nommé Patachon) agrémente le volet d'exploration Rechercher.

... /...

Utiliser l'Assistant Recherche (suite)

Pour effectuer une recherche sur le poste de travail ou le réseau interne à partir du volet d'exploration Rechercher, cliquez sur le lien correspondant au type d'information recherchée :

Images, musique ou vidéo pour rechercher un fichier multimédia à partir de son nom ou d'une partie de son nom.
Documents (traitement de texte, feuilles de calcul, etc.) pour rechercher un document d'après son nom (ou partie) et d'après sa date de dernière modification si nécessaire.
Tous les fichiers et tous les dossiers pour effectuer une recherche à partir du nom (ou partie) du fichier/dossier, d'un texte contenu dans ce fichier/dossier et/ou selon sa date de dernière modification, sa taille, etc.
Ordinateurs ou personnes pour rechercher un ordinateur sur le réseau ou une des personnes enregistrées dans votre carnet d'adresses.

En fonction du lien activé, le contenu du volet de l'Assistant Recherche varie et vous propose différentes options appropriées au type de recherche souhaité.

Utiliser l'Assistant Recherche (suite)

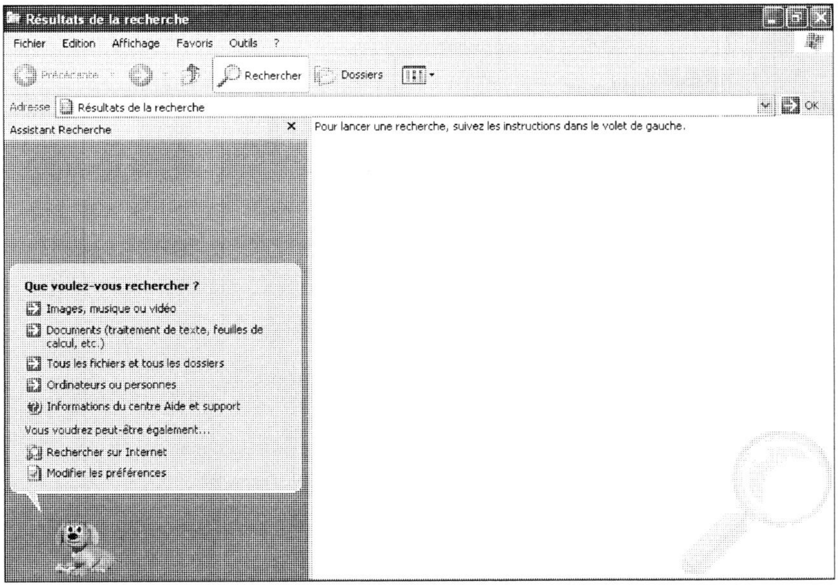

Rechercher un fichier image, musique ou vidéo

Affichez le volet d'exploration **Rechercher (démarrer - Rechercher).**

Cliquez sur le lien **Images, musique ou vidéo.**

Pour rechercher un fichier à partir de son type (**Images et photos, Musique, Vidéo**) et/ou à partir de son nom, cochez, si besoin est, la ou les options correspondant au type de fichier recherché et/ou cliquer dans la zone de saisie **Une partie ou l'ensemble du nom** afin de saisir le nom ou une partie du nom du fichier recherché.

Dans ce cas, si vous ne connaissez pas le nom exact de l'élément (photo, document, nom...) recherché, vous pouvez utiliser les caractères génériques :

- utilisez l'astérisque (*****) pour remplacer plusieurs caractères.
- utilisez le point d'interrogation (**?**) pour remplacer un seul caractère dans un nom.

Pour lancer la recherche à partir de ces seuls critères, cliquez sur le bouton **Rechercher** sinon cliquez sur le lien **Utiliser les options de recherche avancées** pour exploiter des critères supplémentaires.

Pour rechercher **Un mot ou une phrase dans le fichier** à partir des options de recherche avancées, cliquez dans la zone de saisie correspondante puis tapez le texte recherché.

Pour limiter la recherche à un emplacement particulier, cliquez sur la flèche associée à la zone **Rechercher dans** puis cliquez sur le dossier ou l'unité dans lequel la recherche doit s'effectuer.

Pour tenir compte de la date de dernière mise à jour du fichier recherché ou de sa taille, cliquez sur le bouton  correspondant aux catégories **Quand la modification a-t-elle été effectuée ?** ou **Quelle est la taille ?** puis activez les critères de sélection souhaités.

Cliquez si nécessaire sur **Options avancées.** Celles-ci permettent d'effectuer la recherche dans les dossiers système, dans les fichiers et dossiers cachés ou bien encore dans les sous-dossiers.

Si vous souhaitez que Windows tienne compte des majuscules/minuscules saisis dans les zones de recherche, cochez l'option **Respecter la casse.** Cliquez sur le bouton **Rechercher** pour lancer la recherche.

Rechercher un fichier image, musique ou vidéo

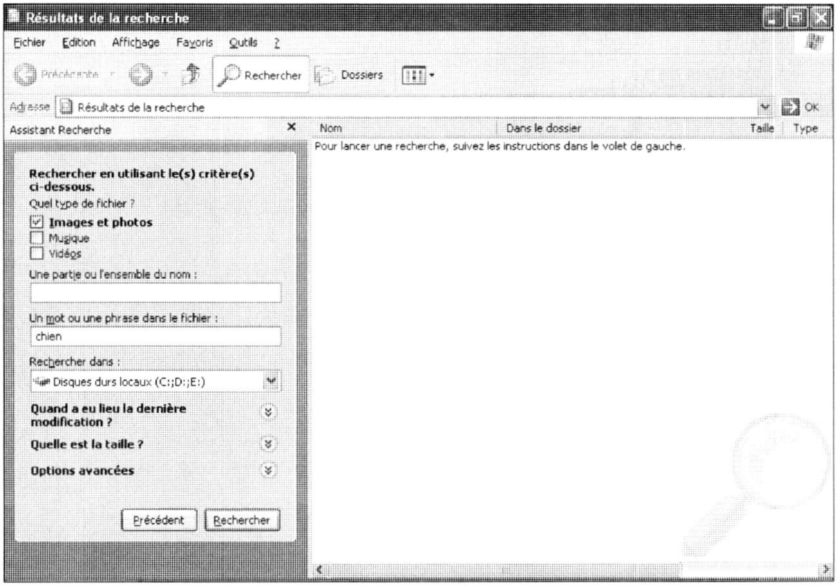

Effectuer une recherche sur Internet

Affichez le volet d'exploration **Rechercher** (**démarrer - Rechercher**).

Assurez-vous que votre connexion au réseau Internet est active puis cliquez sur le lien **Rechercher sur Internet**.

Pour activer ou désactiver un service de recherche utilisé par Windows lors des recherches sur Internet, cliquez sur le bouton **Personnaliser** puis cochez ou décochez les services de recherche proposés pour les activer ou désactiver.

Validez les modifications par le bouton **OK**.

Pour rechercher une page Web, activez l'une des quatre catégories de recherche proposées :

Rechercher une page Web	pour effectuer une recherche contenant les mots clés saisis dans la zone **Rechercher une page Web contenant**.
Recherches précédentes	pour relancer l'une des dix dernières recherches effectuées au préalable et sauvegardées automatiquement si l'option **Recherches précédentes** (bouton **Personnalisé**) est cochée.
Rechercher une carte	pour rechercher une adresse, un lieu ou une région (des USA uniquement) grâce au service de recherche Expedia.com.
Rechercher un mot	pour obtenir la définition du mot (saisi dans la zone **Rechercher des informations sur**) sur le site Encarta.com (attention : la recherche et les réponses se font en anglais !).

Cliquez sur le bouton **Rechercher** pour lancer la recherche.

... /...

Effectuer une recherche sur Internet

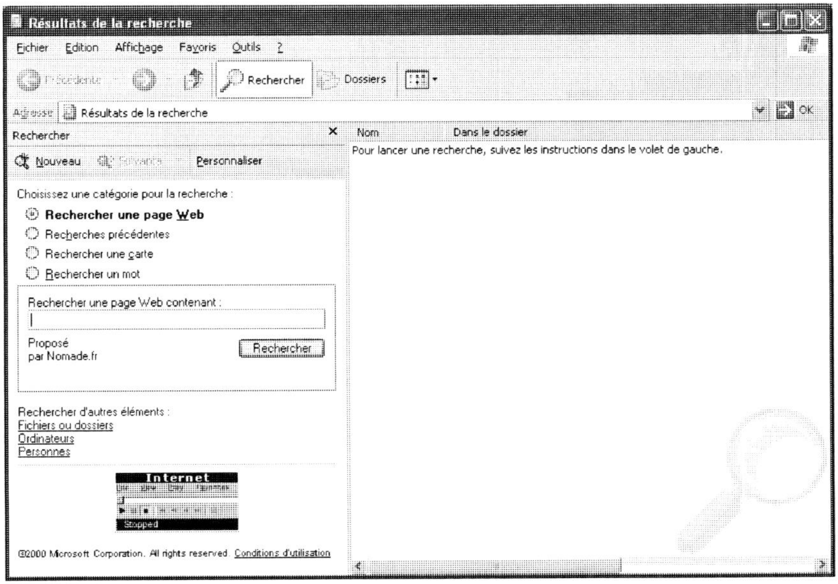

... /...

Effectuer une recherche sur Internet (suite)

Pour rechercher des informations sur une personne, vous disposez de deux méthodes. En effet, après avoir saisi une requête en langage naturel, vous pouvez obtenir des informations générales. Sinon, en utilisant un service d'annuaire (ou un service de recherche) spécialisé sur Internet, vous pouvez trouver son adresse électronique, son numéro de téléphone...

Pour effectuer une recherche sur une personne en langage naturel, cliquez sur le lien **Rechercher sur Internet** situé dans le premier volet **Rechercher**, cliquez dans la zone **Rechercher une page Web contenant** puis saisissez une expression ou une phrase décrivant les informations souhaitées (ex : trouver des informations sur Churchill). Cliquez alors sur le bouton **Rechercher** pour lancer la recherche.

Pour rechercher les coordonnées d'une personne sur Internet grâce à un service d'annuaire ou un service de recherche, cliquez sur **Rechercher sur Internet** puis sur le lien **Personnes**.

*Il est possible que Windows vous signale que le **Carnet d'adresses** (géré par Outlook Express) ne soit pas votre visionneuse vCard définie par défaut. Dans ce cas, cliquez sur le bouton **Oui** ou **Non** selon votre souhait.*

↳ Ouvrez la liste déroulante **Regarder dans** de la boîte de dialogue **Rechercher des personnes**, puis choisissez l'un des services d'annuaire ou service de recherche à utiliser.

Complétez la ou les zones à rechercher (celles-ci varient selon le service d'annuaire ou service de recherche utilisé).

Effectuer une recherche sur Internet (suite)

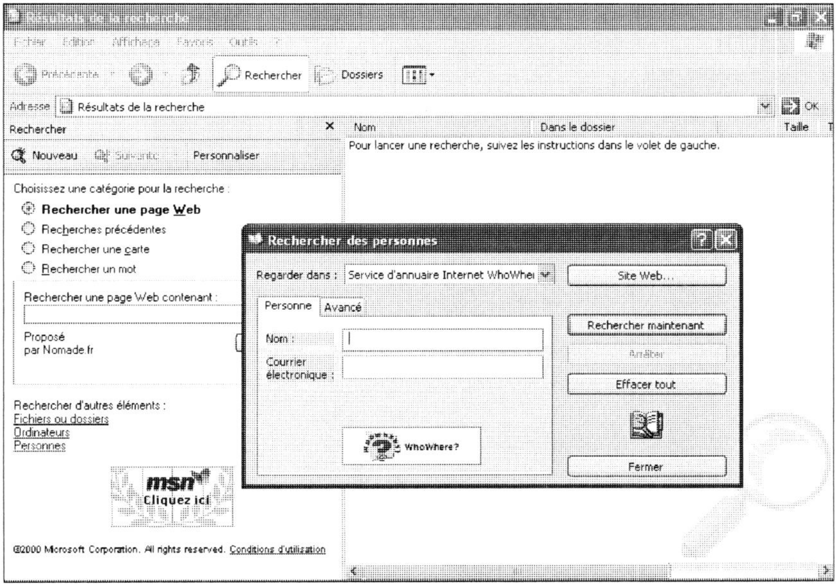

Modifier la présentation de la liste des dossiers/fichiers

Ouvrez le menu **Affichage** ou utilisez le bouton de la barre d'outils **Boutons standard**.

Choisissez une des six options suivantes :

Pellicule Cette vue n'est disponible que pour les dossiers de type image pour afficher les images sur une seule ligne d'images miniatures. L'image sélectionnée s'affiche en grand au-dessus de cette ligne.

Miniatures pour afficher une version miniature des fichiers. Les images apparaissent alors en miniature ; les autres fichiers apparaissent dans un cadre avec leur nom et le logo de l'application dans laquelle ils ont été créés.

Mosaïques pour afficher le nom du fichier ainsi que sa taille, son type et une icône représentant le type du fichier.

Icônes pour afficher uniquement l'icône et le nom de chaque fichier. Le nom de fichier est affiché sous l'icône.

Liste pour afficher uniquement l'icône et le nom de chaque fichier ; les icônes sont disposées sous forme de liste classée, par défaut, par ordre alphabétique.

Détails pour afficher en plus la taille du fichier, son type ainsi que les dates et heures de dernières modifications.

La taille du fichier est exprimée en ***Kilo octets (Ko)*** *(un octet correspond à la place occupée par un caractère).*

Les dates et heures de dernière mise à jour sont calculées en fonction de la date système et de l'heure système de votre micro-ordinateur (le micro-ordinateur possède une horloge interne qui gère ces données).

Pour grouper les fichiers affichés par nom, par taille, par type, par date de modification, par dimensions... activez tout d'abord le mode d'affichage **Miniatures**, **Icônes** ou **Détails**, puis ouvrez le menu **Affichage**. Pointez l'option **Réorganiser les icônes par** puis activez l'option **Afficher par groupe**. Pour modifier ensuite le type de groupement, ouvrez de nouveau le menu **Affichage - Réorganiser les icônes par** puis cliquez sur l'un des regroupements proposés (le regroupement actif est précédé d'un point).

En affichage **Détails**, vous pouvez choisir les colonnes à afficher grâce à la commande **Affichage - Choisir les détails**.

Modifier la présentation de la liste des dossiers/fichiers

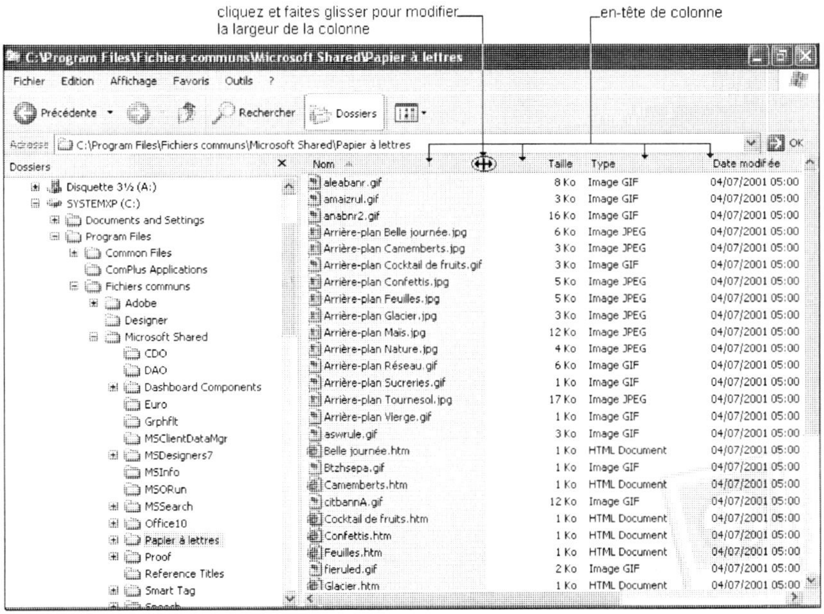

Lorsque vous choisissez la disposition ***Détails****, la liste des noms apparaît dans une seule colonne, elle est complétée par la taille du fichier, son type, la date et l'heure de dernière mise à jour.*

Trier la liste des fichiers

Affichage - Réorganiser les icônes par

Activez l'option correspondant à l'ordre de tri souhaité.

Lorsque les fichiers apparaissent dans une liste détaillée, un clic sur l'en-tête d'une colonne permet de trier celle-ci en fonction du contenu de cette colonne par ordre croissant puis un autre clic par ordre décroissant.

Afficher l'aperçu d'une image

Accédez au dossier d'images concernées.

Activez la vue **Pellicule** par le menu **Affichage** ou par le bouton .

Cliquez sur l'image concernée.

Pour visualiser les images de droite ou de gauche, cliquez sur les boutons .

Pour faire pivoter l'image, cliquez sur les boutons .

Pour imprimer une image, faites un clic droit sur l'image concernée, puis activez l'option **Imprimer**.

*L'assistant **Impression de photographies** se lance et vous guide.*

Trier la liste des fichiers

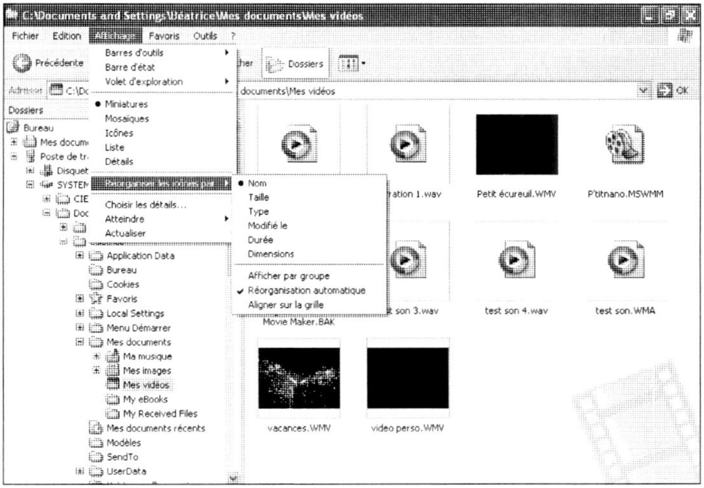

Les options proposées varient selon le type de fichier concerné, dans notre exemple il s'agit de fichiers vidéos.

Afficher l'aperçu d'une image

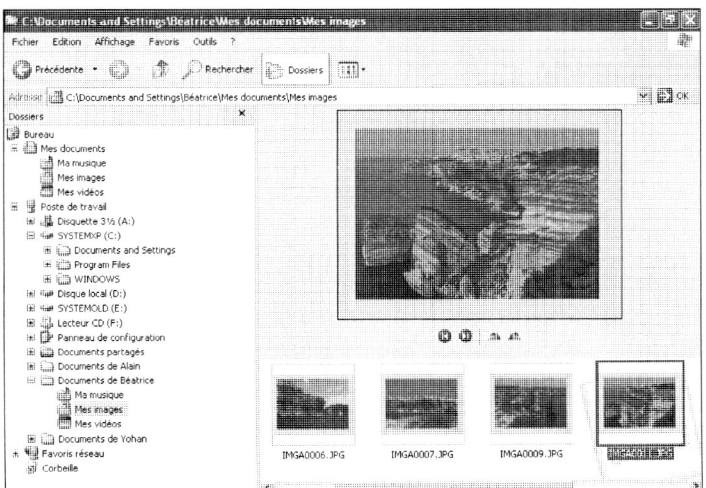

L'image sélectionnée apparaît au-dessus de la ligne d'images miniatures.

Définir les options d'affichage

Cette manipulation permet de préciser les options d'affichage d'un dossier précis ou de tous les dossiers.

Faites **Outils - Options des dossiers** puis activez l'onglet **Affichage**.

Cochez ou décochez les options suivantes :

(a) Si l'option est cochée, la description de l'élément pointé apparaît dans une info-bulle.

(b) Si cette option n'est pas cochée, seul le nom de l'élément sélectionné, et non son chemin d'accès complet apparaît dans la barre d'adresses.

(c) Si cette option n'est pas cochée, seul le nom de l'élément sélectionné apparaît dans la barre de titre de la fenêtre.

(d) Si cette option est cochée, les fichiers nécessaires à votre ordinateur pour son bon fonctionnement seront affichés. Il est préférable de les laisser masquer afin d'éviter toute modification.

(e) Si cette option est cochée, l'icône du Panneau de configuration s'affiche dans le Poste de travail.

(f) Lorsque cette option est cochée, les noms des fichiers compressés ou cryptés sur les lecteurs NTFS apparaissent en couleur lorsqu'ils sont affichés dans une fenêtre de dossier (les fichiers zippés ne sont pas concernés par cette fonctionnalité).

(g) Si cette option est cochée, la taille du fichier pointé apparaît dans une info-bulle.

(h) Cochez cette option si vous souhaitez afficher automatiquement le contenu et les sous-dossiers fermés si vous cliquez sur un dossier différent.

(i) Si cette option est active, les fichiers cachés s'affichent dans la liste des fichiers.

Cliquez sur le bouton **Appliquer à tous les dossiers** si vous souhaitez appliquer les paramètres d'affichage choisis à tous les autres dossiers.

*Le bouton **Réinitialiser tous les dossiers** permet de rétablir les paramètres d'affichage lors de l'installation de Windows.*

Cliquez sur le bouton **OK**.

Le bouton **Paramètres par défaut** rétablit toutes les options d'origine de la boîte de dialogue **Options des dossiers**.

Définir les options d'affichage

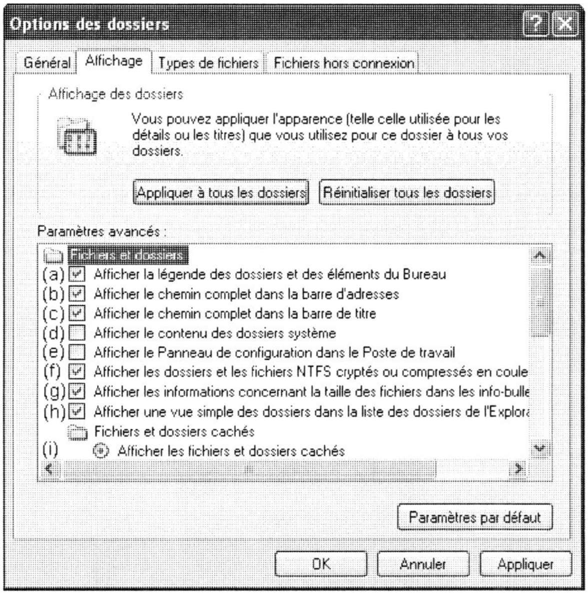

*L'onglet **Fichiers hors connexion** n'existe pas dans la version Windows XP Edition Familiale.*

Généralités sur les dossiers personnels

Pour chaque utilisateur de l'ordinateur, Windows XP crée un dossier personnel nommé **Mes documents** dans lequel l'utilisateur pourra stocker tous ses fichiers. Pour en faciliter la gestion, Windows XP a prévu dans ce dossier personnel les sous-dossiers spécialisés **Mes images** et **Ma musique**.
Votre dossier personnel (**Mes documents**) et ses sous-dossiers (**Mes images** et **Ma musique**) peuvent être accessibles à tous les utilisateurs ou rendus privés.
Si plusieurs utilisateurs ont accès à l'ordinateur, prenons par exemple Alain et Béatrice, Windows XP différencie les dossiers personnels en les identifiant. Ainsi, lorsque Béatrice est connectée à l'ordinateur, son dossier personnel s'appelle bien **Mes documents** (sauf dans le Poste de travail où il s'appelle Documents de Béatrice), mais celui de Alain apparaît toujours sous le nom de **Documents de Alain**. Windows XP agit de même pour les sous-dossiers.
Windows XP crée aussi le dossier **Documents partagés** pour les fichiers à partager avec les autres utilisateurs de l'ordinateur. Le dossier **Documents partagés** contient les sous-dossiers **Images partagées** et **Musique partagée**.
Chaque utilisateur peut à loisir créer ses propres dossiers et sous-dossiers.
Pour renommer, déplacer, supprimer... un fichier ou un dossier de votre dossier personnel ou d'un dossier partagé, vous pouvez y accéder par le **Poste de travail** (**démarrer - Poste de travail**) ou par l'Explorateur Windows (**démarrer - Tous les programmes - Accessoires - Explorateur Windows**).
Pour mieux comprendre la structure hiérarchique mise en place par Windows, ouvrez par exemple l'Explorateur Windows. Comme vous pouvez le constater sur l'écran de droite, le dossier Mes documents de l'utilisateur connecté (Béatrice dans notre exemple) est accessible de <u>trois</u> façons :

- directement à partir du Bureau (a).
- à partir du disque dur et du dossier **Documents and Settings** (b) dans lequel apparaissent également les dossiers complets des utilisateurs (Alain, Béatrice et Yohan dans notre exemple).
- à partir du Poste de travail (c) où le dossier **Mes documents** est appelée **Documents de Béatrice** (utilisateur en cours).

Le dossier **Documents partagés** dispose de deux accès (à partir de **Documents and Settings** ou du **Poste de travail**).
Sachez que, quel que soit le chemin utilisé pour accéder au dossier (Mes documents ou Partagés), vous obtenez exactement les mêmes informations.

Pour accéder à votre dossier **Mes documents**, vous pouvez aussi cliquer sur **Mes documents** dans le menu **démarrer**.

Généralités sur les dossiers personnels

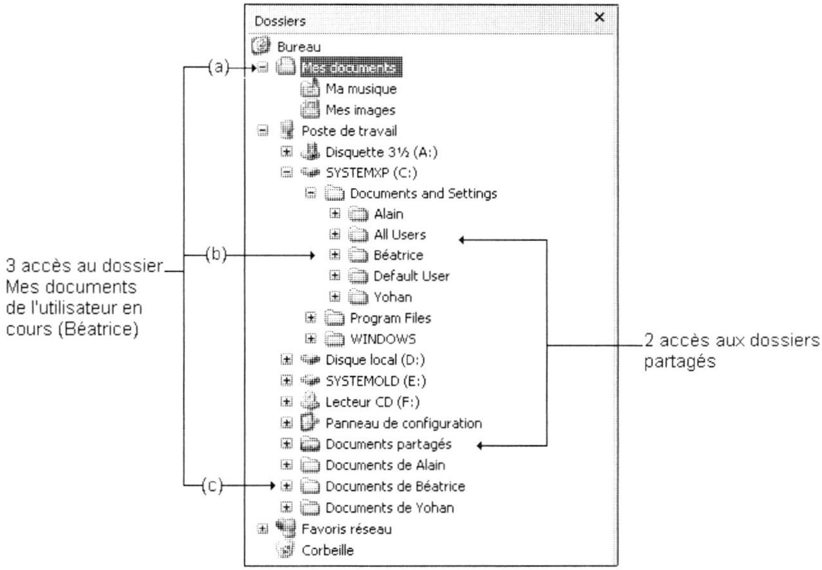

Selon le type d'utilisateur connecté (Limité ou Administrateur) ainsi que des systèmes de protection utilisés (cf. Utilisateurs - Protéger vos dossiers personnels), tous les dossiers ne sont pas toujours visibles.

Sélectionner et désélectionner des fichiers

Si vous souhaitez modifier, renommer, déplacer, supprimer... un fichier ou dossier, sachez que vous devez impérativement le sélectionner au préalable.

Affichez l'arborescence du ou des dossiers concernés par la sélection, pour cela, cliquez sur le bouton **démarrer** puis sur **Mes documents** si les éléments à sélectionner sont situés dans ce dossier ou sinon cliquez sur **Tous les programmes - Accessoires - Explorateurs Windows**.

Pointez une zone vierge située juste sur la droite du premier nom à sélectionner, cliquez et faites glisser la souris de façon à encadrer les noms et les icônes.

Attention, si votre souris se transforme en cercle barré et que son déplacement entraîne les fichiers, relâchez vite la souris, car cela signifie que vous êtes en train de "déplacer" les éléments.

Pour étendre la sélection sur des fichiers contigus, appuyez sur la touche [⇧ Shift] et cliquez sur le dernier fichier à insérer dans la sélection.

Pour sélectionner un autre groupe de fichiers, appuyez sur [⇧ Shift] et réalisez un nouveau cliqué-glissé de façon à encadrer le groupe.

Pour insérer dans la sélection un autre fichier, appuyez sur [Ctrl] et cliquez sur le fichier.

Pour sélectionner tous les fichiers, utilisez la commande **Edition - Sélectionner tout** ou [Ctrl] **A**.

*Il est possible d'inverser la sélection grâce à l'option correspondante du menu **Edition**.*

La sélection peut être effectuée au clavier : accédez au premier fichier, appuyez sur [⇧ Shift] puis utilisez les touches fléchées pour étendre la sélection. Pour sélectionner un autre fichier non adjacent aux fichiers sélectionnés, appuyez sur [Ctrl] tout en appuyant sur [↑] ou [↓] de façon à atteindre ce fichier puis appuyez sur [Espace] pour le sélectionner.

Lorsqu'une sélection existe, cliquez sur le bouton droit de la souris pour afficher le menu des options applicables à la sélection.

Pour désélectionner certains fichiers, appuyez sur la touche [Ctrl] tout en entourant par un cliqué-glissé en partant de la droite le groupe de fichier à retirer de la sélection.

Pour désélectionner tous les fichiers, cliquez n'importe où dans la fenêtre (sauf sur le nom d'un fichier).

Sélectionner et désélectionner des fichiers

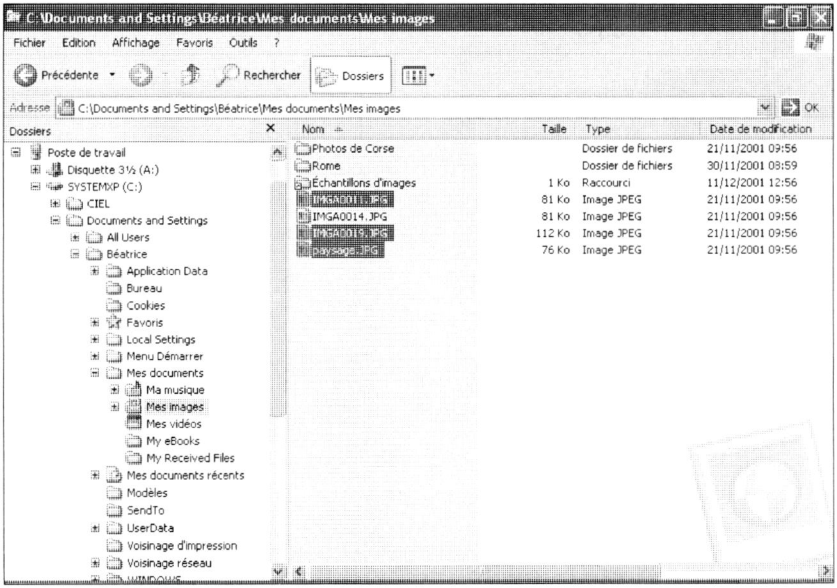

Les noms sélectionnés apparaissent en blanc sur fond bleu.

Créer un dossier

Pour créer un nouveau dossier, ouvrez directement le dossier **Mes documents** par le bouton **démarrer** - option **Mes documents**.

*Selon la version Windows XP utilisée, l'intitulé des catégories situées dans le volet gauche peut être légèrement différent (par exemple : **Gestion des fichiers et des dossiers** pour la version professionnelle devient **Gestion des fichiers** pour la version familiale) mais leur contenu est identique.*

Pour créer un sous-dossier d'un dossier existant, ouvrez-le par un double clic.

Pour créer un dossier dans **Mes documents** (au même niveau que Mes images ou Ma musique) n'effectuez aucune sélection.

Cliquez sur le lien **Créer un nouveau dossier** situé dans le cadre **Gestion des fichiers et des dossiers** du volet gauche (cliquez sur ☐ associé à ce cadre si les options ne sont pas visibles). Si vous ne voyez toujours pas le lien **Créer un nouveau dossier**, cela signifie qu'un fichier ou dossier est sélectionné, dans ce cas, désélectionnez-le en cliquant sur une zone blanche quelconque du volet droit.

*Vous pouvez aussi cliquer avec le bouton droit sur un espace vierge de la liste et choisir l'option **Nouveau** puis l'option **Dossier**.*

Une nouvelle icône de dossier apparaît : son nom (Nouveau dossier) est sélectionné et le point d'insertion clignote à la fin du nom indiquant que vous pouvez modifier le texte.

- Tapez le nom du nouveau dossier ; (255 caractères maximum, espaces compris). Attention, les caractères \/ ? : * " < > et | sont interdits, mais vous pouvez y insérer des majuscules.

  Validez en appuyant sur [Entrée].

  Par défaut, le dossier créé est vide et peut contenir tous types de fichiers.

  Pour modifier le type de dossier ou personnaliser son icône, faites un clic droit sur son icône puis cliquez sur **Propriétés**.

- Cliquez sur l'onglet **Personnaliser** puis ouvrez la liste associée au cadre **Quel type de dossier voulez-vous ?** afin de choisir le type de fichiers que vous souhaitez stocker dans ce dossier.

  Validez par le bouton **OK**.

Créer un dossier

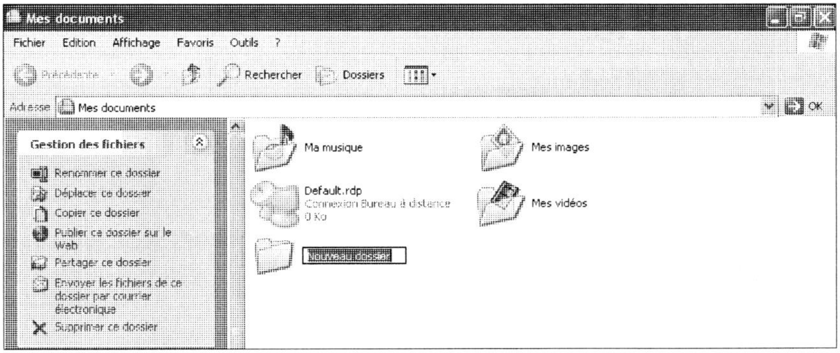

Par défaut, Windows choisit le symbole  *comme icône du nouveau dossier. Celle-ci indique que le dossier peut contenir tous types de fichiers.*

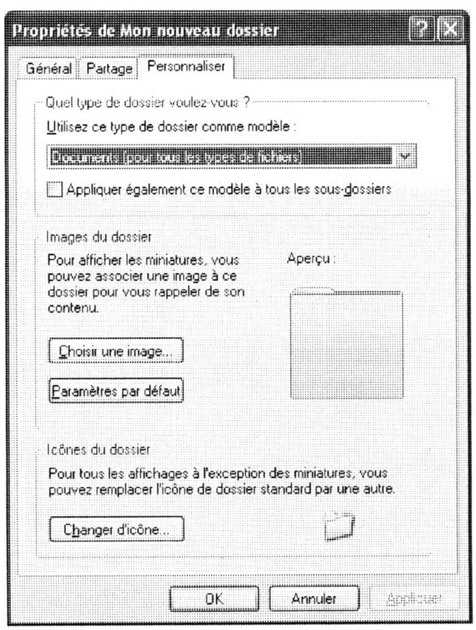

Le bouton ***Changer d'icône*** *vous propose une liste de différentes icônes dans laquelle vous pouvez choisir une nouvelle représentation du dossier.*

Copier des dossiers/des fichiers : première méthode

Cliquez sur le bouton **démarrer** puis sur **Mes documents** si le fichier ou dossier à copier se situe dans votre dossier personnel, sinon affichez-le dans l'explorateur Windows (**démarrer - Tous les programmes - Accessoires - Explorateur Windows**).

Ouvrez, si besoin est, le sous-dossier contenant l'élément à copier puis sélectionnez (dans le volet droit de la fenêtre) les dossiers ou les fichiers à copier.

Cliquez sur **Copier ce fichier** (ou **Copier les éléments sélectionnés**, selon le cas) situé dans le cadre **Gestion des fichiers et des dossiers** du volet gauche.

Dans la boîte de dialogue **Copier les éléments**, cliquez sur le nom du dossier destinataire de la copie. Si celui-ci n'est pas visible, développez l'arborescence en cliquant sur le signe + qui précède le nom de l'unité ou du dossier père.

Pour copier le fichier ou dossier sélectionné sur une disquette, insérez une disquette dans le lecteur puis cliquez sur l'unité de disquette souvent nommée **Disquette $3^{1/2}$ (A:)**.

Cliquez sur le bouton **Copier**.

Copier des dossiers/des fichiers : première méthode

*Le bouton **Créer un nouveau dossier** permet de créer le dossier destinataire, s'il n'existe pas encore.*

Copier des dossiers/des fichiers : deuxième méthode

Si vous préférez travailler avec le Volet d'exploration ***Dossiers*** *et visualiser ainsi l'arborescence de votre ordinateur, voici une seconde méthode pour copier des fichiers ou des dossiers.*

Cliquez, si besoin est, sur le bouton [Dossiers] ou utilisez la commande **Affichage - Volet d'exploration - Dossiers** afin d'afficher le volet d'exploration **Dossiers**.

Sélectionnez les dossiers ou les fichiers concernés.

Copiez ces éléments dans le Presse-papiers : **Edition - Copier** ou [Ctrl] **C**.

Sélectionnez dans le volet d'exploration **Dossiers** le dossier dans lequel vous souhaitez copier les dossiers ou les fichiers.

Collez le contenu du Presse-papiers : **Edition - Coller** ou [Ctrl] **V**.

Les fichiers sont copiés un à un. Ils se trouvent toujours dans le Presse-papiers : vous pouvez, si besoin est, les copier dans un autre dossier. Lorsque vous copiez un dossier, Windows recopie son arborescence, c'est-à-dire les dossiers qu'il contient mais aussi les documents contenus dans les sous-dossiers !

Si le dossier de destination contient un fichier du même nom que l'un de ceux copiés, Windows demande confirmation avant de l'écraser !

Si vous copiez le fichier dans son dossier d'origine, Windows crée un double qu'il nomme ***Copie de...*** *suivi du nom du fichier.*

Si vous copiez sur une unité réseau qui ne supporte pas les longs noms de fichiers, vous devez confirmer les huit premiers caractères du nom du document cible.

En cas de doute ou d'erreur, annulez la copie par la commande **Edition - Annuler Copier** ou [Ctrl] **Z**.

Copier des dossiers/des fichiers : deuxième méthode

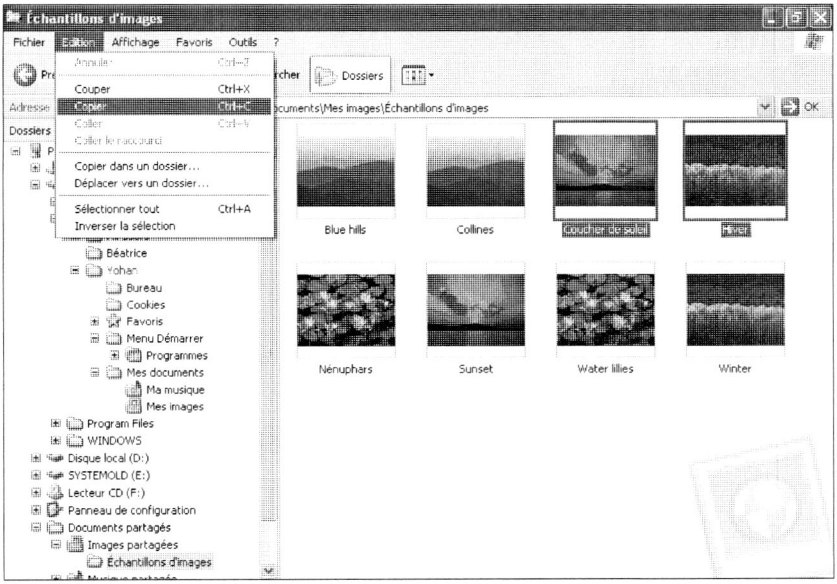

*L'option **Coller** n'est accessible qu'après avoir activé l'option **Copier**.*

Copier des dossiers/des fichiers : troisième méthode

Le principe de cette troisième méthode consiste à faire glisser une sélection vers un autre dossier. Pour cela, il est nécessaire de visualiser les éléments à copier et le dossier destinataire doit être ouvert.

Affichez, le volet d'exploration **Dossiers**.

Sélectionnez les dossiers ou les fichiers à copier.

Veillez à ce que le dossier de destination soit accessible dans l'arborescence (s'il fait partie d'un dossier, celui-ci doit être ouvert).

Cliquez et faites glisser la sélection vers la destination choisie ; maintenez la touche Ctrl enfoncée si vous copiez sur la même unité de disque.

Lors du cliqué-glissé, un signe + doit apparaître près du pointeur de la souris.

Vous pouvez aussi effectuer le cliqué-glissé à l'aide du bouton droit de la souris puis choisir l'option **Copier ici** dans le menu qui vous est proposé.

Déplacer des dossiers/des fichiers : première méthode

Ouvrez le dossier ou l'unité dans lequel les éléments à déplacer sont stockés en cliquant sur le bouton **démarrer** puis sur **Mes documents** (ou autre dossier personnel). Si vous ne connaissez pas l'emplacement exact des éléments à déplacer, recherchez-le (cf. AFFICHAGE ET RECHERCHE - Utiliser l'Assistant Recherche).

Sélectionnez les dossiers ou les fichiers à déplacer.

Cliquez sur le lien **Déplacer ce dossier** ou **Déplacer ce fichier** (selon le cas) situé dans le cadre **Gestion des fichiers et des dossiers** du volet gauche.

Développez, si besoin est, l'arborescence afin de cliquer sur le nom du dossier destinataire du déplacement.

Cliquez sur le bouton **Déplacer**.

Copier des dossiers des fichiers : troisième méthode

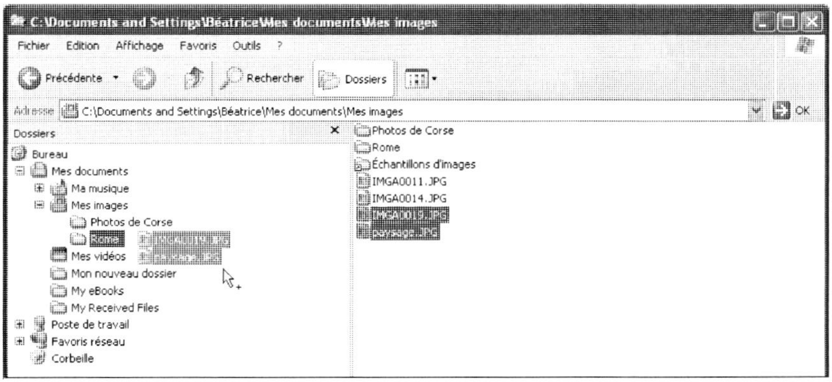

Avant de lâcher la souris lors du cliqué-glissé, assurez-vous que le dossier destinataire est sélectionné (il doit apparaître sur fond de couleur).

Déplacer des dossiers/des fichiers : première méthode

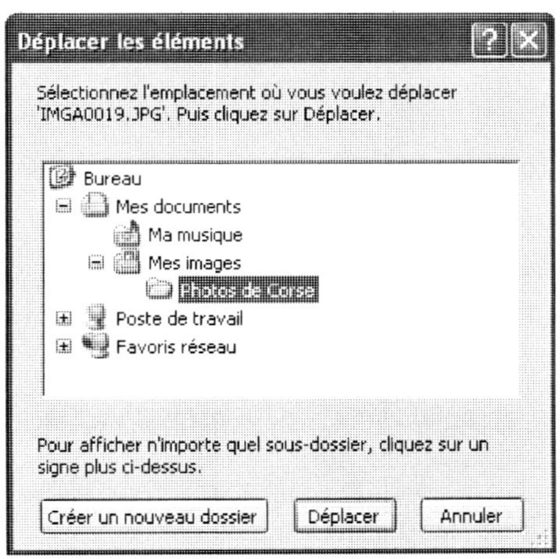

*Le bouton **Créer un nouveau dossier** permet de créer le dossier destinataire si celui-ci n'existe pas.*

Déplacer des dossiers/des fichiers : deuxième méthode

Si vous préférez travailler avec le volet d'exploration **Dossiers** *et visualiser ainsi l'arborescence de votre ordinateur, voici une seconde méthode pour déplacer des fichiers ou des dossiers.*

Sélectionnez les dossiers ou les fichiers à déplacer.

Déplacez ces objets dans le Presse-papiers à l'aide de la commande **Edition - Couper** ou Ctrl **X**.

Sélectionnez le dossier de destination.

Collez le contenu du Presse-papiers par **Edition - Coller** ou Ctrl **V**.

Après un court instant, durant lequel vous voyez les fichiers passer d'un dossier à l'autre, ceux-ci apparaissent dans le dossier de destination.

En cas d'erreur ou de doute, vous pouvez annuler le déplacement par la commande **Edition - Annuler déplacer** ou Ctrl ***Z***.

Déplacer des dossiers/des fichiers : troisième méthode

Affichez, le volet d'exploration **Dossiers**.

Sélectionnez les dossiers ou les fichiers concernés dans le volet droit.

Cliquez et faites glisser la souris sur le dossier de destination ; appuyez sur la touche ⇧ Shift durant le cliqué-glissé si vous déplacez sur une autre unité.

Lorsque vous pointez le dossier de destination, le signe + ne doit pas apparaître près du pointeur de la souris.

Lorsque l'opération est terminée, les fichiers ne sont plus visibles dans le dossier ouvert.

Vous pouvez aussi cliquer sur le bouton droit de la souris et faire glisser la souris sur le dossier de destination. Choisissez, dans le menu affiché, l'option **Déplacer ici**.

Déplacer des dossiers/des fichiers : deuxième méthode

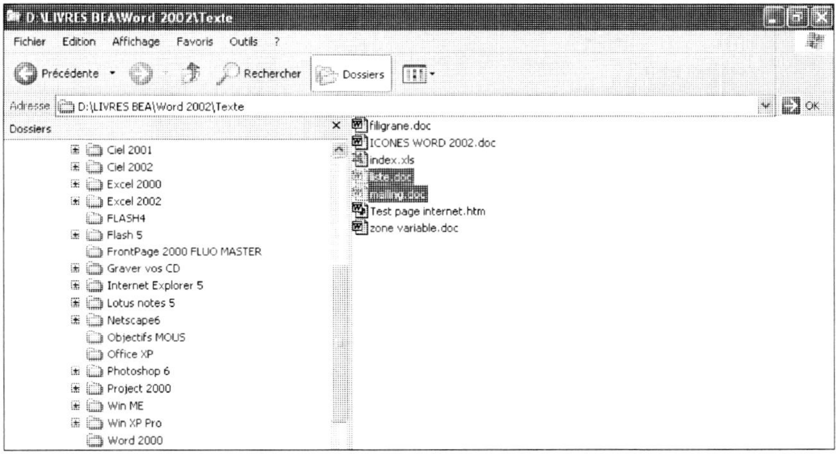

Après avoir activé l'option ***Couper****, les noms des fichiers sont toujours visibles mais l'icône les représentant est estompée. Ils ne disparaitront qu'après avoir activé la commande* ***Coller****.*

Déplacer des dossiers/des fichiers : troisième méthode

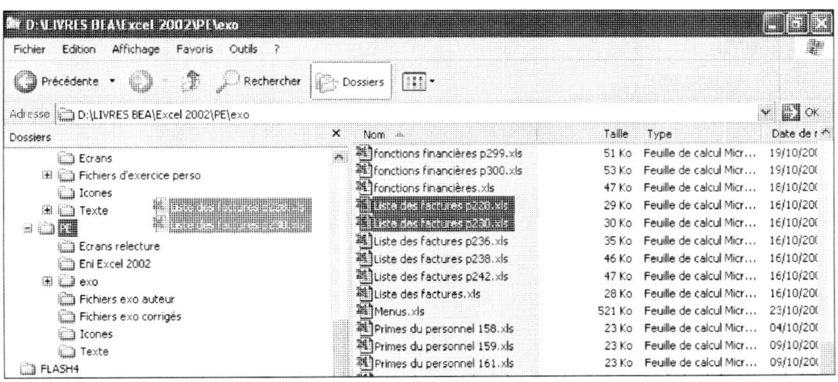

Avant de lâcher la souris lors du cliqué-glissé, assurez-vous d'avoir sélectionné le bon dossier destinataire.

Envoyer des fichiers par messagerie électronique

Sélectionnez le dossier et/ou les fichiers concernés.

Cliquez avec le bouton droit de la souris de façon à afficher le menu spécifique à la sélection.

Pointez l'option **Envoyer vers** puis l'option **Destinataire**.

Windows démarre votre logiciel de messagerie.

Précisez le ou les destinataires ainsi que l'objet de votre message.

Envoyez le message.

Les fichiers sélectionnés sont envoyés en pièces jointes.

Renommer un fichier ou un dossier

Cliquez sur le bouton **démarrer** puis sur **Mes documents** si le fichier ou dossier à renommer se situe dans votre dossier personnel (si vous n'en connaissez pas l'emplacement, effectuez une recherche).

Sélectionnez le fichier ou le dossier à renommer puis cliquez sur le lien **Renommer ce fichier** ou **Renommer ce dossier** (selon le cas) situé dans le cadre **Gestion des fichiers et des dossiers** du volet gauche.

Utilisez les touches de déplacement et d'édition habituelles pour effectuer les modifications de texte.

*Nous vous rappelons que les caractères \ ? : * " < > | sont interdits.*

Validez par la touche [Entrée].

Le nom est automatiquement modifié. Si le dossier courant contient un fichier du même nom, Windows refuse d'effectuer la modification.

Cette manipulation peut être annulée par la commande **Edition - Annuler Renommer** ou [Ctrl] **Z**.

Envoyer des fichiers par messagerie électronique

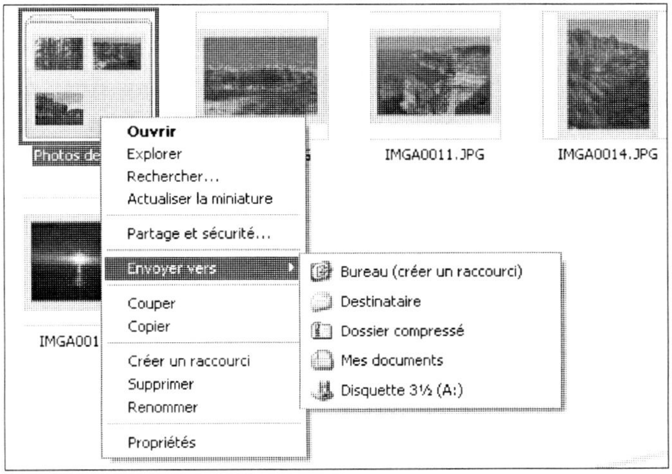

Ce menu permet aussi de copier la sélection vers le ***Bureau*** *ou dans le dossier* ***Mes documents****.*

Renommer un fichier ou un dossier

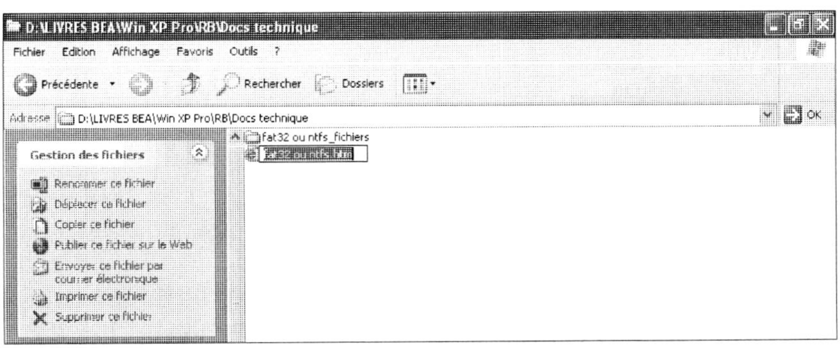

Le nom est sélectionné ; le point d'insertion clignote, indiquant que vous pouvez effectuer une modification de texte.

Protéger/déprotéger un fichier

Sélectionnez le fichier concerné puis faites **Fichier - Propriétés** ou Alt Entrée.
*Vous pouvez aussi cliquer avec le bouton droit sur le fichier puis choisir **Propriétés**.*

Dans la partie inférieure de la boîte de dialogue, cochez ou décochez l'option **Lecture seule** pour protéger ou déprotéger le fichier concerné.
Cochez le ou les attributs suivants :

Lecture seule : le fichier n'est plus accessible en écriture (vous ne pouvez plus ni le modifier, ni le supprimer).
Caché : le fichier n'apparaît plus dans les listes de documents (si l'option **Afficher les fichiers et dossiers cachés** de la boîte de dialogue **Outils - Options des dossiers** - onglet **Affichage** est désactivée).
Cliquez sur le bouton **OK**.

Supprimer des dossiers ou des fichiers

Ouvrez la fenêtre de vos dossiers personnels (**démarrer - Mes documents**).
Sélectionnez les dossiers ou les fichiers à supprimer.
Cliquez sur le lien **Supprimer ce fichier** ou **Supprimer ce dossier** (selon le cas) situé dans le cadre **Gestion des fichiers et des dossiers** du volet gauche (ou Suppr).

Cliquez sur le bouton **Oui** pour confirmer la suppression des fichiers et leur envoi dans la corbeille.

En supprimant un dossier vous supprimez, également, tous les fichiers qu'il contient ainsi que les éventuels sous-dossiers.
La suppression n'est pas définitive : les fichiers existent toujours physiquement sur le disque dur mais ils ne sont plus visibles dans les dossiers.
Attention : si vous supprimez sur une autre unité que le disque dur du poste de travail (unité de disquette ou unité du réseau), la suppression est définitive et vous ne pourrez pas l'annuler ultérieurement !

Pour supprimer définitivement les fichiers, et donc libérer de la place sur l'unité de disque, vous devez vider la Corbeille. Pour cela, faites un clic droit sur l'icône **Corbeille** située sur le bureau, puis activez l'option **Vider la Corbeille**. Confirmez la suppression par le bouton **Oui**.

Pour supprimer définitivement un fichier du disque, sans le transférer dans la Corbeille, appuyez sur ⇧Shift Suppr au lieu de Suppr.

Protéger/déprotéger un fichier

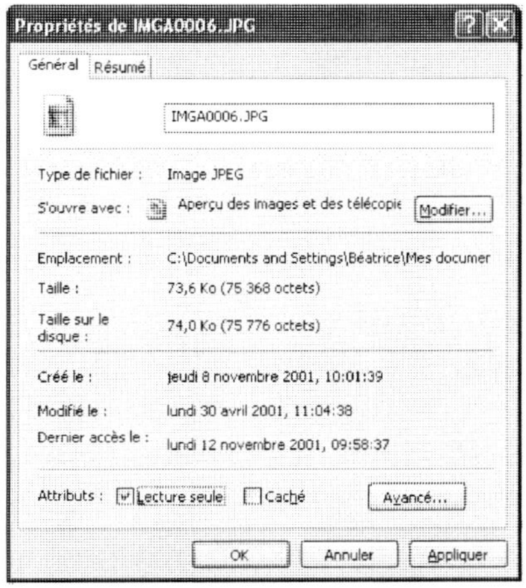

Supprimer des dossiers ou des fichiers

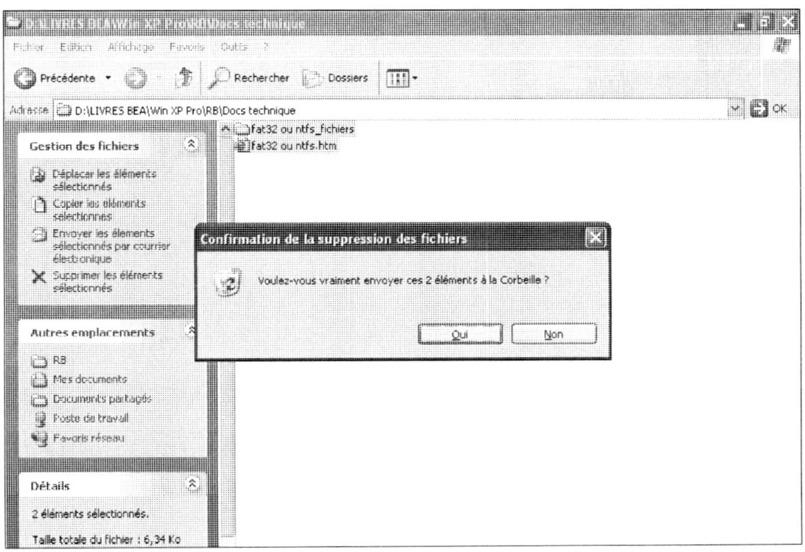

Vous pouvez annuler la demande de confirmation d'envoi des documents dans la Corbeille en décochant l'option ***Afficher la demande de confirmation de suppression*** *située dans la page* ***Général*** *de la boîte de dialogue* ***Propriétés de Corbeille*** *(clic droit sur la* ***Corbeille*** *du bureau -* ***Propriétés****).*

Gérer les fichiers situés dans la Corbeille

Pour visualiser les fichiers, faites un double clic sur l'icône **Corbeille** située sur le bureau pour l'ouvrir ou ouvrez la Corbeille à partir de l'Explorateur.

*Vous visualisez la liste des fichiers situés dans la Corbeille. Cette liste se gère comme celle de la fenêtre Explorateur : les options du menu **Affichage** et du bouton*  *permettent d'en définir la présentation.*

Pour récupérer tout le contenu de la Corbeille, c'est-à-dire, remettre tous les fichiers et dossiers supprimés à leur emplacement d'origine cliquez sur **Restaurer tous les éléments** (cette option est visible si aucune sélection de fichiers n'a été réalisée).

Pour récupérer un ou plusieurs fichiers, sélectionnez le ou les fichiers à récupérer dans la fenêtre de la Corbeille.

Cliquez sur le lien **Restaurer cet élément** ou **Restaurer les éléments sélectionnés** (selon le cas) situé dans le volet gauche. Vous pouvez aussi cliquer avec le bouton droit sur la sélection puis choisir l'option **Restaurer**.

La sélection disparaît de la Corbeille. Les fichiers sont de nouveau disponibles dans la fenêtre de l'Explorateur. Windows recrée si besoin le dossier dans lequel les fichiers étaient placés.

Pour vider la corbeille, exécutez la commande **Fichier - Vider la Corbeille** ou cliquez sur le lien **Vider la Corbeille**. Vous pouvez également cliquer avec le bouton droit sur l'icône de la corbeille située sur le bureau puis choisir **Vider la Corbeille**.

Cliquez sur le bouton **Oui** pour confirmer la suppression des fichiers.

La Corbeille est de nouveau vide, jusqu'à ce que vous y transfériez de nouveaux fichiers.

L'icône de la Corbeille sur le bureau varie en fonction de son contenu : Corbeille pleine :  *; Corbeille vide :* 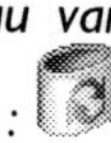.

Gérer les fichiers situés dans la Corbeille

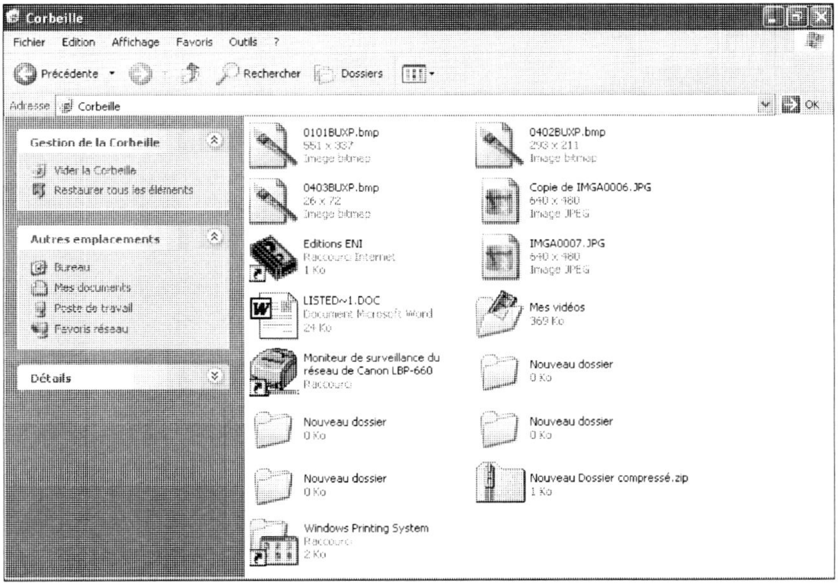

Le lien ***Restaurer tous les éléments*** *devient* ***Restaurer cet élément*** *ou* ***Restaurer les éléments sélectionnés*** *en fonction du nombre d'éléments sélectionnés.*

Imprimer un fichier à partir de l'Explorateur Windows

Sélectionnez le ou les fichiers concernés.

Fichier - Imprimer

*Selon le type de fichier concerné, celui-ci est envoyé directement au Gestionnaire d'impression ou l'**Assistant Impression de photographie** se lance (s'il s'agit d'images).*

Si l'icône de l'imprimante se trouve sur le bureau, vous pouvez aussi faire glisser la sélection sur cette icône.

Pour imprimer la liste des fichiers, faites une capture d'écran du dossier voulu à l'aide de la touche [Impr écran] puis imprimez-la à partir de l'application Microsoft Paint après l'avoir récupérée à l'aide du menu **Edition - Coller** (de Paint).

Ouvrir une application à partir de l'Explorateur Windows

Pour ouvrir une application à partir d'un fichier programme/d'un fichier généré par l'application, cliquez deux fois rapidement sur l'icône du fichier programme ou du fichier généré par l'application à lancer.

*Vous pouvez aussi valider sur le nom du fichier ou activer l'option **Ouvrir** du menu **Fichier**.*
La fenêtre de l'application apparaît à l'écran : le contenu du fichier y est visible.

Pour ouvrir une application à partir d'un fichier de données quelconque, faites un double clic sur le nom du fichier ou sélectionnez-le, cliquez sur le bouton droit puis choisissez **Ouvrir avec**.

Il s'agit de lancer l'application à partir d'un fichier généré par l'application ou d'un fichier dont le format le permet.

Si Windows vous le propose, cliquez directement sur le nom du programme à utiliser ou cliquez sur l'option **Choisir le programme**.

- Sélectionnez, dans la liste proposée, le nom du programme capable d'ouvrir le fichier.

  *Le bouton **Parcourir** permet d'accéder à l'arborescence du disque.*

  Activez l'option **Toujours utiliser le programme sélectionné pour ouvrir ce type de fichier** pour que l'association de tous les fichiers de ce type au programme soit définitive.

  Cliquez sur le bouton **OK**.

Imprimer des fichiers à partir de l'Explorateur Windows

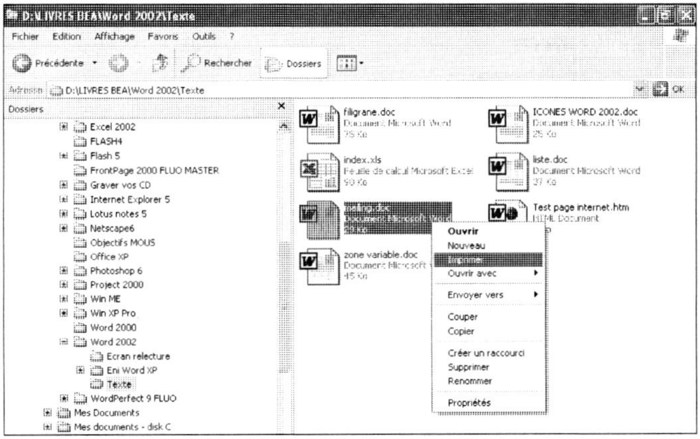

Vous pouvez aussi cliquer avec le bouton droit sur la sélection puis choisir ***Imprimer****.*

Ouvrir une application à partir de l'Explorateur Windows

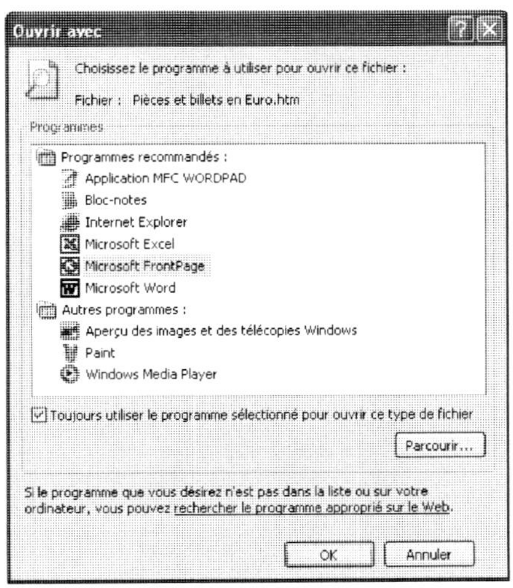

Sur cet exemple, tous les fichiers d'extension HTM seront associés au programme Microsoft FrontPage : ainsi, un double clic sur un fichier htm ouvrira celui-ci dans FrontPage.

Préparer le graveur et le poste de travail

Si votre poste de travail est équipé d'un graveur de CD, Windows XP vous permet aisément de copier vos fichiers sur un CD-Rom de type CD-R (compact disque enregistrable) ou CD-RW (compact disque réinscriptible). Le principe consiste à sélectionner les fichiers concernés par la copie. La sélection est alors stockée dans un fichier temporaire, ce qui vous permet d'ajouter, de supprimer, de modifier cette liste de fichiers sélectionnés. Puis, lorsque la liste est prête, lancer la gravure du CD-Rom.
(Pour créer votre propre CD audio, vous pouvez également utiliser les fonctionnalités de l'application Windows Media Player décrites dans cet ouvrage).

Insérez un CD-R vierge ou un CR-RW dans le graveur.

Cliquez sur le bouton **démarrer** puis sur l'option **Poste de travail**.

Cliquez sur l'icône correspondant au graveur. Celle-ci est généralement située dans le groupe **Périphériques utilisant des supports amovibles**.

Fichier - Propriétés (ou faites un clic droit sur l'icône du graveur, puis choisissez l'option **Propriétés**).

- Dans l'onglet **Général**, contrôlez l'**Espace libre** (disponible) du CD-Rom.

- Cliquez sur l'onglet **Enregistrement**.

  Vérifiez que l'option **Activer l'écriture de CD sur ce lecteur** est bien cochée.
  Dans la première liste déroulante, **Sélectionnez le lecteur dans lequel Windows peut stocker une "image" du CD-Rom à graver**. On entend par "image" le fichier temporaire contenant la sélection des fichiers à graver.

  La taille de ce fichier temporaire varie. En effet, selon le CD inséré dans le graveur, 650 Mo ou 850 Mo, Windows réserve automatiquement jusqu'à 700 Mo de l'espace disque disponible sur votre disque dur dans le premier cas, et 1 gigaoctet (Go) dans le second cas.

  Dans la seconde liste déroulante, **Sélectionnez une vitesse d'enregistrement**. Le choix de la vitesse varie selon le type de graveur installé.

  Cliquez sur le bouton **OK** pour valider votre saisie.

Préparer le graveur et le poste de travail

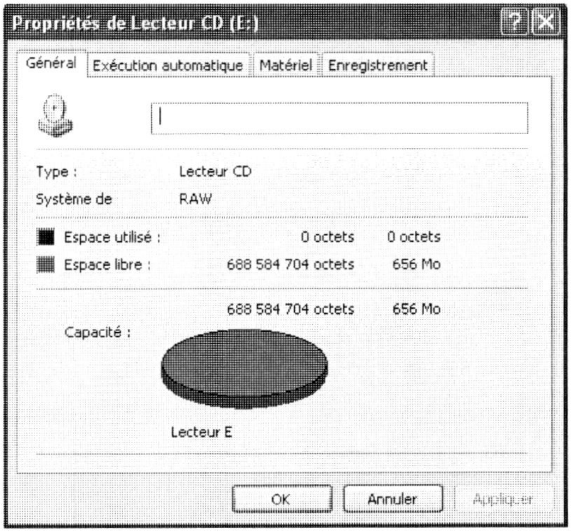

Sachez qu'un CD traditionnel a une capacité de 650 mégaoctets (Mo) et que le CD à forte capacité compte 850 Mo.

Sélectionner les fichiers ou dossiers à copier

Cliquez sur le bouton **démarrer** puis sur l'option **Poste de travail**.

Si vous souhaitez copier une liste de fichiers contenus dans un dossier, ouvrez ce dernier par un double clic, puis sélectionnez le ou les fichiers concernés.
Pour copier le dossier dans son intégralité, cliquez sur son nom afin de le sélectionner.

Si les fichiers se situent dans le dossier **Mes images** ou **Mes vidéos**, cliquez sur le lien **Copier sur le CD** (si une image a été sélectionnée) ou sur le lien **Copier tous les éléments vers le CD** (si aucune image n'a été sélectionnée, c'est-à-dire que tout le contenu du dossier sera copié). Dans ce cas, les fichiers/dossiers sont automatiquement copiés dans le fichier temporaire en attente de gravure.

Si les fichiers/dossiers à copier se situent dans le dossier **Ma musique**, cliquez sur le lien **Copier vers le CD audio** (si un ou plusieurs fichiers ont été sélectionnés) ou **Copier tous les éléments vers le CD audio** (si le dossier complet doit être copié).

Si les fichiers/dossiers que vous avez sélectionné dans le but de les copier ne sont pas dans les dossiers cités précédemment, cliquez sur le lien **Copier ce fichier** ou **les éléments sélectionnés** ou **ce dossier** selon le cas. Dans ce cas, la boîte de dialogue **Copier les éléments** s'ouvre. Cliquez alors sur le nom du graveur, puis cliquez sur le bouton **Copier**.

Gérer le contenu du fichier temporaire

Cliquez sur le bouton **démarrer** puis sur l'option **Poste de travail**.

Double cliquez sur le nom du graveur.

*La liste des **Fichiers prêts à être gravés sur le CD** apparaît.*

Pour effacer le contenu du fichier temporaire, cliquez sur le lien **Supprimer les fichiers temporaires** (cette suppression n'a aucune incidence bien sûr, sur les fichiers originaux).

Pour supprimer un des fichiers temporaires, sélectionnez-le puis appuyez sur la touche Suppr puis validez la suppression par le bouton **Oui** (ou cliquez sur le lien **Supprimer ce fichier** situé dans le volet gauche - groupe **Gestion des fichiers**).

Sélectionner les fichiers ou dossiers à copier

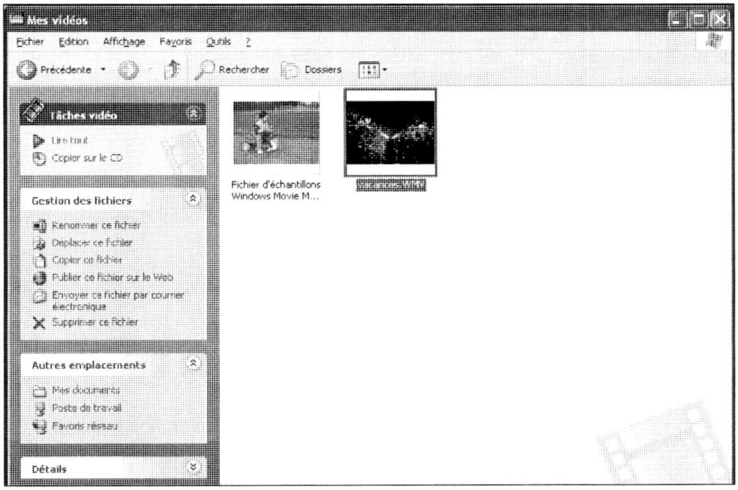

Gérer le contenu du fichier temporaire

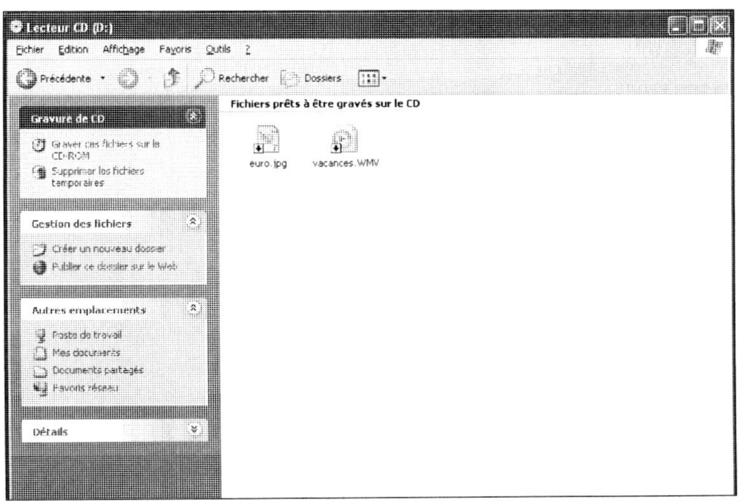

Vous pouvez obtenir cet écran seulement si vous disposez d'un graveur de CD.

Lancer la gravure des fichiers sélectionnés sur le CD-Rom

Assurez-vous d'avoir inséré un CD-Rom dans le graveur puis faites **démarrer - Poste de travail**.
Double cliquez sur le nom du graveur puis contrôlez et/ou modifiez si besoin la liste des **Fichiers prêts à être gravés sur le CD**.

*Nous vous conseillons de passer en affichage **Détails (Affichage - Détails)** de façon à vous assurer que le volume total des fichiers à copier n'est pas supérieur à celui restant de disponible sur le CD-Rom inséré.*

Lancez la gravure en cliquant sur le lien **Graver ces fichiers sur le CD-ROM**.

- Modifiez si besoin le **Nom du CD** puis cliquez sur le bouton **Suivant**.

  Le logiciel de gravure prépare puis grave les fichiers concernés. L'évolution de l'opération apparaît à l'écran sous forme de règle graduée.
  Lorsque la gravure s'est bien déroulée, l'Assistant vous le signale par un message.

- Pour effectuer la même gravure sur un autre CD, cochez l'option **Oui, graver ces fichiers sur un autre CD**. Dans ce cas, ôtez le premier CD du graveur, puis insérez un nouveau CD-R ou CR-RW.

  *Le bouton **Terminer** se transforme en **Suivant**.*

  Cliquez sur le bouton **Suivant**.
  Si vous avez choisi de graver un second CD, l'Assistant renouvelle la préparation puis la gravure effectuée une première fois.
  Lorsque toutes les copies ont été effectuées, cliquez sur le bouton **Terminer**.
  Nous vous conseillons vivement de contrôler le contenu du CD gravé. Pour cela, insérez le CD dans le graveur ou un lecteur CD : Windows affiche automatiquement son contenu. Dans le cas où le CD est déjà dans le graveur, ouvrez le **Poste de travail** (**démarrer - Poste de travail**) puis double cliquez sur le nom du graveur. Les dossiers/fichiers contenus sur le CD apparaissent dans la liste **Fichiers actuellement sur le CD**.

Si vous utilisez un CD-RW (c'est-à-dire réinscriptible) lors de la copie, et que celui-ci contient un fichier de même nom que celui que vous copiez, sachez que le fichier du CD sera remplacé par celui que vous copiez.

Lancer la gravure des fichiers sélectionnés sur le CD-Rom

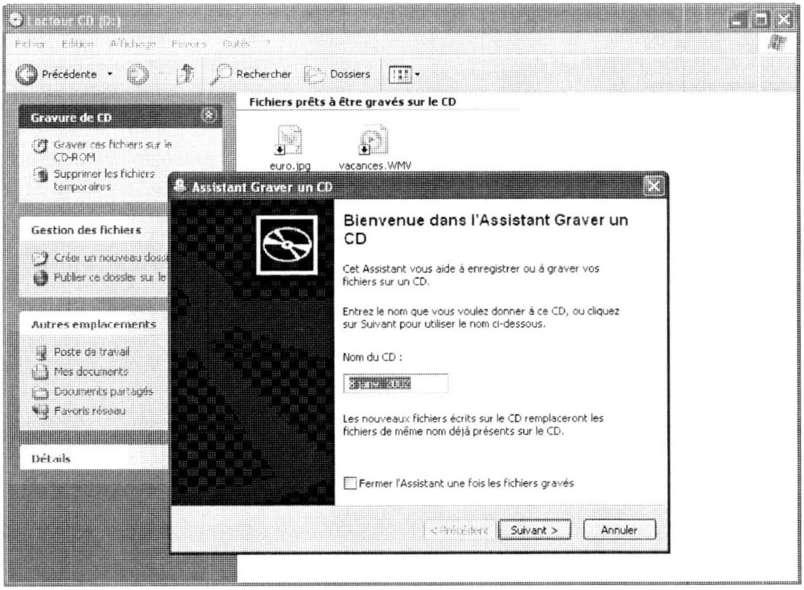

Par défaut, Windows XP propose la date du jour en tant que nom du CD.

Compresser en NTFS

*La compression d'un fichier, d'un dossier, d'un programme... permet d'en réduire la taille (l'espace disque). Windows XP prend en charge deux types de compression : la compression NTFS et la compression basée sur les **Dossiers compressés** (zippés) (cf. titre suivant). La **compression NTFS** : n'est disponible que pour les lecteurs (disque dur, partition...) de type NTFS. Un fichier compressé en NTFS se distingue des autres fichiers dans l'arborescence de l'Explorateur Windows ou dans le Poste de travail uniquement par sa couleur (bleue par défaut) ; mais pour cela, l'option **Afficher les fichiers et les dossiers NTFS cryptés ou compressés en couleur** doit être cochée (**Poste de travail - Outils - Options des dossiers** - onglet **Affichage**). Donc le fait de travailler ou non avec des fichiers compressés ne gêne en rien l'utilisateur. Par contre, vous pouvez noter une diminution des performances de votre ordinateur car lorsque vous ouvrez un fichier compressé, Windows le décompresse pour vous, puis lorsque vous le fermez, Windows le compresse de nouveau, et cette opération nécessite des ressources machine.*
Les fichiers et les dossiers compressés avec la compression NTFS ne restent compressés que quand ils sont stockés sur un lecteur NTFS.

Cliquez sur le bouton **démarrer** puis sur **Poste de travail**.
Pour sélectionner un dossier ou fichier particulier, faites un double clic sur votre dossier personnel dans la liste **Fichiers enregistrés sur cet ordinateur**, puis cliquez sur le dossier ou fichier à compresser.
Cliquez avec le bouton droit sur le dossier ou fichier à compresser puis cliquez sur l'option **Propriétés**.
Cliquez sur le bouton **Avancé** situé dans la zone **Attributs** de l'onglet **Général**.
*Si vous ne voyez pas le bouton **Avancé**, c'est que le lecteur n'est pas formaté en NTFS.*

Cochez l'option **Compresser le contenu pour minimiser l'espace disque nécessaire** puis cliquez sur le bouton **OK** de la boîte de dialogue **Attributs avancés**.
Cliquez sur le bouton **OK** de la boîte de dialogue **Propriétés de**.
Si vous compressez un dossier, Windows vous propose de compresser le dossier uniquement ou le dossier et ses sous-dossiers et fichiers.

Dans ce cas, activez l'option de votre choix puis cliquez sur le bouton **OK**.

Pour décompresser un dossier et/ou ficher compressé en NTFS décochez l'option **Compresser le contenu pour minimiser l'espace disque nécessaire** (boîte de dialogue **Attributs avancés**).

Compresser en NTFS

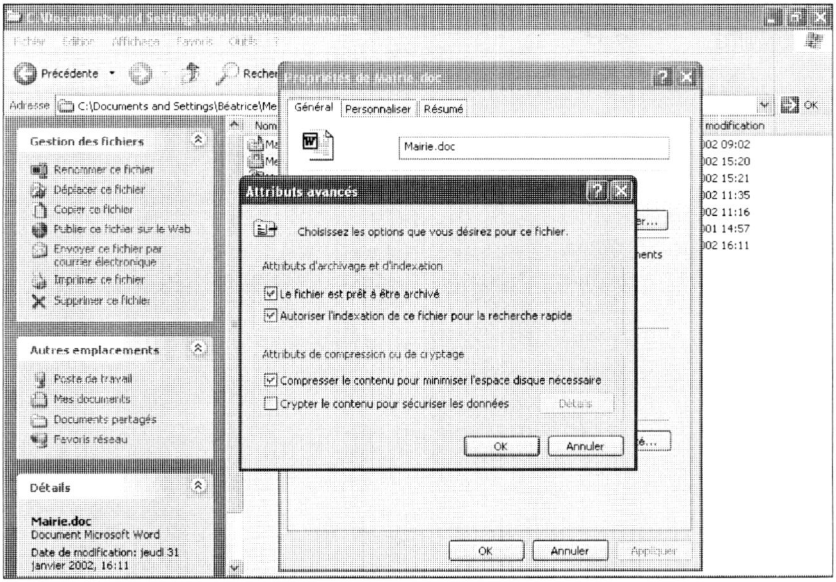

Vous ne pouvez pas crypter un fichier compressé avec la compression NTFS (cf. UTILISATEURS - Protéger l'accès à vos dossiers personnels).

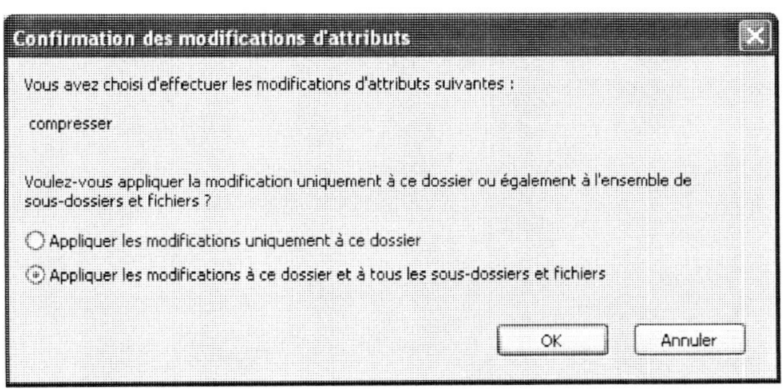

Compresser dans un dossier compressé (zippé)

*Le principe de la compression **Dossier compressé** consiste à créer un dossier spécifique dans lequel les fichiers/dossiers compressés (zippés) seront stockés.*
Les fichiers et dossiers compressés avec cette fonctionnalité, restent compressés à la fois sur les lecteurs FAT et les lecteurs NTFS. Ces fichiers sont compatibles avec d'autres logiciels de compression de fichiers.
Ce type de compression ne diminue pas les performances de l'ordinateur.

Cliquez sur le bouton **démarrer** puis sur **Poste de travail** ou **Mes documents** si vous souhaitez créer un dossier compressé dans vos dossiers personnels.
Ouvrez, si nécessaire, le dossier et/ou sous-dossier dans lequel vous souhaitez créer le dossier compressé.
N'effectuez aucune sélection.
Pour créer un nouveau dossier compressé, ouvrez le menu **Fichier** puis cliquez sur l'option **Nouveau - Dossier compressé**.

*Si un programme de compression différent a été installé sur votre ordinateur, l'option **Dossier compressé** n'apparaît plus et est remplacée par l'icône du nouveau programme.*

Modifiez, si nécessaire, le nom du dossier proposé par Windows, puis validez par la touche [Entrée].

Pour compresser un fichier/dossier, passez en **Affichage - Volet d'exploration Dossiers** puis déplacez-le ou copiez-le dans le dossier compressé à l'aide de la technique du copier/coller (cf. Copier/Déplacer des dossiers/des fichiers).

Le fichier/dossier est alors automatiquement compressé.

Vous pouvez également compresser un fichier/dossier tout en lui créant le **Dossier compressé** correspondant. Pour cela, à partir de l'Explorateur Windows ou du Poste de travail, cliquez avec le bouton droit sur le nom du fichier/dossier concerné puis cliquez sur l'option **Envoyer vers - Dossier compressé**. Instantanément, le fichier ou dossier compressé est inséré dans un nouveau **Dossier compressé** portant le nom du fichier ou dossier compressé suivi de l'extension .zip.
Pour envoyer un fichier compressé par messagerie électronique (en pièce jointe), vous devez envoyer le **Dossier compressé** correspondant.

Compresser dans un dossier compressé (zippé)

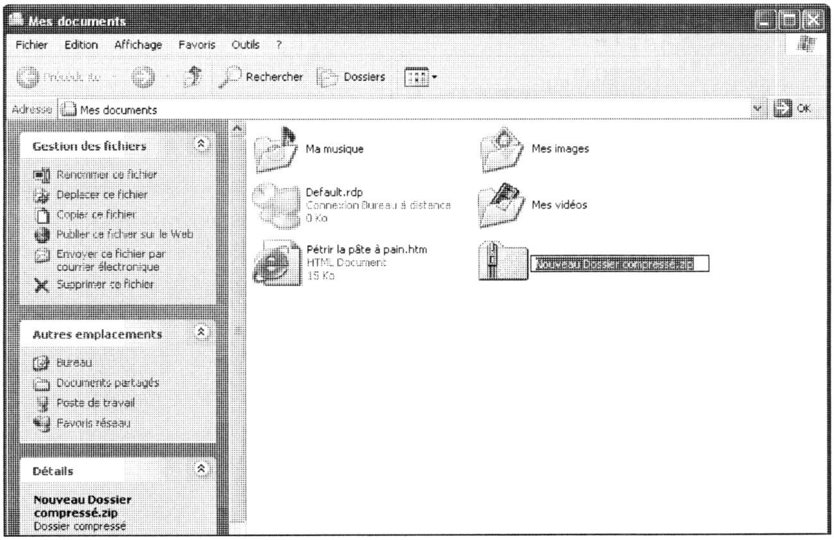

Notez l'aspect particulier de l'icône représentant un dossier compressé.

Décompresser un dossier compressé (zippé)

Faites un double clic sur le dossier concerné puis cliquez sur le lien **Extraire tous les fichiers** situé dans la liste **Gestion du dossier** du volet gauche.

L'Assistant Extraction de dossiers compressés s'ouvre.

Cliquez sur le bouton **Suivant**.

Saisissez dans la zone **Les fichiers seront extraits dans ce dossier** l'adresse du dossier dans lequel vous souhaitez insérer les fichiers décompressés.

Cliquez sur le bouton **Suivant**.

Pour visualiser les fichiers décompressés, cochez l'option **Afficher les fichiers extraits**.

Cliquez sur le bouton **Terminer**.

Décompresser un dossier compressé (zippé)

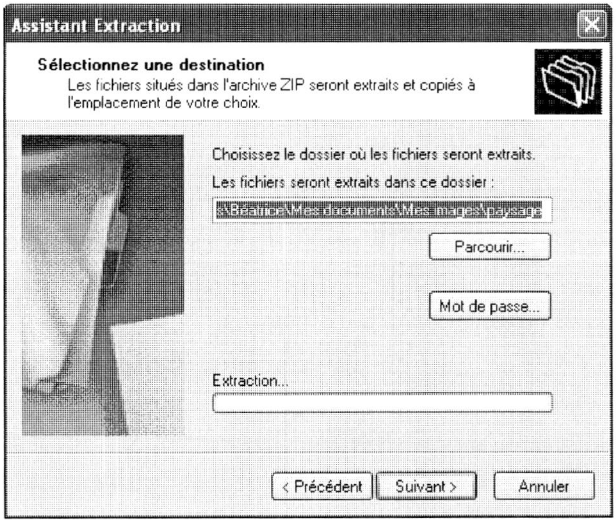

*Le bouton **Parcourir** vous permet de sélectionner un dossier directement dans l'arborescence de votre ordinateur.*

Formater une disquette

Bien que la grande majorité des disquettes neuves vendues dans le commerce soit pré-formatée, vous pouvez aussi avoir besoin de formater, voire de reformater une disquette : cette opération permet au sytème d'organiser la disquette selon les caractéristiques de l'unité de disquette de votre micro-ordinateur (elle détermine en particulier la capacité de la disquette).

Mettez une disquette dans le lecteur de disquette.

Cliquez avec le bouton droit sur l'icône de l'unité de disquette accessible à partir du Poste de travail ou à partir de l'Explorateur Windows.

Cliquez sur l'option **Formater**.

Définissez la **Capacité** de la disquette selon les caractéristiques physiques de celle-ci : si c'est une disquette Haute Densité, choisissez **1,44 Mo**, si c'est une disquette Basse Densité, choisissez **720 Ko**.

Indiquez, si besoin est, le **Système de fichiers** à appliquer au disque ainsi que la **Taille d'unité d'allocation**.

Dans la zone **Nom de volume**, précisez le nom à donner à la disquette.

Si la disquette a déjà été formatée, cochez l'option **Formatage rapide** pour que le formatage supprime les fichiers de la disquette sans vérifier l'état des pistes.

Cliquez sur le bouton **Démarrer** puis cliquez sur le bouton **OK** pour confirmer le lancement du formatage.

L'opération de formatage supprime tous les fichiers de la disquette.

*Pendant le formatage, vous pouvez utiliser le bouton **démarrer** pour travailler avec un autre programme.*

À la fin de l'opération, cliquez sur le bouton **OK** sur le message affiché puis cliquez sur le bouton **Fermer**.

Si vous tentez d'utiliser une disquette non formatée vous verrez apparaître un message d'erreur vous indiquant que la disquette n'est pas formatée et vous proposant de le faire.

Formater une disquette

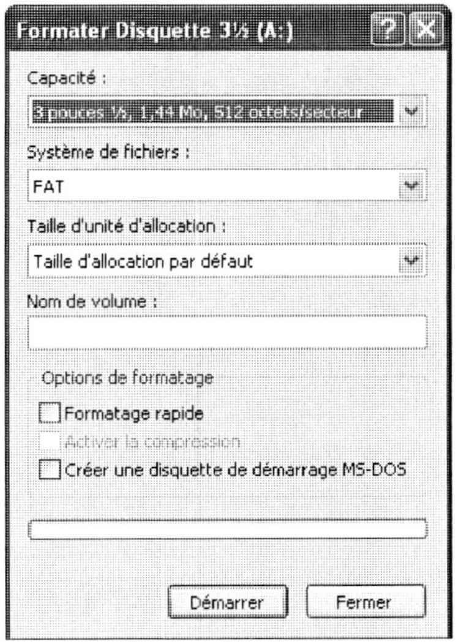

La capacité est exprimée en Méga octets (Mo) ou en Kilo octets (Ko). L'information 3 pouces 1/2 correspond à la dimension physique de la disquette (et donc de l'unité).

Partager un fichier/un dossier avec les utilisateurs

Cliquez sur le bouton **démarrer** puis sur **Mes documents**.

Ouvrez, si besoin est, le dossier dans lequel se trouve l'élément à partager.

Cliquez sur le fichier/dossier à partager.

Cliquez sur **Déplacer ce dossier** ou **Déplacer ce fichier** selon le cas.

Dans la boîte de dialogue **Déplacer les éléments,** cliquez sur **Documents partagés.** Si l'élément à partager est une image ou un morceau de musique, cliquez sur **Images partagées** ou **Musique partagée**. Vous pouvez également, si nécessaire, **Créer un nouveau dossier** (cf. Gestion des fichiers et dossiers - Créer un dossier).

Cliquez sur le bouton **Déplacer**.

Partager un fichier/un dossier avec les utilisateurs

Comme son nom l'indique, le bouton ***Créer un nouveau dossier*** *permet de créer un nouveau dossier ou sous dossier dans le dossier ouvert.*

Utiliser les Favoris réseau

*Les Favoris réseau sont des raccourcis vers des ordinateurs, des imprimantes, des serveurs Web ou toute autre ressource partagée du réseau. Dès que vous accédez à une ressource réseau partagée par la commande **Exécuter** du menu **démarrer**, par exemple, le raccourci correspondant est automatiquement créé dans les **Favoris réseau**. Mais pour créer un **Favori réseau**, vous pouvez également utiliser l'**Assistant Ajout d'un Favori réseau**.*

démarrer - Poste de travail - Favoris réseau

*Il est possible que le lien **Favoris réseau** apparaisse au même titre que **Poste de travail** dans le menu **démarrer**, dans ce cas, vous pouvez cliquer directement sur ce lien au lieu de passer par le **Poste de travail**.*

Pour créer un Favori réseau, cliquez sur **Ajouter un favori réseau**.
Cliquez sur le bouton **Suivant** puis sur **Choisissez un autre emplacement réseau** et enfin sur le bouton **Suivant**.

- Saisissez l'**Adresse réseau ou Internet** pour laquelle vous souhaitez créer un raccourci ou cliquez sur le bouton **Parcourir** pour la sélectionner.
  Cliquez sur le bouton **Suivant**.
  Saisissez, si nécessaire, un nom explicite pour ce raccourci dans la zone **Entrez un nom pour ce Favori réseau**.

  Par défaut, Windows XP propose l'adresse de la ressource comme nom de raccourci.

  Cliquez sur le bouton **Suivant** puis sur le bouton **Terminer**.

  Pour activer un Favori réseau, cliquez sur le bouton **démarrer** sur **Poste de travail**, puis cliquez sur **Favoris réseau** dans les options **Autre emplacements** du volet gauche.

  *Si vous visualisez le lien **Favoris réseau** dans le menu **démarrer**, vous pouvez également disposer directement sur ce lien au lieu de passer par le **Poste de travail**.*

- Double cliquez sur le Favori réseau que vous souhaitez activer.

Utiliser les Favoris réseau

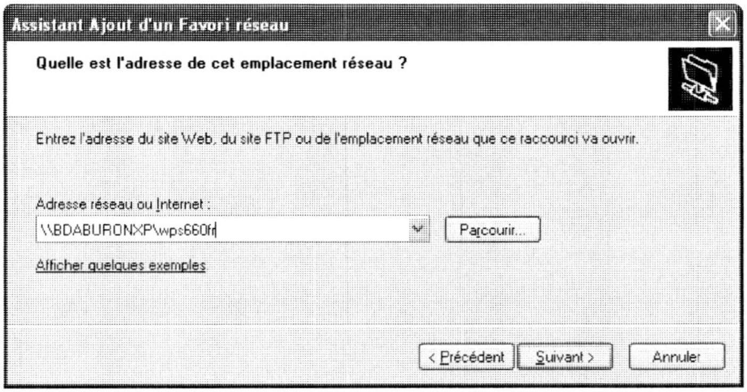

Le lien ***Afficher quelques exemples*** *vous suggère quelques syntaxes d'adresses.*

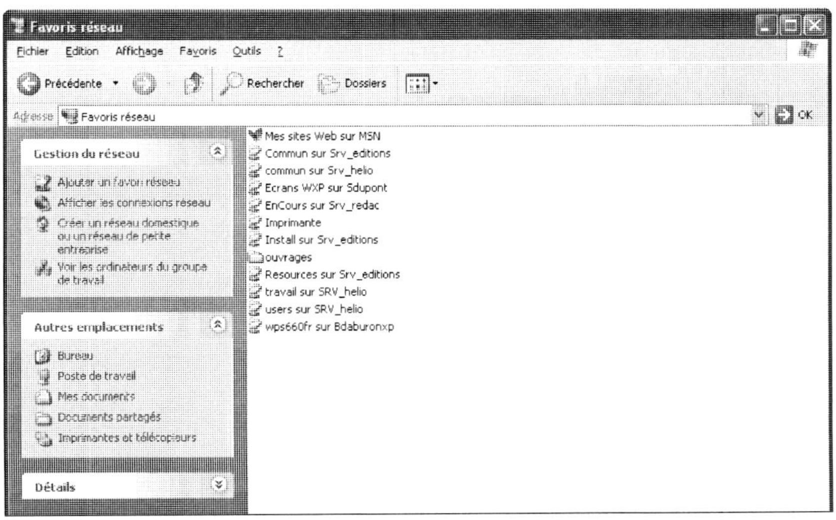

NOTES PERSONNELLES

Chapitre 3

FONCTIONNALITÉS MULTIMÉDIAS

Découvrir Windows Movie Maker

Windows Movie Maker est un logiciel de montage vidéo dont les possibilités sont très nombreuses. Dans cet ouvrage, nous ne développerons que les fonctionnalités principales, à savoir, la création d'un petit film (appelé projet), de l'enregistrement des séquences jusqu'à sa diffusion sur un serveur Web ou par messagerie électronique.

Cliquez sur le bouton **démarrer** puis sur **Tous les programmes - Accessoires - Windows Movie Maker**.

↳ Cette fenêtre contient les éléments communs à toutes les applications Windows (boutons **Réduire**, **Agrandir** ou **Niveau inférieur**, **Fermer**), une barre de titre, une barre de menus et par défaut quatre barres d'outils. Elle contient aussi :

- la **zone des collections** (a) permet de classer les fichiers audio, vidéo ou images fixes que vous enregistrez ou importez. Les collections sont listées dans le volet de gauche (b) et les clips contenus dans la collection sélectionnée sont listés dans le volet central (c). Pour afficher ou masquer le volet de gauche, cliquez sur l'outil de la barre d'outils **Collections** ou utilisez la commande **Affichage - Collections**.
- le **moniteur** (d) permet de visualiser le clip sélectionné ou l'intégralité d'un projet. Il contient une barre de recherche (e) dont le curseur se déplace lors de la lecture du fichier audio, vidéo ou images fixes ainsi que des boutons de navigation (f) vous permettant de parcourir un clip ou un projet (Lecture, Pause, Arrêt, Plein écran...).
- l'**espace de travail** (g) est la zone dans laquelle vous réalisez et modifiez vos projets avant de les enregistrer dans un fichier vidéo (séquence vidéo). La vue **Table de montage séquentiel** ou la vue **Chronologie** peut être affichée dans cette zone en cliquant sur l'option correspondante du menu **Affichage**. Lorsque la vue **Chronologie** est affichée, l'espace de travail affiche deux barres : la première dans laquelle seront ajoutés les clips vidéo et les images fixes et la seconde (la barre audio) dans laquelle seront ajoutés les clips audio. Vous pouvez également visualiser les boutons et qui vont vous permettre d'effectuer un zoom avant ou arrière des clips contenus dans le projet.

Découvrir Windows Movie Maker

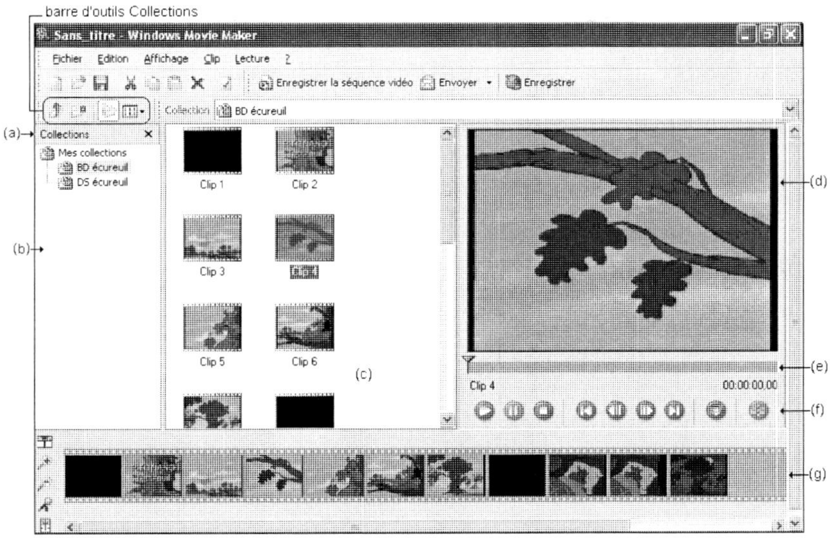

Cet exemple présente la vue Table de montage séquentiel.

Enregistrer une séquence vidéo source à partir d'une cassette analogique

Il s'agit ici d'enregistrer un contenu audio et/ou vidéo avec Windows Movie Maker afin qu'il soit converti au format numérique Windows Media. Le contenu source s'affiche alors sous forme de clips qui peuvent par la suite être intégrés dans un ou plusieurs projets.

Pour enregistrer une séquence vidéo à partir d'une cassette (analogique), faites : **Fichier - Enregistrer** - ou [Enregistrer] ou [Ctrl] **R**.

Ouvrez la zone de liste **Enregistrer** puis cliquez sur l'option correspondant au type de contenu que vous souhaitez enregistrer.

Le bouton **Modifier le périphérique** permet de sélectionner un autre périphérique de capture.

Si vous souhaitez que l'enregistrement s'arrête automatiquement au bout d'un certain temps, assurez-vous que l'option **Durée d'enreg. maximale** est cochée puis sélectionnez ou saisissez la durée souhaitée dans la zone de saisie visible à droite de cette option.

Cochez l'option **Créer des clips** pour activer la création de clips.

Ouvrez la zone de liste **Paramètre** puis cliquez sur l'option correspondant au niveau de qualité que vous souhaitez utiliser.

Localisez le contenu source à enregistrer à l'aide des commandes de votre magnétoscope ou de votre caméra analogique.

Cliquez sur le bouton **Enregistrer**.

*Le mot **Enregistrement** clignote pour vous avertir qu'un enregistrement est en cours.*

Utilisez les commandes de votre magnétoscope ou de votre caméra analogique pour lire le contenu source que vous souhaitez enregistrer : la vidéo défile dans le moniteur.

Cliquez sur le bouton **Arrêter** pour interrompre manuellement l'enregistrement ; si vous ne le faites pas, l'enregistrement s'arrêtera automatiquement lorsque la durée maximale d'enregistrement sera écoulée.

Sélectionnez l'unité puis le dossier dans lequel le fichier doit être enregistré puis tapez le **Nom du fichier** dans la zone de saisie correspondante.

Cliquez sur le bouton **Enregistrer**.

Une nouvelle collection contenant les clips s'affiche dans le volet de gauche de la zone des collections ; les clips apparaissent dans le volet de droite.

Arrêtez la bande à l'aide des commandes du magnétoscope ou de la caméra analogique.

Enregistrer une séquence vidéo source à partir d'une cassette analogique

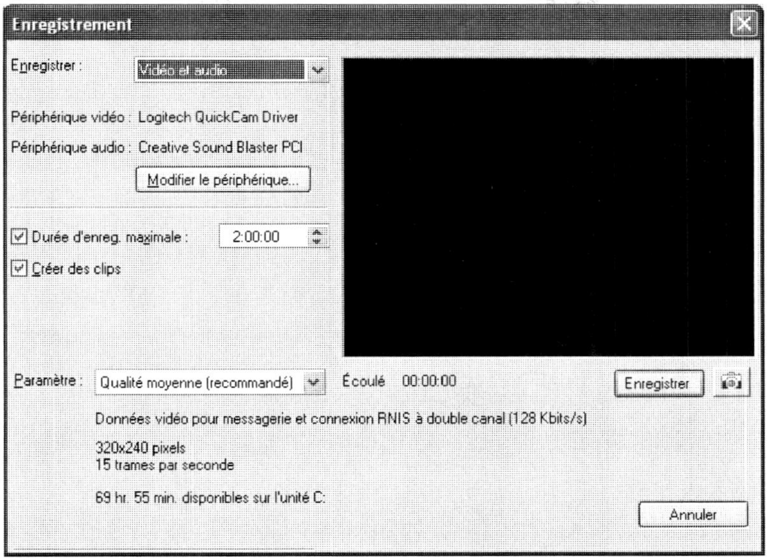

Un descriptif du type d'enregistrement s'affiche sous le champ ***Paramètre***.

Enregistrer une séquence vidéo source à partir d'une caméra vidéo numérique

Cette fonctionnalité décrite dans ce titre est possible à condition de disposer, sur votre ordinateur, d'une sortie IEEE 1394 et d'un microprocesseur dont la vitesse n'est pas inférieure à 600 Mhz.

Vérifiez que la caméra vidéo ou le magnétoscope numérique est correctement connecté et sélectionnez le mode de lecture de votre vidéo enregistrée.

Attention : certaines caméras passent automatiquement en mode veille lors de l'insertion d'une cassette, dès lors , vous ne pourrez pas enregistrer. Dans ce cas, éteignez la caméra vidéo numérique, puis replacez-la en mode lecture.

Fichier - Enregistrer ou [Enregistrer] ou [Ctrl] **R**

*Il est possible que Movie Maker affiche automatiquement la boîte de dialogue **Enregistrement** dès la connexion du caméscope; il n'est donc pas nécessaire, dans ce cas, d'activer la commande **Fichier - Enregistrer**.*

Utilisez les boutons de votre caméra vidéo numérique (ou magnétoscope numérique) pour positionner la bande un peu avant l'endroit où vous souhaitez commencer l'enregistrement.

➯ Dans le cadre **Commandes de la caméra vidéo numérique**, cliquez sur [►] pour lancer la lecture.

Cliquez sur le bouton **Enregistrer** pour démarrer l'enregistrement du contenu de la cassette située dans la caméra ou magnétoscope numérique.

*Le mot **Enregistrement** clignote pour vous avertir qu'un enregistrement est en cours.*

Cliquez sur le bouton **Arrêt** pour interrompre l'enregistrement.

Dans la boîte de dialogue **Enregistrer le fichier Windows Media**, sélectionnez l'unité puis le dossier dans lequel le fichier doit être enregistré puis tapez le **Nom du fichier** dans la zone de saisie correspondante.

Notez que le fichier est enregistré au format .wmv.

Cliquez sur le bouton **Enregistrer**.

➯ *La vidéo s'affiche sous forme de séquence si vous avez coché l'option **Créer des clips** durant l'enregistrement.*

Utilisez les boutons de commandes situés sous le cadre d'aperçu pour visualiser les clips.

Enregistrer une séquence vidéo source à partir d'une caméra vidéo numérique

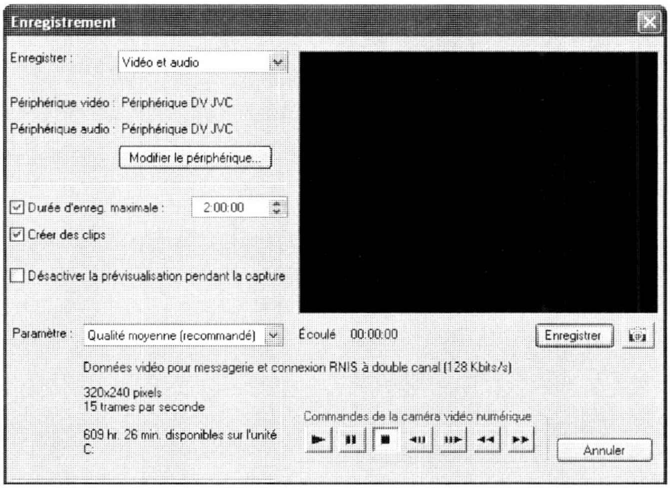

*Les **Commandes de la caméra vidéo numérique** vous évitent d'utiliser les boutons de commandes de votre caméscope. Le fait d'avoir les commandes du caméscope et de Movie Maker sur un seul et même écran s'avère très pratique.*

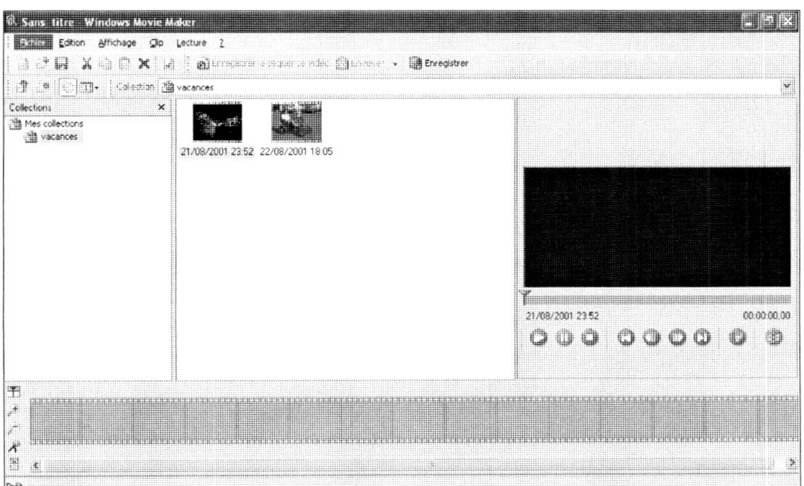

Enregistrer une narration

Une narration est un contenu audio créé dans le but, par exemple, de commenter les clips d'un projet lors de la lecture de la séquence vidéo.

Activez, si besoin est, la vue **Chronologie** à partir du menu **Affichage** ou en cliquant sur le bouton visible dans l'espace de travail.

Ouvrez le projet auquel vous souhaitez associer la narration à l'aide de la commande **Fichier - Ouvrir un projet** ou Ctrl **O**.
Activez la commande **Fichier - Enregistrer la narration** ou cliquez sur le bouton visible dans l'espace de travail.

Si le périphérique de capture utilisé et/ou la ligne d'entrée sont différents de ceux indiqués dans la partie supérieure de la boîte de dialogue, cliquez sur le bouton **Modifier** pour effectuer les modifications.

Si vous utilisez un microphone, choisissez l'option ***Volume micro*** *dans la liste* ***Ligne d'entrée****.*

Décochez l'option **Désactiver la bande son de la vidéo** si vous avez ajouté à votre projet un clip vidéo qui contient de l'audio et que vous ne souhaitez pas entendre la bande sonore de ce clip.
Augmentez ou baissez le volume de la narration en faisant glisser le curseur visible dans le cadre **Niveau d'enreg**.
Cliquez sur le bouton **Enregistrer** pour enregistrer la narration.

Lors de l'enregistrement de la narration, le projet défile dans le moniteur.

Lorsque vous avez terminé, cliquez sur le bouton **Arrêt**.

Sélectionnez dans la liste **Enregistrer dans** l'unité puis le dossier dans lequel doit être enregistré le fichier puis tapez le **Nom du fichier** dans la zone de saisie correspondante.
Cliquez sur le bouton **Enregistrer**.

La narration est enregistrée dans un fichier audio (.wav) ; elle est automatiquement insérée sous forme de clip audio au début de la barre audio du projet visible dans l'espace de travail ainsi que dans la collection en cours :

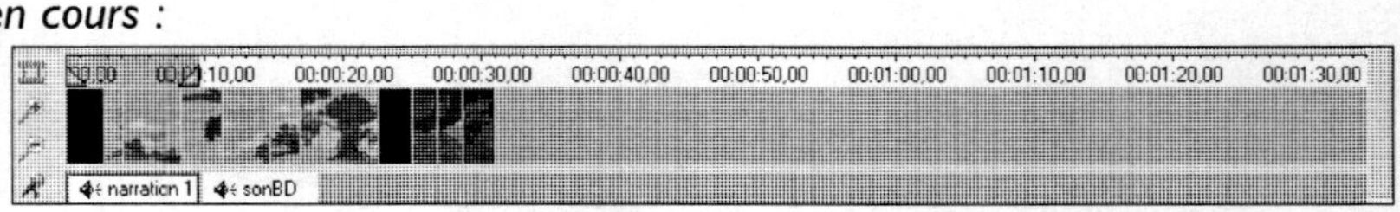

Déplacez, si besoin est, le clip audio afin, par exemple, de le positionner sous le ou les clips ou images que vous souhaitez commenter.

Enregistrer une narration

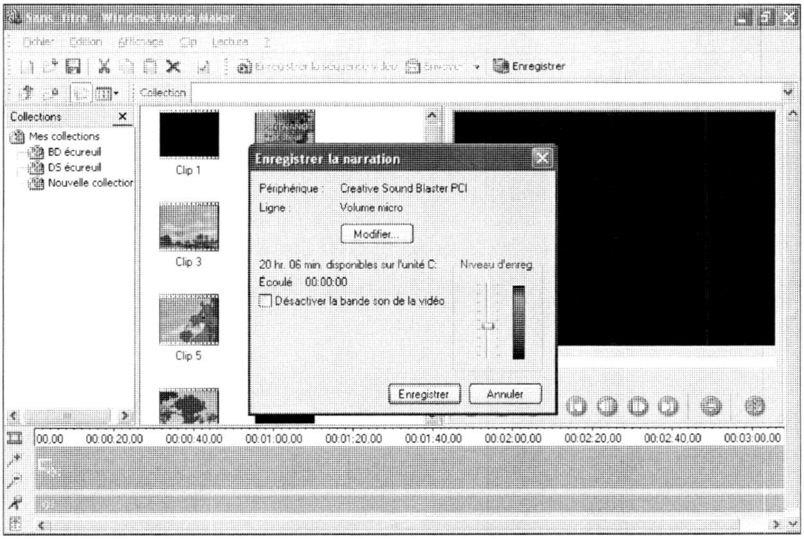

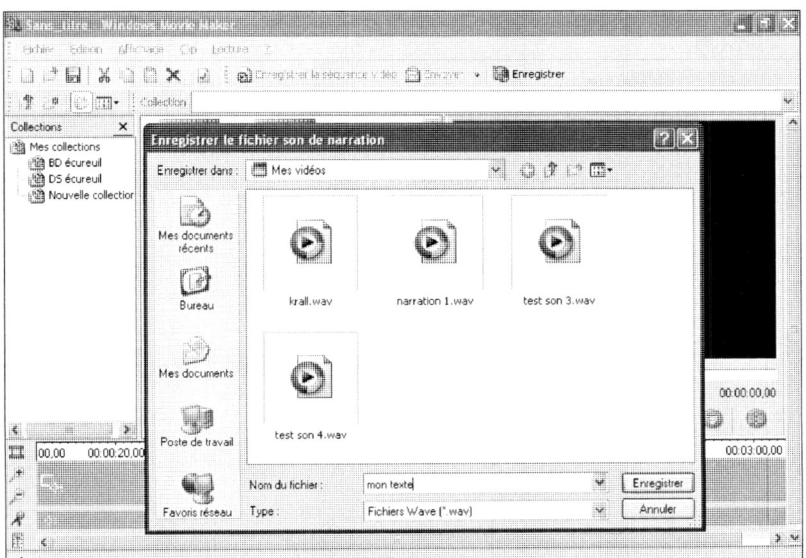

*Par défaut, le dossier **Mes vidéos** est proposé en tant que dossier de classement.*

Importer un fichier

Windows Mokie Maker vous permet d'importer différents types de fichiers :
- Fichiers vidéo : .asf, .avi, .wmv
- Fichiers de séquence vidéo (MPEG) : .mpeg, .mpg, .mlv, .mp2, .mpa, .mpe
- Fichiers audio : .wav, .snd, .au, .aif, .aifc, .aiff, .wma, .mp3
- Fichiers Windows Media : .asf, .wm, .wma, .wmv
- Images fixes : .jpg, .jpeg, .jpe, .jfif, .gif, .dib.
Comme lors de l'enregistrement d'une séquence vidéo source, le fichier importé s'affiche alors sous forme de clips qui peuvent par la suite être intégrés dans un ou plusieurs projets.

Cliquez sur la collection dans laquelle vous souhaitez importer le fichier.

Fichier - Importer ou [Ctrl] **I**

Sélectionnez l'unité puis le dossier qui contient le fichier à importer.

Sélectionnez le fichier à importer. Pour importer plusieurs fichiers, utilisez la touche [⇧ Shift] pour une sélection continue ou la touche [Ctrl] pour une sélection discontinue.

Cliquez sur le bouton **Ouvrir**.

*Si vous importez un fichier audio ou une image fixe, les nouveaux clips sont affichés dans la collection actuellement sélectionnée. Si vous importez un fichier vidéo, Windows Movie Maker affiche les clips dans une nouvelle collection qui, par défaut, reprend le nom du fichier importé ; cette nouvelle collection est créée dans le dossier **Mes collections**.*

*Après avoir été enregistré avec Windows Movie Maker, le fichier source reste à son emplacement d'origine. En effet, les clips n'existent pas physiquement dans la zone des collections mais font référence au fichier source par le biais d'une formule de liaison. Si vous tentez de manipuler des clips dont le fichier source a été supprimé, déplacé ou renommé, Windows Movie Maker affiche un message vous proposant d'effectuer une recherche : cliquez sur le bouton **Oui** seulement si le fichier source a été déplacé car la boîte de dialogue **Rechercher** ne permet pas de récupérer un fichier supprimé ou renommé.*

Pour spécifier un chemin d'importation par défaut, faites **Affichage - Options**, puis dans la zone **Chemin d'importation**, saisissez l'adresse souhaitée (ou utilisez le bouton **Parcourir** correspondant pour la sélectionner).

Importer un fichier

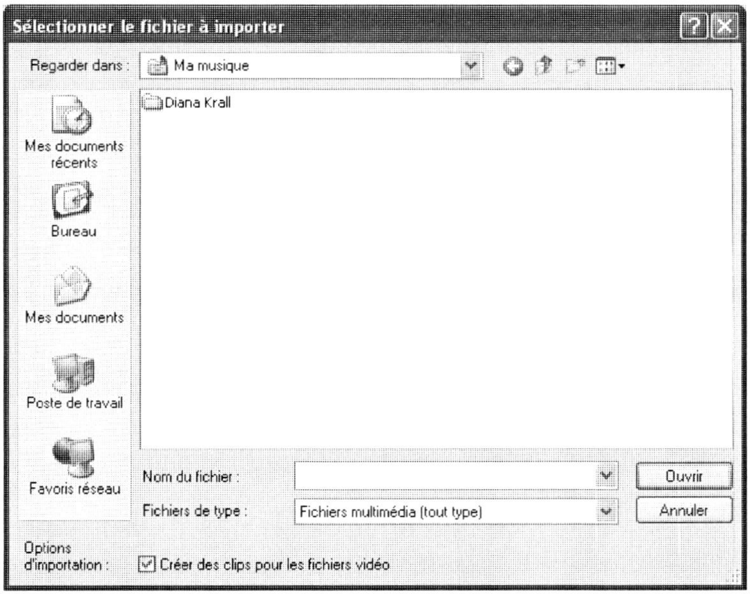

L'option ***Créer des clips pour les fichiers vidéo*** *permet d'identifier et de diviser un contenu vidéo en plusieurs clips. Ceux-ci sont créés à chaque changement important entre deux trames.*

Créer des diapositives de titre avec Microsoft Paint

Les diapositives de titre sont des images fixes utilisées pour présenter des clips contenus dans une séquence vidéo. Par exemple, vous pouvez créer une image affichant le prénom et le nom de l'auteur de la séquence vidéo ou encore, un texte expliquant succinctement le déroulement de la séquence vidéo...

Ouvrez l'application **Microsoft Paint** (**démarrer - Tous les programmes - Accessoires - Paint**).

Image - Attributs ou Ctrl **E**

Tapez **320** dans la zone de saisie **Largeur** et **240** dans la zone de saisie **Hauteur**.

Activez l'option **Pixels** du cadre **Unités**.

Cliquez sur le bouton **OK**.

Créez l'image (dessin et/ou texte).

Fichier - Enregistrer ou Ctrl **S**

Sélectionnez l'unité puis le dossier dans lequel vous souhaitez stocker l'image.

Saisissez le **Nom du fichier** dans la zone de saisie correspondante puis cliquez sur le bouton **Enregistrer**.

Affichez de nouveau la fenêtre de l'application Windows Movie Maker, importez l'image créée (cf. WINDOWS MOVIE MAKER - Importer un fichier) puis ajoutez-la au projet.

Créer des diapositives de titre avec Microsoft Paint

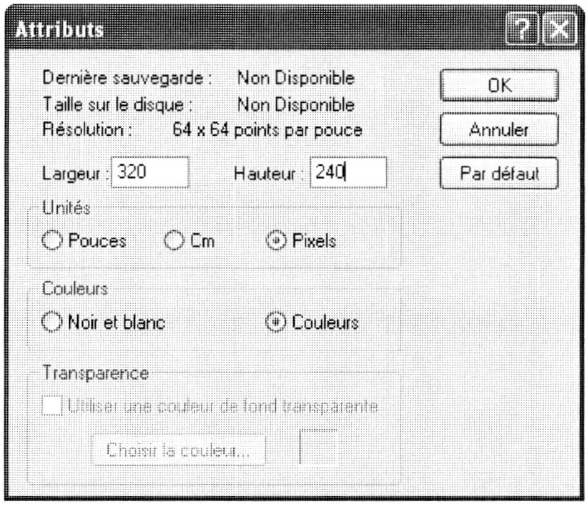

Appliquer des transitions

Les transitions permettent de contrôler la façon dont se fait le passage d'un clip (vidéo ou image fixe) à un autre clip (vidéo ou image fixe) lors de la lecture d'une séquence vidéo : lorsqu'une transition est créée entre deux clips, les trames du clip lu disparaissent progressivement tandis que les trames du clip suivant apparaissent progressivement.

Créer une transition

Affichez la vue **Chronologie** dans l'espace de travail.

- Sélectionnez, dans l'espace de travail, le second des deux clips entre lesquels vous souhaitez créer une transition puis faites-le glisser vers la gauche afin qu'il chevauche le premier clip.

Gérer les transitions

Affichez la vue **Chronologie** dans l'espace de travail.

- **Pour modifier la durée d'une transition**, sélectionnez, dans l'espace de travail, le clip visible juste à droite de la transition (zone ombrée) que vous souhaitez modifier puis faites-le glisser vers la gauche pour augmenter la durée de transition ou vers la droite pour réduire la durée de transition.

  Pour supprimer une transition, cliquez sur le clip visible à droite de la transition que vous souhaitez supprimer puis faites-le glisser sur la droite jusqu'à ce que la transition disparaisse.

Appliquer des transitions

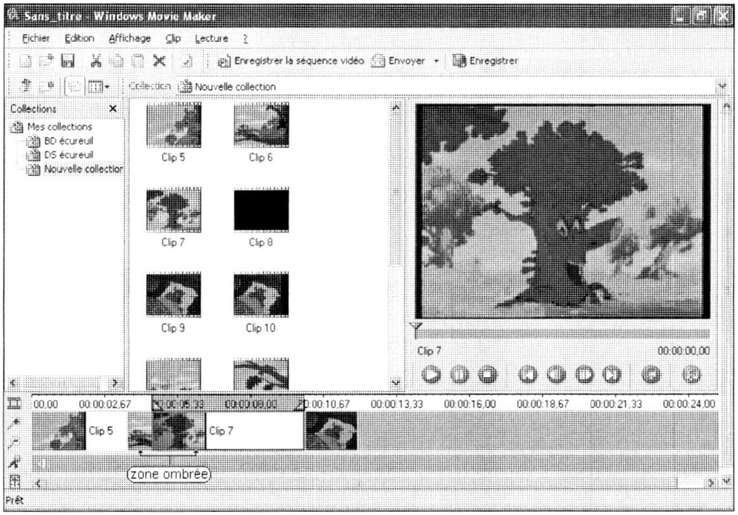

La zone ombrée indique la durée de la transition ; plus cette zone est grande plus la transition sera longue.

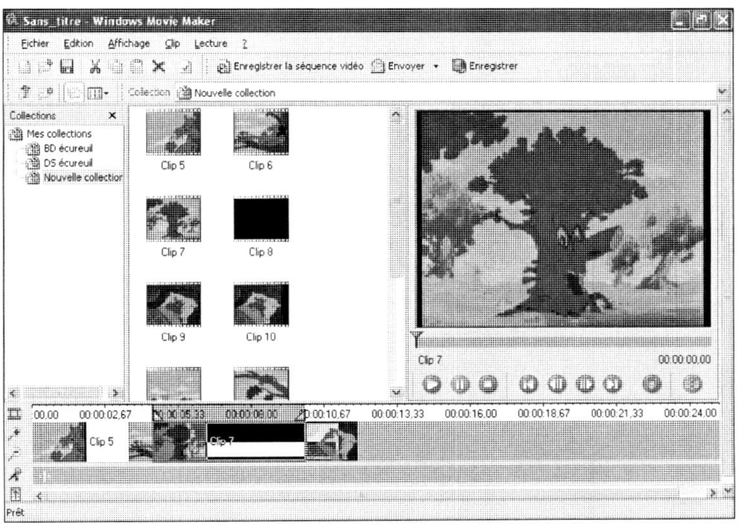

Le clip ainsi déplacé vers la droite décalera le clip situé à sa droite.

Envoyer une séquence vidéo par courrier électronique

Créez ou ouvrez le projet que vous souhaitez enregistrer en tant que séquence vidéo afin de l'envoyer à un ou plusieurs destinataires par courrier électronique.
Fichier - Envoyer la séquence vidéo - Par courrier électronique
Ouvrez la liste **Paramètre** et cliquez sur l'option correspondant au niveau de qualité désirée.
Saisissez les informations devant être affichées lors de la lecture du fichier dans le cadre **Afficher les informations** puis cliquez sur **OK**.
Tapez un nom de fichier pour votre séquence vidéo dans la zone de saisie correspondante de la boîte de dialogue **Nom du fichier à envoyer** puis cliquez sur **OK**.
Lors de l'envoi d'une séquence vidéo par courrier électronique, les fichiers des séquences vidéo sont enregistrés temporairement dans le dossier ***C:\WINDOWS\TEMP****.*

Sélectionnez, dans la liste, le logiciel de messagerie devant être utilisé pour envoyer la séquence vidéo puis cliquez sur le bouton **OK**.

La fenêtre de la messagerie s'affiche à l'écran et le fichier contenant la séquence vidéo apparaît sous la forme d'une icône.

Dans la zone de saisie **À**, tapez l'adresse du destinataire du message ; si plusieurs destinataires sont concernés, séparez leurs noms par un point virgule.

Dans Outlook, le bouton ***À*** *permet de sélectionner la ou les adresses à partir d'un carnet d'adresses.*

Tapez, éventuellement, dans la zone de saisie **Cc**, la ou les adresses des destinataires à qui vous souhaitez envoyer une copie du message.
Tapez le sujet de votre courrier dans la zone de saisie **Objet**.
Utilisez, si besoin est, la grande zone de saisie pour compléter le texte du message.

Cette fenêtre varie en fonction du logiciel de messagerie utilisé.

Envoyez le message. Dans Outlook, utilisez la commande **Fichier - Envoyer** ou [Envoyer] ou [Ctrl][Entrée].

Pour visualiser la séquence vidéo dans le Lecteur Windows Media, le ou les destinataires du message devront ouvrir le message puis faire un double clic sur l'icône du fichier pour lancer automatiquement le lecteur Windows Media.

Envoyer une séquence vidéo par courrier électronique

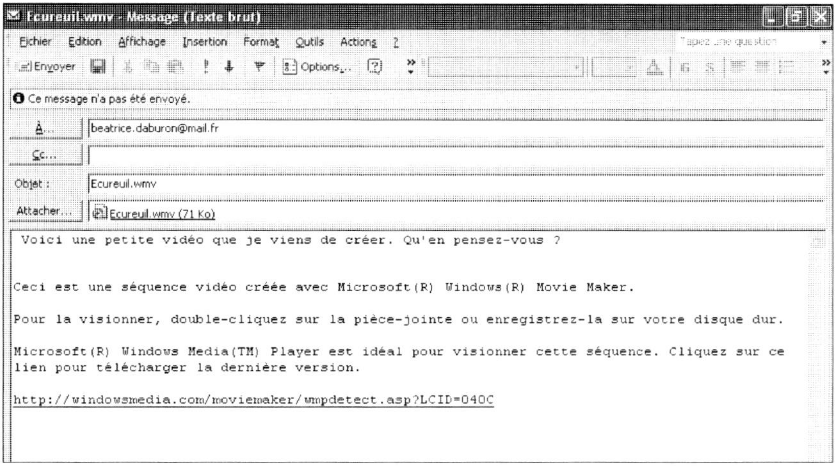

Le texte du message proposé par Windows Movie Maker peut être modifié ou supprimé.

Envoyer une séquence vidéo sur un serveur Web

Vous pouvez envoyer une séquence vidéo sur un serveur Web afin qu'elle puisse être visible à partir d'un réseau Internet ou intranet. Vous devrez, après l'envoi de la séquence vidéo sur le serveur Web, créer une page Web dans laquelle vous insérerez un lien hypertexte de façon à ce que les utilisateurs puissent, après ouverture de cette page Web, cliquer sur le lien pour visualiser votre séquence vidéo.

Créez ou ouvrez le projet que vous souhaitez enregistrer en tant que séquence vidéo afin de l'envoyer sur un serveur Web.

Fichier - Envoyer la séquence vidéo - Sur un serveur Web

Ouvrez la liste **Paramètre** et cliquez sur l'option correspondant au niveau de qualité désirée.

*Par défaut, Windows XP affiche le **Paramètre Autre** et sélectionne le **Profil Données vidéo pour serveurs Web (56 kbits/s)**.*

Ouvrez la liste **Profil**, puis choisissez un autre profil si nécessaire. (Cette option n'est disponible que pour le **Paramètre Autre**).

Saisissez les informations devant être affichées lors de la lecture du fichier dans le cadre **Afficher les informations** puis cliquez sur **OK**.

Tapez un nom de fichier pour votre séquence vidéo dans la zone de saisie correspondante de la boîte de dialogue **Nom du fichier à envoyer** puis cliquez sur le bouton **OK**.

La séquence enregistrée comme fichier Windows Media prend l'extension de fichier .wmv.

Sélectionnez le **Nom de l'hôte** dans la liste déroulante correspondante. Si aucun hôte n'est proposé, reportez-vous aux deux points suivants.

Pour créer un hôte chez un hébergeur préconisé par Microsoft, cliquez sur le bouton **S'inscrire** pour afficher la page Web de Microsoft.com (dans votre navigateur) à partir de laquelle vous pouvez vous inscrire chez un des fournisseurs vous proposant d'héberger votre séquence vidéo.

↳ *Au moment où nous rédigeons cet ouvrage, Microsoft nous indique qu'aucun fournisseur d'hébergement n'est disponible actuellement.*

Pour créer un nom d'hôte sur un serveur Web interne ou chez votre fournisseur d'accès qui vous propose de stocker vos pages personnelles sur son serveur, cliquez sur le bouton **Nouveau** de la boîte de dialogue **Envoi sur le Web**.

↳ Complétez les différentes zones de saisie grâce aux informations fournies par votre administrateur réseau ou votre fournisseur d'accès selon le cas.

Dans notre exemple, nous avons utilisé un serveur Web interne.

Cliquez sur le bouton **OK** pour valider votre saisie.

... /...

Envoyer une séquence vidéo sur un serveur Web

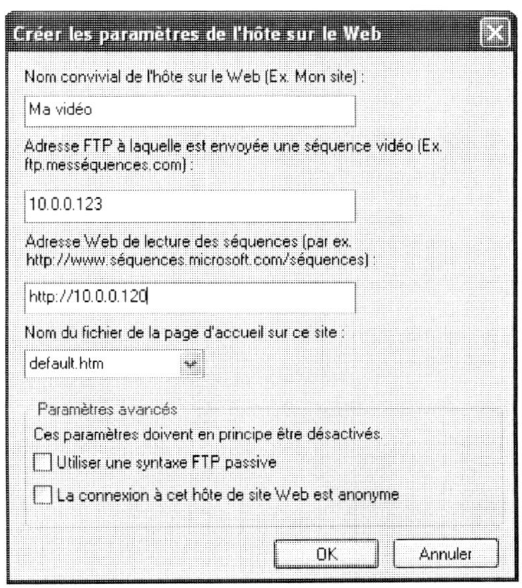

... /...

Envoyer une séquence vidéo sur un serveur Web (suite)

Un profil d'hôte est une configuration qui définit les paramètres nécessaires pour écrire des vidéos sur un serveur FTP et diffuser les vidéos sur un serveur Web.

Tapez votre nom d'utilisateur dans la zone de saisie **Nom d'utilisateur/de connexion** ; votre nom d'utilisateur correspond généralement à la première partie de votre adresse électronique (par exemple, si votre adresse électronique est fmartin@eni.fr, le nom d'utilisateur sera **fmartin**).

Tapez le **Mot de passe** dans la zone de saisie correspondante.

Cliquez sur le bouton **OK**.

La boîte de dialogue ***Envoi sur le Web*** *affiche la progression de la publication de la séquence vidéo sur le Web puis, pour terminer, vous propose de visiter le site.*

Cliquez sur le bouton **Visiter le site maintenant** pour accéder au site Web ou fermez la boîte de dialogue **Envoi sur le Web** en cliquant sur le bouton .

Rappelons que pour que les internautes puissent voir votre séquence vidéo, vous devez tout d'abord insérer un lien HTML dans votre page d'accueil qui renvoie vers votre séquence vidéo. Ainsi, par un simple clic sur ce lien, l'internaute pourra visualiser votre séquence. Par exemple, si votre page d'accueil s'appelle défault.htm et que votre séquence vidéo s'appelle Ecureuil.wmv, vous devez insérer dans la page default.htm un lien hypertexte vers la page Ecureuil.wmv.

Envoyer une séquence vidéo sur un serveur Web (suite)

Le mot de passe saisi apparaît sous forme de points.

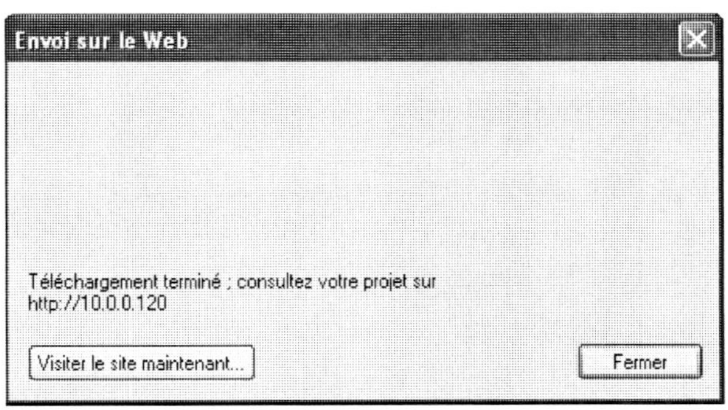

Un message vous rappelle l'adresse de votre page Web.

Modifier les propriétés d'un clip

Cliquez sur la collection contenant le clip dont les propriétés doivent être modifiées puis cliquez sur le clip concerné.

Affichage - Propriétés ou

↳ Modifiez, si besoin est, le **Titre**, le nom de l'**Auteur**, la **Date** de création et une **Description** du clip en complétant les zones correspondantes.

Fermez la fenêtre **Propriétés** en cliquant sur le bouton .

Vous ne pouvez pas modifier les propriétés des clips figurant dans l'espace de travail mais uniquement les propriétés de ceux visibles dans la zone des collections. De même, si vous ajoutez un clip dans l'espace de travail et que vous modifiez ses propriétés dans la zone des collections, le clip inséré dans l'espace de travail affichera toujours les anciennes propriétés.

Créer une collection

Cliquez, dans le volet gauche de la zone des collections, sur le nom de la collection dans laquelle vous souhaitez créer votre nouvelle collection.

*Pour sélectionner une collection, vous pouvez aussi ouvrir la liste déroulante **Collection** de la barre d'outils **Emplacement** puis cliquer sur le nom de la collection à sélectionner.*

Fichier - Nouveau - Collection ou

↳ Saisissez le nom de la nouvelle collection puis appuyez sur la touche Entrée.

Modifier les propriétés d'un clip

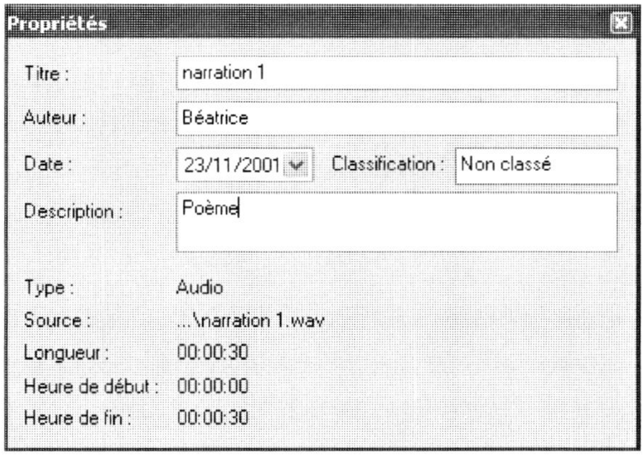

Créer une collection

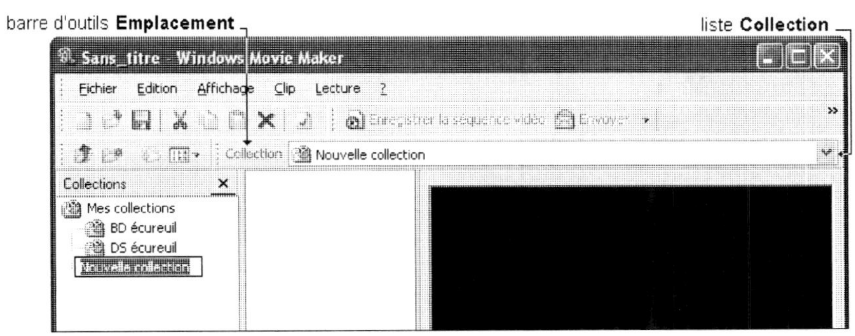

*Le texte **Nouvelle collection** est sélectionné et le point d'insertion clignote à la fin du texte.*

Gérer les clips/les collections

Pour modifier l'affichage des clips, sélectionnez l'une des options du menu **Affichage** :

Miniatures affiche chaque clip sous forme d'image bitmap avec son titre.
Liste affiche une liste des clips reprenant le nom de chaque clip.
Détails affiche une liste détaillée des clips dans laquelle vous visualisez les propriétés pour chaque clip.

L'affichage sélectionné s'applique aux clips de toutes les collections.

Vous retrouvez ces options dans la liste associée à l'outil .

Pour déplacer une collection, cliquez sur la collection concernée puis, tout en maintenant le bouton de la souris enfoncé, faites glisser la collection vers son nouvel emplacement.

Relâchez le bouton de la souris.

Pour copier ou déplacer des clips, sélectionnez le(s) clip(s) à déplacer ou à copier : pour sélectionner des clips adjacents, cliquez sur le premier clip de la sélection, appuyez et maintenez la touche [Shift] enfoncée puis cliquez sur le dernier clip à inclure dans la sélection ; pour sélectionner des clips non adjacents, cliquez sur un des clips à sélectionner puis tout en maintenant la touche [Ctrl] enfoncée, cliquez sur les autres clips à sélectionner. Pour retirer un clip de la sélection, refaites un [Ctrl] clic sur le clip concerné.

Pointez la sélection.

S'il s'agit d'une copie, appuyez sur la touche [Ctrl] et réalisez un cliqué-glissé vers le volet gauche de la zone des collections, sur le nom de la collection dans laquelle les clips doivent être copiés.

S'il s'agit d'un déplacement, réalisez un simple cliqué-glissé vers le volet gauche de la zone des collections, sur le nom de la collection dans laquelle les clips doivent être déplacés.

... /...

Gérer les clips/les collections

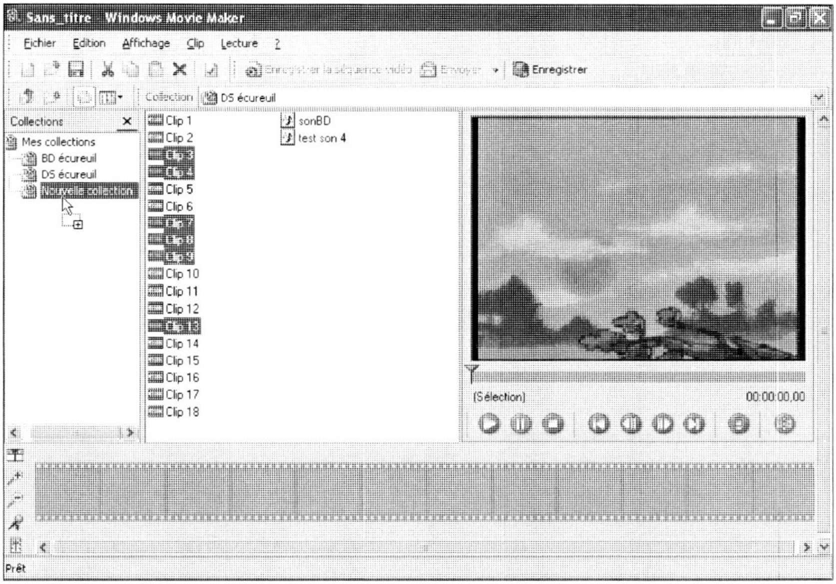

Lors d'un déplacement, le pointeur de la souris est suivi d'un rectangle : lors de la copie, le rectangle contient un signe plus, dans cet exemple, il s'agit d'une copie.

... /...

Gérer les clips/les collections (suite)

➩ **Pour renommer un clip ou une collection**, faites un double clic sur le nom de la collection ou du clip que vous souhaitez renommer (ou activez la commande **Edition - Renommer**) puis saisissez le nouveau nom avant de valider par la touche [Entrée].

Vous ne pouvez pas modifier le nom des clips figurant dans l'espace de travail ; seuls les clips visibles dans la zone des collections peuvent être renommés. De même, si vous ajoutez un clip dans l'espace de travail et que vous modifiez son nom dans la zone des collections, la feuille des propriétés du clip inséré dans la zone de travail affichera toujours son ancien nom.

Pour supprimer un clip ou une collection, cliquez dans la zone des collections, sur le nom de la collection ou sur le(s) nom(s) du(des) clip(s) que vous souhaitez supprimer ; utilisez la touche [Ctrl] pour une sélection discontinue ou la touche [⇧ Shift] pour une sélection continue.

Il est possible de supprimer plusieurs clips en même temps, contrairement aux collections qui ne peuvent être supprimées qu'individuellement.

Edition - Supprimer ou [X] ou [Suppr]

Un message d'avertissement vous informe que vous allez supprimer définitivement la collection sélectionnée ou le(s) élément(s) sélectionné(s).

➩ Cliquez sur le bouton **Oui** pour confirmer la suppression.

*Vous pouvez également utiliser la commande **Edition - Supprimer** ou [X] ou [Suppr] pour supprimer le ou les clips sélectionnés dans l'espace de travail.*

Gérer les clips/les collections (suite)

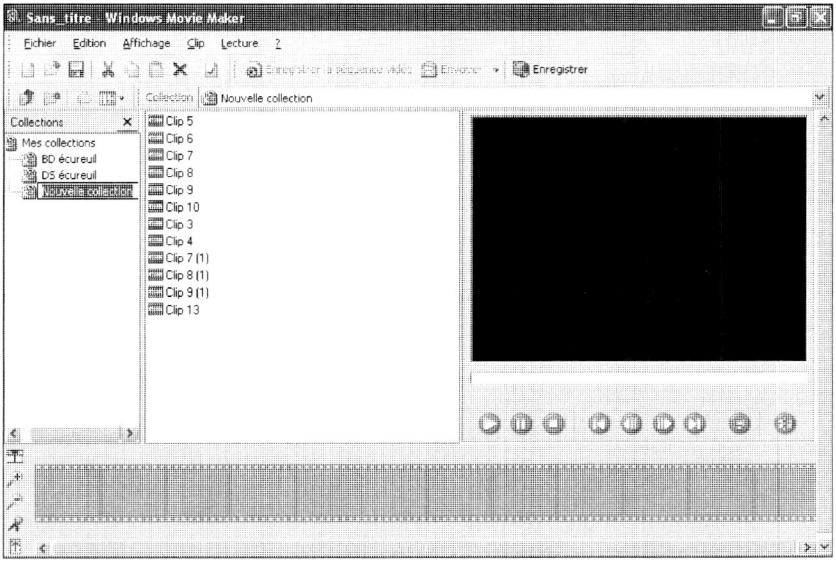

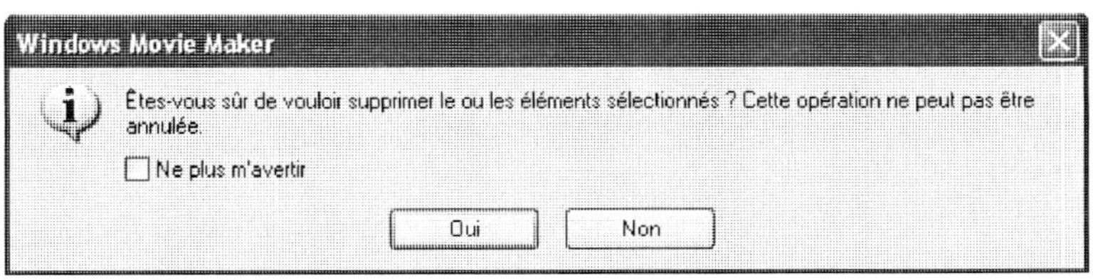

Windows vous prévient que la suppression est irréversible.

Ouvrir un projet

Un projet est constitué des clips visibles dans l'espace de travail ; il est ensuite enregistré en tant que séquence vidéo dans un fichier vidéo.

Fichier - Ouvrir un projet ou ou Ctrl **O**

Sélectionnez l'unité puis le dossier dans lequel le projet que vous souhaitez ouvrir est stocké.

Sélectionnez le nom du projet à ouvrir.

Cliquez sur le bouton **Ouvrir** ou réalisez un double clic sur le nom du projet à ouvrir.

Le projet s'affiche dans l'espace de travail.

Pour créer un nouveau projet, utilisez la commande **Fichier - Nouveau - Projet** ou Ctrl **N** ou cliquez sur l'outil de la barre d'outils **Standard**.

Enregistrer un nouveau projet

Fichier - Enregistrer le projet ou ou Ctrl **S**

Sélectionnez l'unité puis le dossier dans lequel vous souhaitez enregistrer le projet.

Tapez le nom du projet dans la zone de saisie **Nom du fichier**.

Cliquez sur le bouton **Enregistrer**.

Ouvrir un projet

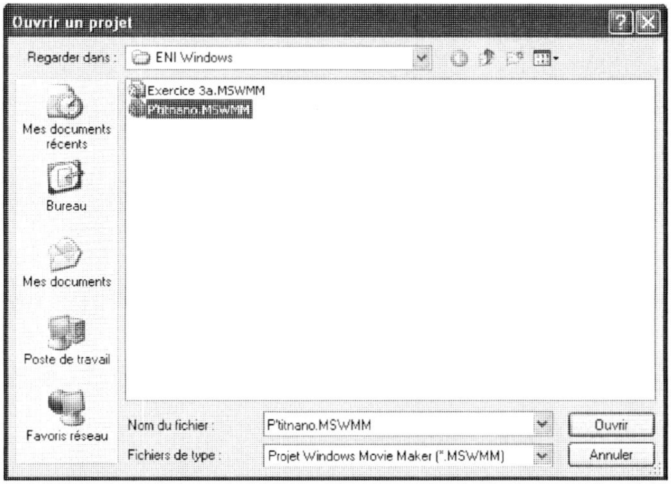

Par défaut, Movie Maker affiche les fichiers de type Projet MSWMM.

Enregistrer un nouveau projet

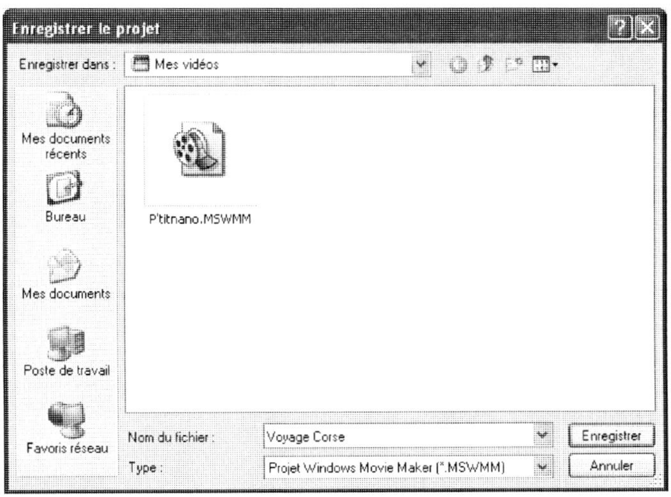

Notez que le fichier projet Windows Movie Maker porte l'extension MSWMM.

Ajouter un clip à un projet

Des clips vidéo, audio ou des images fixes peuvent être ajoutés à un projet.

Affichez la vue **Chronologie** dans l'espace de travail en activant la commande **Chronologie** du menu **Affichage** ou en cliquant sur le bouton visible dans l'espace de travail.

Cette manipulation est surtout nécessaire pour le traitement des fichiers audios.

Cliquez sur le nom de la collection contenant le clip que vous souhaitez ajouter au projet.

Sélectionnez le ou les clips à ajouter au projet.

Pointez la sélection puis réalisez un cliqué-glissé vers la première barre de l'espace de travail pour ajouter des clips vidéo ou des images fixes, ou vers la seconde barre (barre audio) de l'espace de travail pour ajouter des clips audio.

Ensuite, relâchez le bouton de la souris lorsque le grand trait vertical est positionné à l'emplacement où le ou les clips doivent être ajoutés dans le projet (avant le premier, après le dernier ou entre deux clips).

Les clips vidéo et les images fixes sont visibles sur la première barre de l'espace de travail tandis que les clips audio sont visibles sur la seconde barre appelée **barre audio** lorsque vous êtes en **Affichage - Chronologie**.
Pour ajouter un clip à un projet, vous pouvez également cliquer sur le nom de la collection contenant le clip que vous souhaitez ajouter au projet, sélectionnez le ou les clips à ajouter au projet, puis faire **Clip - Ajouter à l'espace de travail**. Dans le cas où le projet contiendrait déjà des clips, les nouveaux s'ajoutent à la suite des clips existants : contrairement à la méthode du cliqué-glissé, cette méthode ne permet pas d'insérer un clip à n'importe quel emplacement dans le projet.

Ajouter un clip à un projet

Dans l'exemple ci-dessus, le clip sélectionné (Clip 11) va être inséré entre le 3ème et le 4ème clip du projet visible dans l'espace de travail.

Découper un clip

Il s'agit ici de supprimer certaines parties d'un clip que vous ne voulez pas utiliser dans votre projet. Le découpage s'effectue exclusivement au début et à la fin d'un clip ajouté à un projet. En aucun cas, il ne supprime les informations correspondantes dans le contenu source.

Affichez, si nécessaire, la vue **Chronologie** dans l'espace de travail (**Affichage - Chronologie**).
Cliquez, si besoin est, sur l'outil 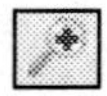 pour agrandir l'affichage de la chronologie dans l'espace de travail.
Cliquez, dans l'espace de travail, sur le clip que vous souhaitez découper.
Le clip s'affiche dans le moniteur.

Pour découper le début du clip, pointez, dans l'espace de travail, la poignée de point initial de découpage (triangle gris situé à l'extrême gauche du clip) puis faites-la glisser jusqu'à l'emplacement souhaité.

Pour découper la fin du clip, pointez, dans l'espace de travail, la poignée de point final de découpage (triangle gris situé à l'extrême droite du clip) puis faites-la glisser jusqu'à l'emplacement souhaité.

Pour supprimer tous les points de découpage d'un clip,.sélectionnez ce clip puis utilisez la commande **Clip - Supprimer les points de découpage** ou [Ctrl] [⇧ Shift] [Suppr].

Découper un clip

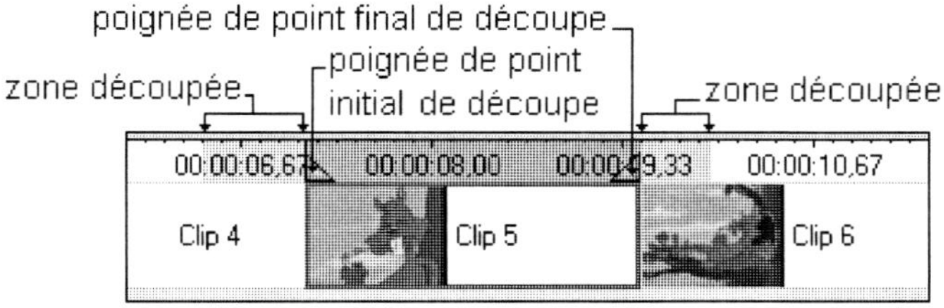

Lorsque vous faites glisser les poignées de découpage, le clip défile dans le moniteur et vous permet ainsi de visualiser précisément l'emplacement où le découpage doit se faire.

Fractionner un clip ou associer des clips

Il s'agit ici de scinder en deux un clip vidéo ou audio afin, par exemple, d'insérer un autre clip entre ces deux clips (audio, vidéo ou image fixe) ou bien encore d'effectuer une transition. Le fractionnement peut se faire sur un clip contenu dans l'espace de travail ou directement sur un clip de la zone des collections.

Sélectionnez, dans l'espace de travail ou dans la zone des collections, le clip que vous souhaitez fractionner.

Pointez le curseur visible sur la barre de recherche, cliquez puis faites-le glisser jusqu'à ce qu'il soit positionné à l'endroit où vous souhaitez fractionner le clip.

Clip - Fractionner ou Ctrl Shift **S**

Vous pouvez aussi cliquer sur le bouton situé dans la barre des boutons du moniteur.

Notez que la première partie du clip conserve le nom d'origine tandis que la seconde partie du clip reprend le nom d'origine du clip suivi d'un nombre.

Le fait de fractionner un clip contenu dans l'espace de travail, ne fractionne pas ce même clip visible dans la zone des collections et inversement.

Pour associer des clips contigus, sélectionnez-les dans l'espace de travail (dans des Ctrl clics) ou dans la zone des collections selon le cas puis activez la commande **Clip - Associer** ou Ctrl Shift **C** : le nom et les propriétés du premier clip du groupe sélectionné sont affectés au nouveau clip.

Régler la balance

Pour régler le curseur de la balance, activez l'option **Edition - Définir le curseur de la balance audio** ou cliquez sur le bouton visible dans l'espace de travail.

Pour augmenter le niveau sonore d'un clip audio, faites glisser le curseur vers la droite.

Pour augmenter le niveau sonore d'un clip vidéo, faites glisser le curseur vers la gauche.

Pour terminer, fermez la boîte de dialogue **Curseur de balance audio** en cliquant sur le bouton .

Fractionner un clip ou associer des clips

En faisant glisser le curseur, le clip défile dans le moniteur.

Régler la balance

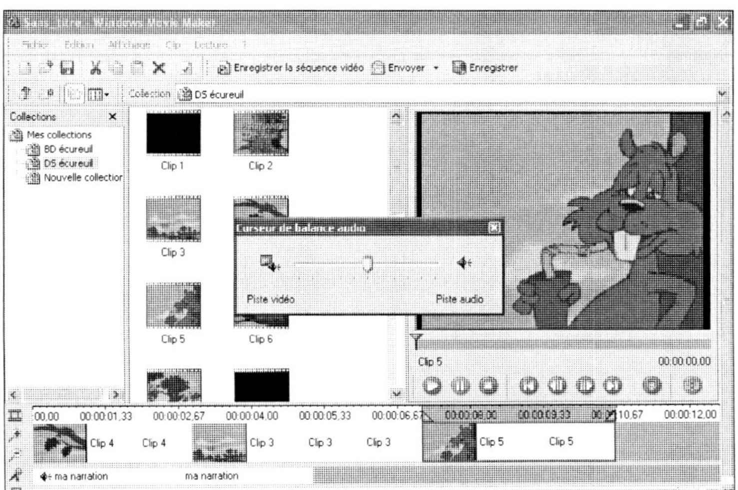

Par défaut, le curseur se situe au milieu.

Prévisualiser un clip/un projet

À tout moment, vous pouvez prévisualiser un ou plusieurs clips ou l'ensemble d'un projet afin, par exemple, de vérifier vos modifications.

Sélectionnez la collection ou ouvrez le projet contenant le ou les clips à prévisualiser.

Pour prévisualiser un ou plusieurs clips, sélectionnez-les dans la zone des collections ou, s'ils ont été ajoutés au projet, sélectionnez-les dans l'espace de travail puis activez la commande **Lecture - Lecture/Pause** ou ou Espace.

Pour prévisualiser tous les clips d'un projet, utilisez la commande **Lecture - Lire toute la table de montage séquentiel/Chronologie**.

Pour arrêter la prévisualisation d'un ou de plusieurs clips ou de l'ensemble d'un projet, utilisez la commande **Lecture - Arrêter** ou cliquez sur le bouton **Arrêt** du moniteur.

Le moniteur affiche alors automatiquement le premier clip du projet visible dans l'espace de travail. Si aucun projet n'est ouvert, alors le moniteur ne contient aucun clip.

Pour interrompre la prévisualisation d'un ou de plusieurs clips ou de l'ensemble d'un projet, utilisez la commande **Lecture - Lecture/Pause** ou cliquez sur le bouton **Pause** .

Un simple clic sur permet de continuer la lecture.

Pour prévisualiser en plein écran un ou plusieurs clips ou l'ensemble d'un projet, cliquez selon le cas sur la commande **Lecture/Pause** ou **Lire toute la table de montage séquentiel/Chronologie** du menu **Lecture** pour lancer la lecture puis activez la commande **Lecture - Plein écran** ou Alt Entrée ou cliquez sur le bouton du moniteur. Pour fermer la fenêtre du plein écran et revenir à la fenêtre standard, faites un clic dans la fenêtre du plein écran.

Prévisualiser un clip/un projet

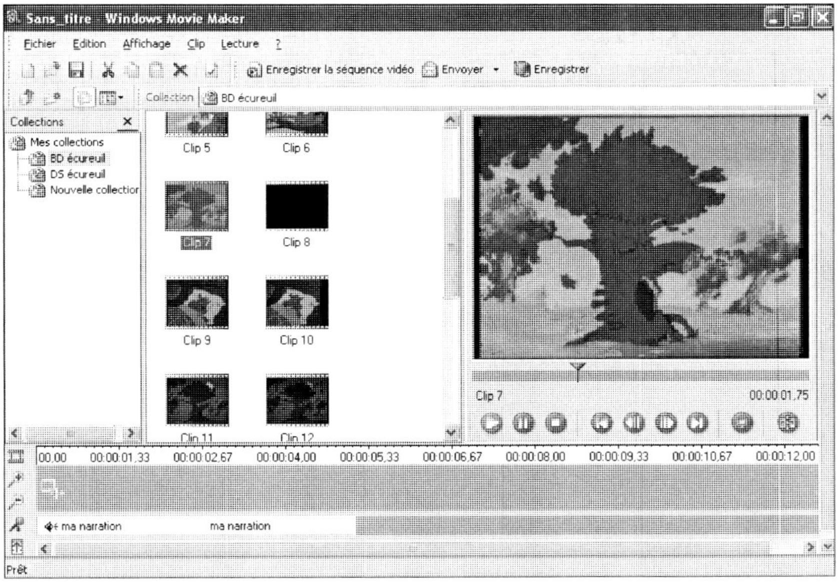

*Les boutons  et  permettent d'afficher la **Trame précédente** et la **Trame suivante** du clip visible dans le moniteur tandis que les boutons  et  permettent d'afficher le clip **Précédent** et le clip **Suivant** de votre projet.*

Enregistrer une séquence vidéo dans un fichier

Lorsque votre projet est terminé, vous pouvez l'enregistrer en tant que séquence vidéo afin de le visualiser sur votre ordinateur, de le joindre à un courrier électronique, de le transférer sur un serveur Web, ou de le graver sur un CD-Rom.

Créez ou ouvrez le projet que vous souhaitez enregistrer en tant que séquence vidéo.

Fichier - Enregistrer la séquence vidéo ou Ctrl **M** ou

Ouvrez la liste **Paramètre** puis cliquez sur l'option correspondant au niveau de qualité souhaitée.

*Si votre séquence doit être lue sur un assistant de poche couleur, ouvrez la liste **Paramètre** cliquez sur **Autre**. Puis ouvrez la liste **Profil** et sélectionnez l'option **Vidéo pour les assistants de poche couleur (225 kbits/s)** ou **(150 Kbits/s)**. Ces profils sont optimisés pour permettre la lecture sur un périphérique portable de fichiers au format Windows Media.*

*Si vous avez l'intention d'enregistrer votre séquence vidéo sur le serveur Web, ouvrez la liste **Paramètre**, cliquez sur **Autre**. Puis ouvrez la liste **Profil** et sélectionnez l'option **Données vidéo pour serveurs Web (28.8 kbits/s)** ou **(56 kbits/s)** selon le type de serveur utilisé.*

Saisissez, dans les différentes zones du cadre **Afficher les informations**, les informations devant être affichées lors de la lecture du fichier puis cliquez sur le bouton **OK**.

Sélectionnez l'unité puis le dossier dans lequel le fichier de séquence vidéo doit être enregistré.

Pour enregistrer votre séquence vidéo, vous pouvez :

- enregistrer sur votre disque dur : sélectionnez le sous-dossier **Mes vidéos** du dossier **Mes documents**.
- enregistrer sur un dossier Web : cliquez sur **Favoris réseau** puis sélectionnez le dossier Web sur lequel vous souhaitez sauvegarder votre séquence vidéo (vous devez, pour cela, disposer des droits requis).
- enregistrer sur un CD-Rom : sélectionnez l'unité correspondant au graveur de CD après y avoir inséré un CD-R ou CD-RW vierge.

Saisissez le **Nom du fichier** de votre séquence vidéo puis cliquez sur le bouton **Enregistrer**.

La boîte de dialogue permettant de suivre l'évolution de la création de la séquence vidéo s'affiche à l'écran et vous offre, si besoin est, la possibilité d'annuler la création de cette séquence.

... /...

Enregistrer une séquence vidéo dans un fichier

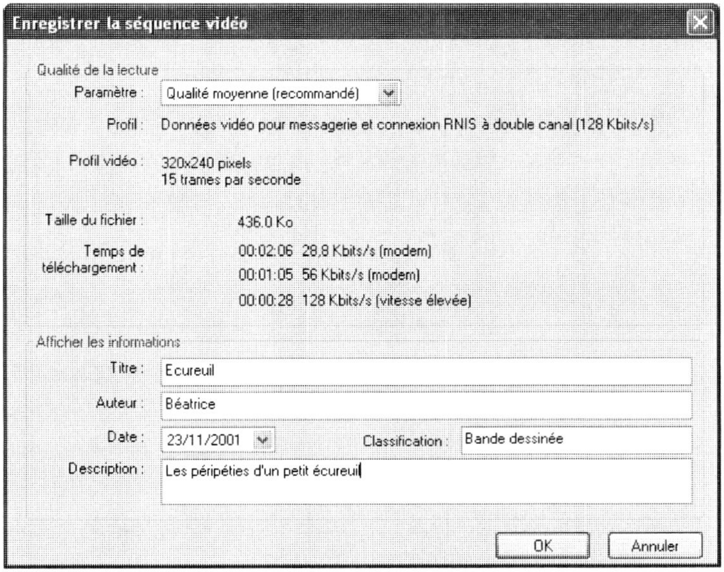

*Les caractéristiques techniques (**Taille du fichier**, **Temps de téléchargement...**) varient selon le **Paramètre** sélectionné.*

... /...

Enregistrer une séquence vidéo dans un fichier (suite)

↳ Lorsque la séquence vidéo a été enregistrée, cliquez sur le bouton **Oui** pour la lire dans le Lecteur Windows Media ou sur le bouton **Non** pour revenir à la fenêtre de Windows Movie Maker.

Si vous avez choisi de lire la séquence vidéo, l'application Lecteur Windows Media s'ouvre. Pour lire la séquence, cliquez sur le bouton ▶. Une fois la lecture terminée, cliquez sur le bouton ☒ ou ☒ pour fermer la fenêtre du Lecteur Windows Media.

Si vous avez choisi d'enregistrer votre séquence vidéo sur un CD-Rom, lancez la gravure suivant la procédure habituelle (cf. Copier un fichier sur CD-Rom).

*Le fichier d'une séquence vidéo porte l'extension **.WMV**.*

Enregistrer une séquence vidéo dans un fichier (suite)

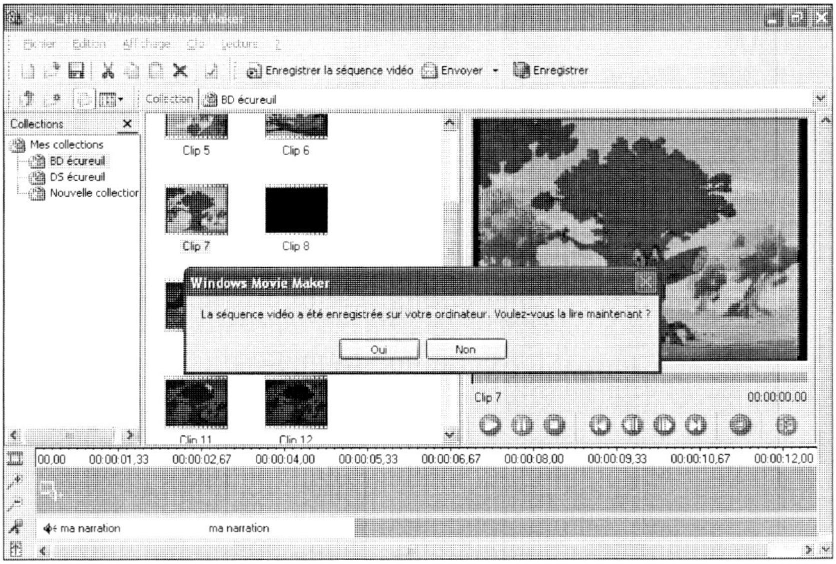

Si vous souhaitez lire la séquence, l'application Lecteur Windows Media (appelé aussi Windows Media Player) s'ouvre automatiquement après avoir cliqué sur ***Oui****.*

Découvrir Windows Media Player

Microsoft Windows Media Player (ou Lecteur Windows Media) vous permet de lire un grand nombre de format de fichiers audio et vidéo à partir de votre ordinateur et d'Internet. Vous pouvez utiliser le Lecteur Windows Media pour écouter des stations de radio du monde entier, lire et copier vos CD, lire des DVD (si vous disposez d'un lecteur adéquat), rechercher les vidéos disponibles sur Internet... et gérer des listes personnalisées de tous vos fichiers multimédias numériques stockés sur votre ordinateur.

Cliquez sur le bouton **démarrer** puis sur **Tous les programmes - Lecteur Windows Media**.

*Vous pouvez également utiliser l'option **Lecteur Windows Media** par le bouton **démarrer - Tous les programmes - Accessoires - Divertissement**.*

Le contenu de la partie centrale de cette fenêtre varie selon que vous êtes en lecture d'un CD, d'un DVD ou tout simplement parce que votre connexion à Internet est active.

La fenêtre du Lecteur Windows Media Player se décompose ainsi :

(a) **Barre de titre et des menus** : cette partie s'affiche automatiquement lorsque vous pointez la zone **Sélection** (b). Pour fixer ou libérer cette barre, cliquez sur le bouton situé dans la zone **Sélection**.

(b) Zone **Sélection** : grâce aux boutons de cette zone, vous pouvez choisir une sélection ou un autre élément à lire, mais également afficher les outils de lecture et de sélection.

(c) **Barre des tâches des fonctions** : cette barre comporte sept boutons commandant les principales fonctions du Lecteur.

(d) Zone des **Commandes de lecture** : ces commandes permettent d'ajuster le niveau du volume et de commander des tâches de lecture (lecture, pause, arrêt, rembobinage et avance rapide) de fichiers audio et vidéo.

Pour obtenir de l'aide sur l'application Windows Media Player, affichez tout d'abord la **Barre de titre et de menus** en pointant la zone **Sélection** ou en cliquant sur le bouton . Cliquez ensuite sur l'option ? puis sur **Rubriques d'aide**.

Découvrir Windows Media Player

Lorsque la connexion à Internet est active, le site WindowsMedia.com vous propose diverses actualités thématiques (Musique, Radio, Vidéo...) dans cet écran.

Écouter un CD audio

Ouvrez, si nécessaire, l'application **Lecteur Windows Media** (bouton **démarrer - Tous les programmes - Lecteur Windows Media**), puis insérez un CD audio dans votre lecteur de CD-Rom.

Si vous insérez un CD audio avant de lancer l'application Windows Media Player, Windows XP affiche une fenêtre à partir de laquelle il vous propose de l'activer.
Dans ce cas, pour activer le Lecteur Windows Media (Windows Media Player) et lancer la lecture du CD en même temps, cliquez sur l'option ***Lire un CD audio utilise Lecteur Windows Media*** *puis cliquez sur le bouton* ***OK.***

↳ **Pour sélectionner puis lire un titre du CD audio**, cliquez si nécessaire sur le bouton **Lecture en cours** situé dans la **Barre des tâches des fonctions.**

Cliquez dans le panneau **Sélection** sur le titre souhaité, puis sur le bouton  situé dans la barre des **Commandes de lecture** pour lancer la lecture (lorsqu'il est activé, ce bouton se tranforme en ).

Ensuite, pour gérer la lecture, utilisez les commandes suivantes :

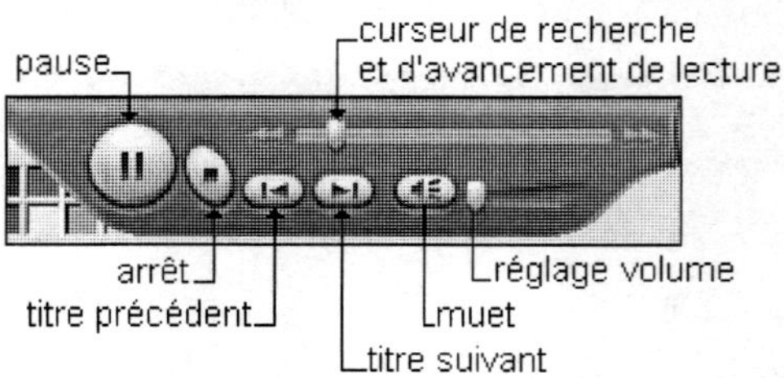

Pour modifier la zone d'affichage (c'est-à-dire, modifier l'animation visible dans la zone d'affichage de la page Lecture en cours), insérez un CD audio dans le lecteur puis cliquez, si besoin est, sur le bouton **Lecture en cours.**

↳ Utilisez le menu **Affichage - Visualisations** (Barre de titre et des menus) puis activez la vue souhaitée.

Écouter un CD audio

*Le titre lu apparaît en vert dans le panneau **Sélection** et la durée écoulée s'affiche en bas à droite de la fenêtre.*

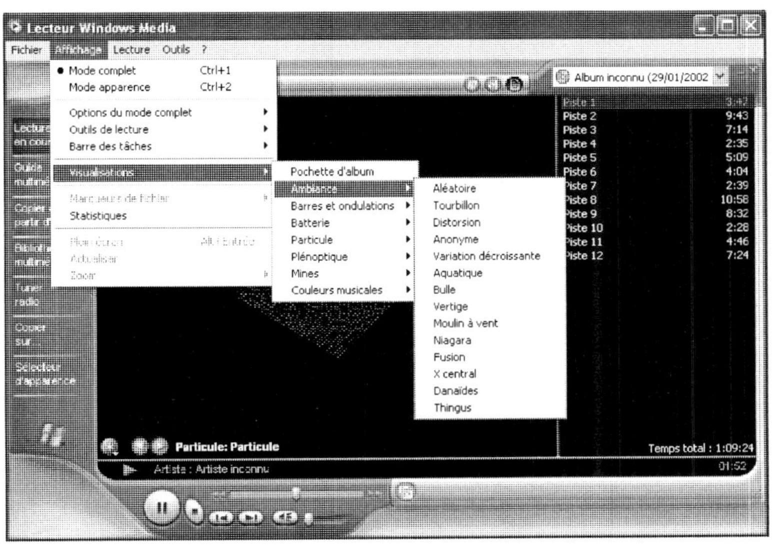

Le bouton  *situé en bas à gauche de la zone de lecture vous permet également de choisir quelques visualisations.*

Rechercher ou saisir des informations concernant le CD

Lors de la première lecture du CD, si votre connexion à Internet est active, le Lecteur Windows Media recherche sur le site WindowsMedia.com les informations concernant le CD en cours de lecture : le nom de l'artiste, le compositeur et les titres des pistes, puis les affiche dans la fenêtre du Lecteur. Sachez, dans ce cas, que les informations sont automatiquement mémorisées sur votre ordinateur de façon à être disponibles lors de la prochaine lecture du CD.

Si aucune information n'est disponible concernant le CD ou si votre PC n'est pas connecté à Internet, le Lecteur Windows Media affiche "Artiste inconnu" et le numéro des pistes dans la fenêtre de lecture au lieu de leur nom.

Pour lancer une recherche sur Internet du nom de l'artiste, des titres de l'album, de la pochette du CD... assurez-vous tout d'abord que votre connexion Internet est active et que le CD se trouve dans le lecteur.

Cliquez sur le bouton **Copier à partir d'un CD** puis sur 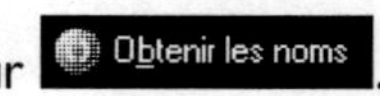

.

➯ Pour **Rechercher par nom d'artiste** ou pour **Rechercher par nom d'album**, activez l'option correspondante puis saisissez le nom recherché dans la zone de saisie associée à l'option (celle-ci ne s'affiche que lorsque l'option est active).

Pour saisir vous-même les informations relatives au CD (s'il s'agit par exemple d'une de vos créations), activez l'option **Ceci est un CD personnalisé ; je souhaite taper les informations sur l'album**.

Cliquez sur le bouton **Suivant**.

Si vous avez choisi de saisir les informations sur l'album, complétez alors le formulaire mis à votre disposition, puis cliquez sur le bouton **Suivant**. Contrôlez votre saisie, puis cliquez sur **Terminer** s'il n'y a pas de modifications à apporter, sinon cliquez sur le bouton **Précédent**.

Si vous avez choisi d'effectuer une recherche sur Internet sur le nom de l'artiste ou de l'album, la recherche est lancée.

... /...

Rechercher ou saisir des informations concernant le CD

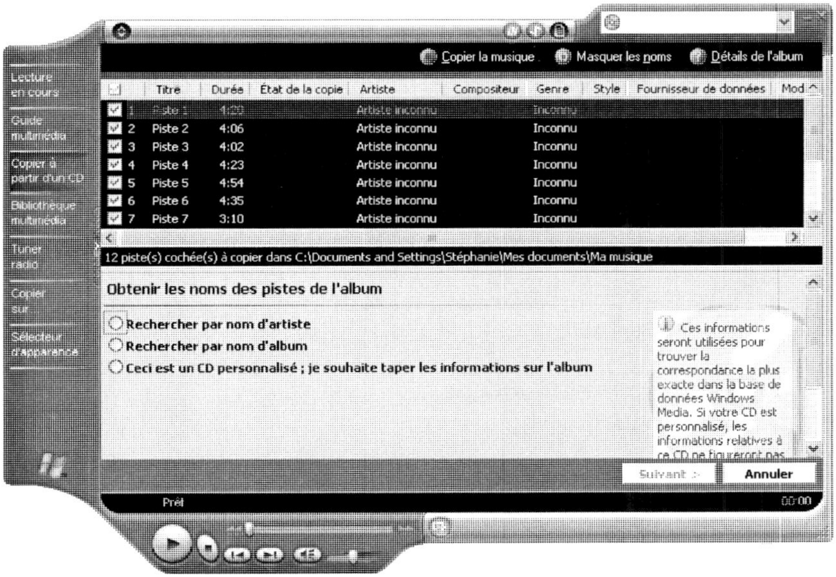

La zone de saisie de recherche n'apparaît pas tant que l'option de recherche correspondante n'est pas activée.

... /...

Rechercher ou saisir des informations concernant le CD (suite)

Si le Lecteur Windows Media ne trouve pas les informations recherchées, il vous propose d'effectuer une toute autre recherche en cliquant sur le bouton **Cherchez encore**, ou bien de donner de plus amples renseignements sur l'album recherché.

Dans ce cas, activez l'option **Album introuvable** puis cliquez sur le bouton **Suivant**. Complétez alors le formulaire proposé par les données connues (genre de musique, nom d'un morceau...), cliquez sur le bouton **Suivant** puis sur le bouton **Terminer** pour lancer la recherche.

Pour afficher des informations d'album sur un CD dans la **Bibliothèque multimédia**, affichez la **Bibliothèque multimédia**, cliquez sur la catégorie **Album**, puis cliquez avec le bouton droit sur l'album concerné, puis cliquez sur Informations (ou cliquez directement sur le bouton **Informations sur le média**).

Rechercher ou saisir des informations concernant le CD (suite)

Lire un DVD

Pour lire un DVD, votre ordinateur doit être équipé d'un lecteur de DVD mais également d'un logiciel décodeur (exemples : WinDVD (InterVideo, Inc), PowerDVD (CyberLink Corp)).
Lancez l'application Windows Media Player puis insérez le DVD dans le lecteur correspondant.
Le contenu du DVD apparaît dans le panneau **Sélection***, sous forme d'une liste de titres dans lesquels sont enregistrés des chapitres.*

Pour afficher le détail des chapitres d'un titre, cliquez sur le signe + correspondant. Pour les masquer, cliquez sur le signe **-** .

Pour lancer la lecture du DVD, utilisez la commande **Lecture DVD ou CD audio** du menu **Lecture** ou ouvrez la liste [Ma sélection] puis cliquez sur le DVD que vous souhaitez lire.
Cliquez dans le panneau **Sélection** sur un titre ou un nom de chapitre du DVD.
Pour visualiser le DVD en plein écran, faites **Affichage - Plein écran** ou [Alt][Entrée] ou cliquez directement sur le bouton .

En affichage plein écran, durant quelques instants, des options et un panneau de commandes apparaissent à l'écran :

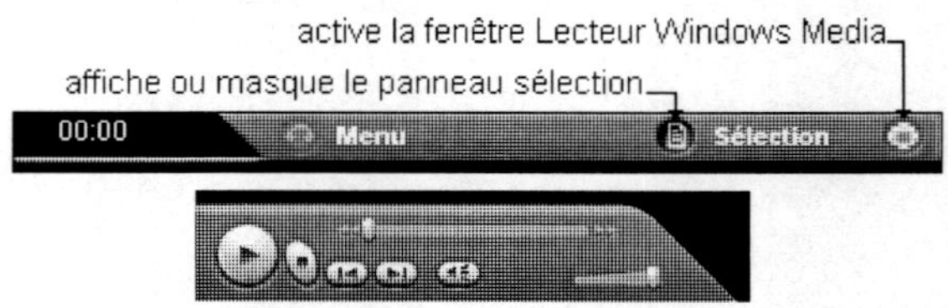

Ces éléments disparaissent automatiquement de l'écran après quelques instants. Pour les faire réapparaître, déplacez la souris vers le centre de l'écran.

Avant de lancer la lecture d'un DVD, nous vous conseillons de désactiver l'affichage de l'écran de veille. Pour cela, faites **Outils - Options** - onglet **Lecteur**, puis décochez l'option **Autoriser l'exécution de l'économiseur d'écran pendant la lecture**.
Pour définir le contrôle parental de lecture de DVD ainsi que les paramètres de langue pour tous les DVD, faites **Outils - Options** - onglet **DVD** puis renseignez les options proposées.

Lire un DVD

DVD inconnu (29/11/2001 1
DVD
Titre 1 0:29
Chapitre 1
Titre 2
Titre 3
Titre 4
Chapitre 1
Chapitre 2
Chapitre 3
Chapitre 4
Chapitre 5
Chapitre 6
Chapitre 7
Chapitre 8
Chapitre 9
Chapitre 10
Titre 5
Titre 6
Titre 7
Titre 8
Lecture en cours
Guide multimédia
Copier à partir d'un CD
Bibliothèque multimédia
Tuner radio
Copier sur...
Sélecteur d'apparence
Fermer (Reprendre)
Temps estimé : 0:29
Arrêté
00:00

Découvrir et paramétrer la bibliothèque multimédia

Lancez l'application Windows Media Player.

Cliquez sur le bouton **Bibliothèque multimédia** situé dans la barre des tâches.

↳ Par défaut, la bibliothèque apparaît sous forme d'arborescence (principe identique à celui de l'Explorateur Windows).

Notez également que les fichiers sont classés dans plusieurs catégories pré-installées : **Audio, Vidéo, Mes sélections, Éléments supprimés.**

Pour afficher le contenu d'une des catégories, cliquez sur le signe + qui lui est associé. À l'inverse, pour masquer le contenu d'une catégorie, cliquez sur le signe -.

La partie droite de la fenêtre affiche le contenu de la catégorie qui a été sélectionnée à gauche.

Pour définir les droits d'accès à la bibliothèque multimédia, faites **Outils - Options** - onglet **Bibliothèque multimédia.**

↳ Dans les cadres **Droits d'accès des autres applications** et **Droits d'accès des sites Internet**, cochez l'option :

Aucun accès : pour interdire tout accès à votre bibliothèque par des programmes installés sur votre ordinateur et/ou des sites Internet.
Accès en lecture seule : pour autoriser des programmes et/ou des sites Internet à lire vos sélections et vos fichiers multimédias numériques.
Accès complet : pour autoriser des programmes et/ou des sites Internet à écrire dans vos sélections et pouvoir ainsi modifier des entrées dans votre bibliothèque multimédia.

Si vous souhaitez **Ajouter automatiquement à la bibliothèque les morceaux de musique achetés** sur Internet, cochez l'option correspondante.

Cliquez sur l'option **OK** pour valider.

Découvrir et paramétrer la bibliothèque multimédia

La partie droite de la fenêtre affiche le contenu de la catégorie qui a été sélectionnée à gauche.

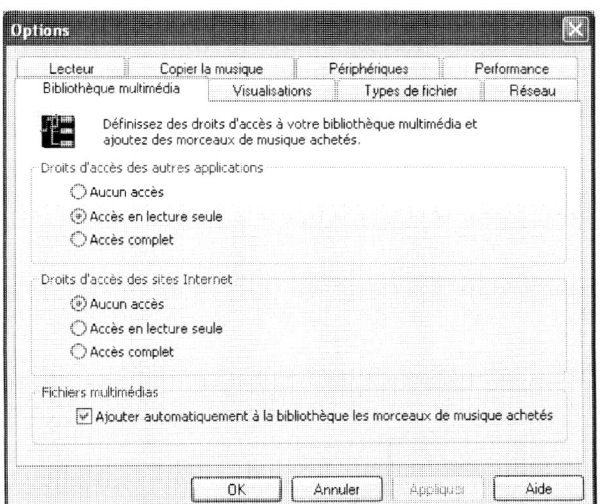

Ajouter des pistes d'un CD à la bibliothèque multimédia

Insérez un CD dans le lecteur de CD-Rom, cliquez sur **Copier à partir d'un CD**.

Décochez, si nécessaire, les pistes qui ne sont pas à copier (par défaut, toutes les pistes du CD sont cochées).

Cliquez sur le bouton **Copier la musique**.

*Si la protection des droits d'auteur est activée lors de la première utilisation du bouton **Copier la musique**, un message apparaît pour vous signaler que vous ne pourrez pas copier vers un autre ordinateur les pistes protégées (ou sous licence) copiées depuis un CD. Cliquez sur **OK** ou désactivez la case à cocher **Ne pas protéger le contenu** et cliquez sur **OK**.*

*La ou les pistes sélectionnées sont copiées par défaut dans le dossier **Ma musique**, et sont répertoriées dans la **Bibliothèque multimédia**. Le dossier **Ma musique** contient des sous-dossiers portant le nom de l'artiste ou le nom **Artistes divers**, si plusieurs artistes figurent sur l'album. Vous pouvez changer le dossier de stockage de vos fichiers musicaux.*

Pour ajouter automatiquement des fichiers dans la bibliothèque multimédia au moment de la lecture, faites **Outils - Options**, cliquez sur l'onglet **Lecteur**, puis cochez l'option **Ajouter des éléments à la bibliothèque multimédia pendant la lecture**.
Vous pouvez également copier des pistes depuis un CD par le menu **Fichier - Copier - Copier à partir d'un CD audio**. Cliquez ensuite sur le lecteur de CD-Rom si plusieurs lecteurs sont installés sur votre ordinateur. Sélectionnez les pistes que vous souhaitez copier et cliquez sur **Copier la musique**.

Ajouter des pistes d'un CD à la bibliothèque multimédia

Vous pouvez cocher la case situées en haut de la piste pour activer ou désactiver toutes les cases à cocher.

Créer une sélection

Cette procédure vous permet de préparer un ensemble de titres qui peut ensuite par exemple être gravé sur un CD.

Cliquez sur **Bibliothèque multimédia** puis sur le bouton **Nouvelle sélection.**

Entrez le nom de la nouvelle sélection dans la zone de saisie correspondante, puis cliquez sur le bouton **OK**.

*La nouvelle sélection est intégrée automatiquement à la catégorie **Mes sélections** dans la Bibliothèque multimédia.*

Pour ajouter des fichiers dans la sélection, cliquez sur l'élément concerné dans la Bibliothèque multimédia, puis cliquez sur le bouton **Ajouter à la sélection**.

Cliquez sur le nom de la sélection dans laquelle vous souhaitez insérer l'élément sélectionné.

Ajoutez ainsi autant d'éléments que vous souhaitez, en prenant soin de contrôler le volume général de votre sélection dans le cas où celle-ci serait ensuite à copier sur un CD.

Notez également, que seuls les éléments de la bibliothèque multimédia peuvent être insérés dans une sélection.

Pour supprimer une sélection, faites un clic droit sur le nom de la sélection concernée dans la bibliothèque multimédia, puis cliquez sur l'option **Supprimer**.

Créer une sélection

Dans cet exemple, notre sélection s'appelle Mon prochain CD, contient 3 éléments correspondant à une durée de 7mn37 et un volume de 3,52 Mo.

Créer votre propre CD

Le Lecteur Windows Media vous permet de copier les pistes stockées dans votre bibliothèque multimédia sur un CD ou sur un périphérique portable, mais ne sait pas copier de pistes sur un CD-RW qui a déjà été utilisé, sauf si vous avez effacé au préalable son contenu par un autre programme ou par les commandes du Poste de travail.

*Vous pouvez copier les formats **.wma** (format Windows Media), **.mp3** et **.wav**.*

Pour copier des fichiers sur un CD audio cliquez sur le bouton **Copier sur un CD ou périphérique** ou faites **Fichier - Copier - Copier sur un CD audio.**

*La fenêtre se compose de deux parties, à gauche, la liste de **Musique à copier** et à droite, la liste de **Musique sur le périphérique**.*

- Cliquez sur le bouton du panneau **Musique à copier** puis choisissez la sélection ou la catégorie de pistes que vous souhaitez copier depuis la **Bibliothèque multimédia**.

  Si nécessaire, décochez les cases correspondant aux pistes que vous ne souhaitez pas copier.

  Insérez un CD-R ou un CD-RW dans votre graveur de CD-Rom.

  Si vous disposez de plusieurs graveurs, cliquez sur le bouton situé dans le panneau **Musique sur le périphérique** puis sélectionnez le graveur de CD dans lequel vous avez inséré le CD vierge.

  Cliquez sur le bouton **Copier la musique** situé en haut à droite de la fenêtre.

  *La colonne **Etat** du panneau **Musique à copier** vous informe de l'avancement de la procédure de conversion et/ou de copie.*

Pour copier des fichiers sur un périphérique portable, faites **Fichier - Copier - Copier sur un périphérique portable** puis procédez à la sélection puis à la copie comme s'il s'agissait d'une copie de fichiers sur CD audio.
Il est fortement conseillé de ne pas exécuter d'autres actions pendant la création d'un CD car le lecteur pourrait s'arrêter.

Créer votre propre CD

Le nombre d'éléments sélectionnés et leur durée totale sont affichés en bas du panneau ***Musique à copier****.*

Écouter la radio

Lancez l'application Windows Media Player.

Assurez-vous que votre connexion Internet est active puis cliquez sur le bouton **Tuner radio**.

Le Lecteur Windows Media affiche les données de type radiophonique du site WindowsMedia.com.

- Pour afficher ou masquer le contenu des catégories situées dans la fenêtre de lecture, cliquez sur le bouton correspondant.

  Pour effectuer une recherche de station, vous pouvez cliquer sur l'un des genres de radio situés dans le panneau droit de l'écran ou saisir dans le champ réservé à cet effet un mot clé représentatif de la radio recherchée. Dans ce cas, cliquez ensuite sur .

  WindowsMedia.com liste les stations correspondantes à votre requête, et vous propose également de compléter votre requête de recherche par d'autres critères.

  Pour revenir à la page précédente, cliquez sur **Revenir à Mes stations.**

  Pour combiner une recherche à partir du **genre** de station et d'un **mot clé**, renseignez les deux zones correspondantes, puis lancez la recherche en cliquant .

  *Le critère de recherche **Code postal** n'est fonctionnel que pour les USA.*

  Cliquez sur le lien correspondant à la station de radio concernée pour afficher quelques informations la concernant.

- Cliquez sur le bouton **Lecture** pour écouter la radio sélectionnée.

Écouter la radio

Dans la fenêtre de lecture, des liens vers des radios vous sont proposés classés en trois catégories : ***Stations par défaut, Mes stations et Stations jouées récemment****.*

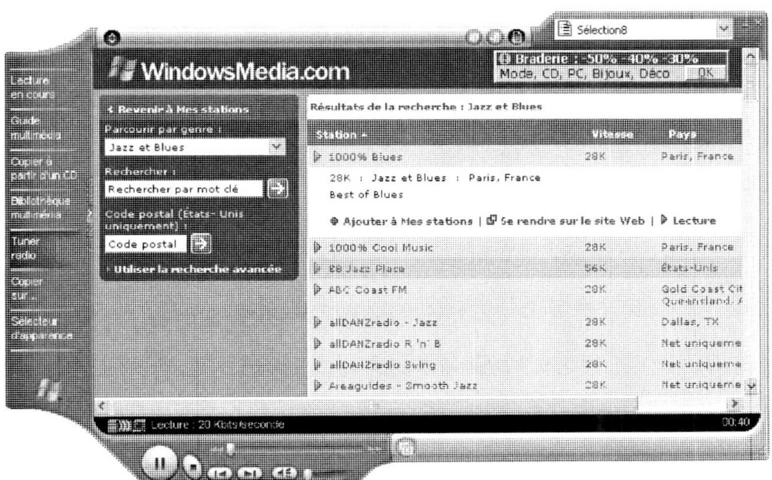

Vous pouvez également cliquer sur le bouton  *situé juste à gauche du nom de la station de radio pour l'écouter.*

Modifier l'apparence de Windows Media Player

Vous pouvez modifier l'aspect du Lecteur Windows Media grâce à différentes "apparences".

Cliquez sur le bouton **Sélecteur d'apparence**.

Cliquez sur l'une des apparences proposées.

*L'apparence définie par défaut du Lecteur est **programme de lecture média par défaut**.*

Pour appliquer (au Lecteur Windows Media) l'apparence sélectionnée, cliquez sur **Appliquer l'apparence**.

Le Lecteur Windows Media prend alors l'apparence choisie. Celle-ci est toujours composée de deux parties.

Pour revenir en affichage **Mode complet**, cliquez sur le symbole ou tapez Ctrl **1**.

Pour passer de nouveau en affichage **Mode apparence**, cliquez sur l'option **Mode apparence** du menu **Affichage** ou Ctrl **2**.

Pour télécharger à partir du site WindowsMedia.com de nouvelles apparences, passez, si besoin en affichage Mode complet puis cliquez sur **Autres apparences** (votre connexion Internet doit être active). Téléchargez ensuite l'une des apparences proposées en cliquant sur le lien correspondant.

Modifier l'apparence de Windows Media Player

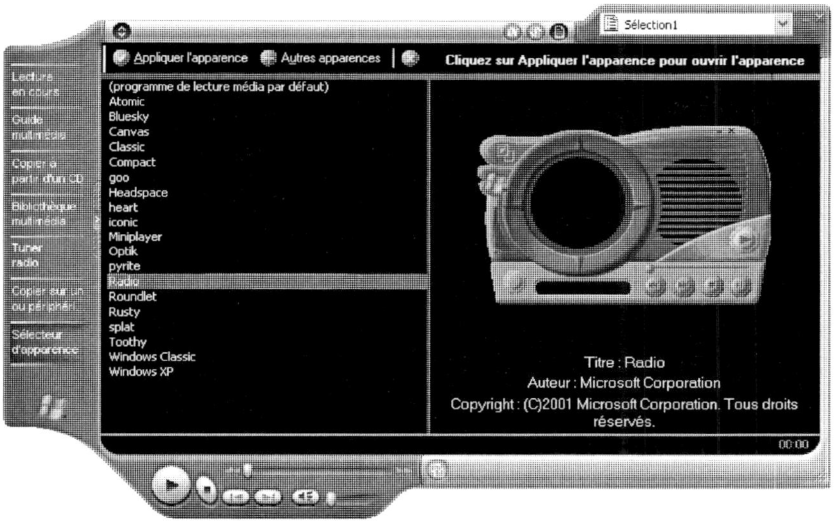

Un aperçu de l'apparence sélectionnée s'affiche dans la partie droite de la fenêtre.

Dossier d'enregistrement des photos

Pour obtenir une photo à partir d'un "périphérique" (scanner, appareil photo numérique, lecteur Multimedia-Card...), vous devez l'installer au préalable sur votre ordinateur (cf. Installations - Installer un périphérique) puis importer les images en utilisant généralement les fonctionnalités du logiciel fourni avec ce périphérique.

Dans ce chapitre, nous nous limiterons aux manipulations propres à Windows XP concernant l'impression, l'expédition dans un message électronique, la visualisation de ces images quel que soit leur procédé d'importation. Sachez que ces manipulations peuvent également être exécutées à partir de logiciels de retouches d'images (exemple : Photoshop, Paint Shop Pro...).

Pour enregistrer vos photos (images), vous pouvez utiliser le dossier créé par Windows XP nommé ***Mes images****, ou créer vos propres dossiers de stockage (cf. Gestion des fichiers et dossiers - Créer un dossier).*

Si vous utilisez un dossier d'enregistrement d'images différent de **Mes images**, assurez-vous que ce dossier est de type **Album photo** ou **Images** afin que Windows XP puisse y associer les commandes spécifiques au traitement d'images. Pour cela, faites un clic droit sur le dossier concerné, puis cliquez sur **Propriétés**.

Activez l'onglet **Personnaliser**, puis ouvrez la liste **Utilisez ce type de dossier comme modèle.**

Choisissez le type **Album photo** ou **Images**.

Validez par le bouton **OK**.

Dossier d'enregistrement des photos

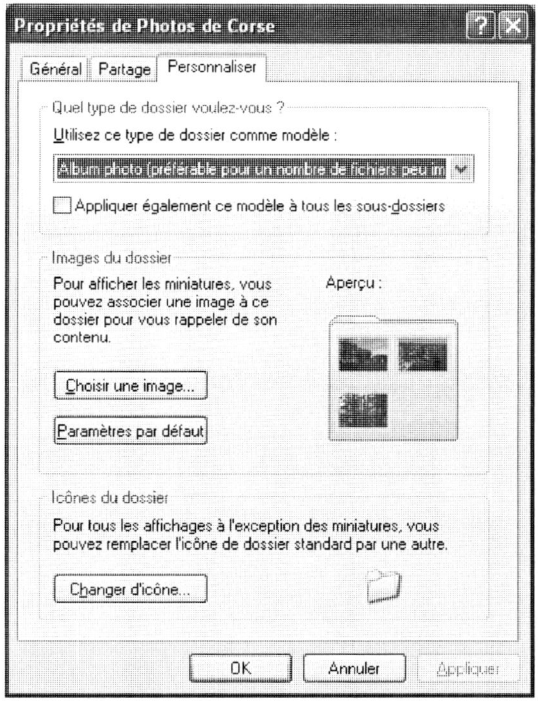

Le bouton ***Paramètres par défaut*** *permet à Windows XP d'utiliser les quatre premières images pour identifier le dossier dans la vue Miniatures.*

Visualiser une image

Cliquez sur le bouton **démarrer** puis sur **Mes images**.

*Si vos images sont stockées dans un autre dossier que **Mes images**, vous pouvez y accéder par **démarrer - Tous les programmes - Accessoires - Explorateur Windows**.*

Double cliquez, si nécessaire, dans le volet droit de l'écran, sur le nom du dossier ou sous-dossier d'images à ouvrir.

Modifiez, si vous le souhaitez, le mode d'affichage de la liste des images par le menu **Affichage** puis en cliquant sur l'un des six modes proposés.

*Rappelons que les modes **Miniatures** et **Pellicule** vous permettent d'avoir un aperçu de l'image sélectionnée (Cf. Explorateur Windows : Modifier la présentation de la liste des dossiers/fichiers).*

Windows XP vous permet d'afficher (sous forme de diaporama) les images du dossier ouvert ; pour cela, cliquez sur **Afficher un diaporama** situé dans le cadre **Gestion de l'image**.

Si aucune image n'est sélectionnée ou si une seule image est sélectionnée, toutes les images du dossier vont s'afficher l'une après l'autre dans le diaporama. Si au moins deux images sont sélectionnées, seules ces images vont s'afficher dans le diaporama.

Utilisez les outils de cette barre pour démarrer, suspendre, aller à la diapositive précédente ou suivante ou interrompre le diaporama :

Si la barre d'outils n'est pas affichée, déplacez le pointeur de la souris sur l'écran pour la faire apparaître en haut à droite de l'écran.

Visualiser une image

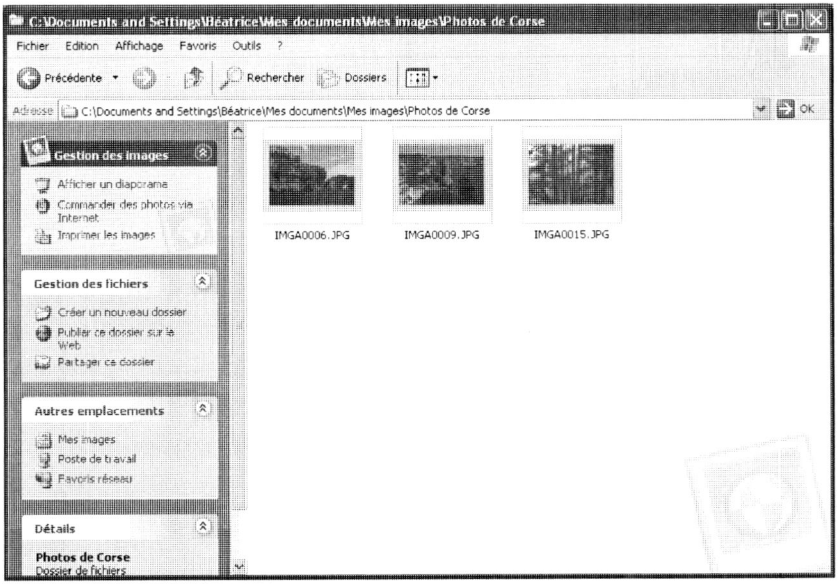

L'option ***Afficher un diaporama*** *n'apparaît que pour les dossiers de type* ***Album photo*** *et* ***Images****.*

Imprimer une image

Ouvrez le dossier **Mes images** ou le dossier dans lequel l'image à imprimer se situe.

Cliquez, si nécessaire, sur le sous-dossier d'images concerné par l'impression.

Il n'est pas nécessaire de l'ouvrir, ni d'effectuer de sélections d'images.

Cliquez sur **Imprimer les images** situé dans le cadre **Gestion des images**.

Cliquez sur le bouton **Suivant** de la fenêtre de l'**Assistant Impression de photographies**.

Pour désélectionner toutes les photos, cliquez sur le bouton **Effacer tout**.

Pour sélectionner toutes les photos, cliquez sur le bouton **Sélectionner tout**.

Pour effectuer une sélection/désélection particulière, cochez ou décochez la case associée à la photo concernée.

Lorsque la sélection des images à imprimer est effectuée, cliquez sur le bouton **Suivant**.

Ouvrez la liste **Quelle imprimante voulez-vous utiliser ?** puis cliquez sur le nom de l'imprimante souhaitée.

Pour définir des **Options d'impression** telles que la qualité de papier... cliquez sur le bouton correspondant puis renseignez les options proposées, celles-ci varient selon le modèle d'imprimante utilisée.

Cliquez sur le bouton **Suivant**.

L'Assistant vous présente différentes configurations d'impression sous forme de liste déroulante (dans la partie gauche de la fenêtre).

Pour visualiser les différentes configurations proposées, utilisez la barre de défilement vertical.

Cliquez sur la configuration d'impression souhaitée.

Modifiez, si nécessaire, le **Nombre d'utilisations de chaque image** puis cliquez sur le bouton **Suivant**.

Cliquez sur le bouton **Terminer**.

Imprimer une image

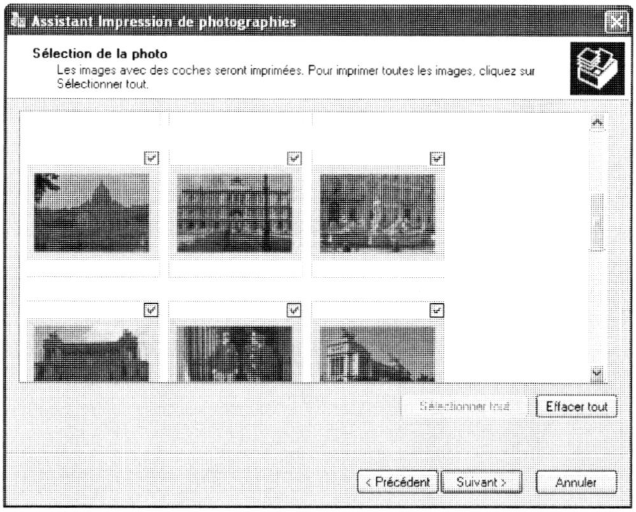

Les photos sélectionnées sont cochées.

*Les différentes **Configurations disponibles** sont classées par taille (décroissante).*

Envoyer une photo par courrier électronique

Ouvrez le dossier **Mes images** (ou autre) puis l'éventuel sous-dossier contenant la photo que vous souhaitez envoyer par courrier électronique (e-mail).

Cliquez sur la photo à envoyer afin de la sélectionner.

Cliquez sur **Envoyer ce fichier par courrier électronique** dans le cadre **Gestion des fichiers et dossiers**.

↳ *Windows XP vous propose de **Conserver les tailles originales** des fichiers ou de **Réduire la taille de toutes les images** en vue de gagner du temps de connexion et d'ouverture des images.*

Nous vous conseillons d'activer l'option **Réduire la taille de toutes mes images**, puis de cliquer sur le bouton **OK**.

Notez que Windows XP a généré un fichier plus petit et l'a joint à un message électronique.

↳ Complétez le champ **À...** par l'adresse électronique de votre correspondant.

Complétez, si nécessaire, le champ **Cc** par l'adresse électronique de la personne à qui vous souhaitez envoyer une copie de ce message.

Modifiez, si besoin est, l'**Objet** du message proposé par Windows.

Saisissez, si vous le souhaitez, un message destiné au correspondant dans la zone de texte.

Cliquez sur le bouton **Envoyer** lorsque votre message est prêt.

Pour visualiser l'image ainsi envoyée, votre correspondant devra double cliquer sur la pièce jointe correspondante.

Envoyer une photo par courrier électronique

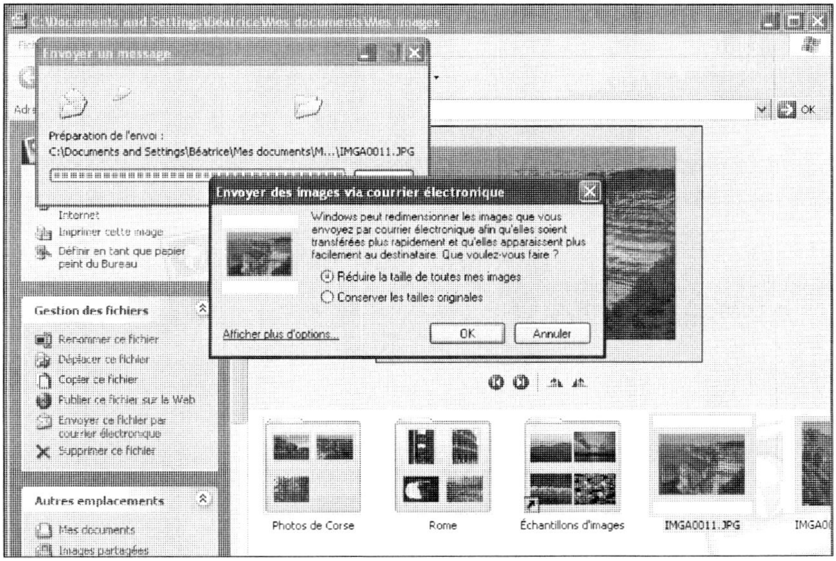

*Le lien **Afficher plus d'options** vous donne accès à trois options supplémentaires d'ajustement de la taille de l'image.*

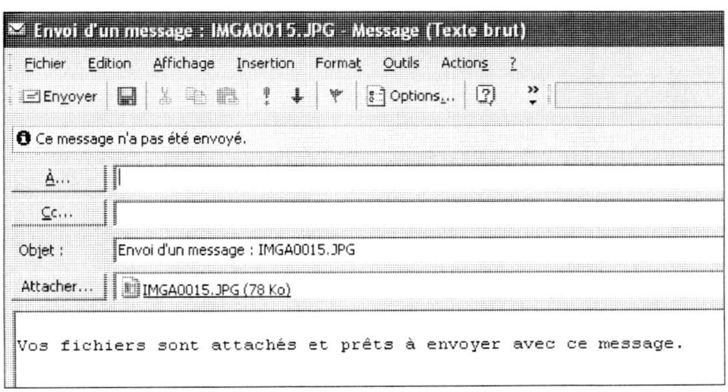

Selon le logiciel de messagerie défini par défaut pour votre ordinateur, cet écran peut être légèrement différent. Dans notre exemple, nous utilisons Microsoft Outlook 2002.

NOTES PERSONNELLES

Chapitre 4

CONFIGURATION

Gérer la barre des tâches

Pour déverrouiller/verrouiller la barre des tâches, dans le but de pouvoir la déplacer ou non, cliquez avec le bouton droit de la souris sur un espace vide de la barre des tâches puis cliquez sur l'option **Verrouiller la Barre des tâches**. L'option est activée si elle est précédée d'une coche.

Pour déplacer la barre des tâches, veillez à ce qu'elle ne soit pas verrouillée. Pointez ensuite un espace vide de la barre des tâches puis cliquez et faites-la glisser vers un autre côté de l'écran.

Pour modifier sa hauteur (ou largeur), pointez le bord supérieur (ou le bord gauche) puis faites-le glisser.

Pour gérer l'affichage de la barre des tâches, cliquez avec le bouton droit sur un espace vierge de cette barre puis choisissez **Propriétés**.

↳ Cochez ou décochez les options suivantes selon votre souhait :

(a) Cochez cette option pour interdire le déplacement de la barre des tâches.

(b) Cochez cette option pour qu'elle soit réduite à une simple ligne au bas de l'écran : elle apparaît alors automatiquement lorsque vous pointez cette ligne.

(c) cochez cette option pour qu'elle reste affichée à l'écran lorsque l'application active est affichée en plein écran.

(d) cochez cette option pour que tous les fichiers ouverts par la même application soient regroupés dans un même bouton. Un clic sur ce bouton permettra de visualiser la liste des fichiers et ainsi de cliquer sur celui à ouvrir.

(e) cochez cette option pour afficher la barre d'outils **Lancement rapide** dans la barre des tâches. Cette barre d'outils vous permet, par un simple clic sur le bouton correspondant, d'afficher le Bureau de Windows ou encore de démarrer un programme.

(f) cochez cette option pour faire apparaître l'heure dans la **Zone de notification** située dans la partie droite de la Barre des tâches ; lorsque vous pointez l'horloge la date système apparaît dans une info bulle.

(g) cochez cette option pour masquer, dans la **Zone de notification** (à droite de la barre des tâches) les icônes des programmes qui n'ont pas été utilisés récemment ; le bouton  permettra alors d'afficher les icônes cachées de la **Zone de notification**.

Validez vos choix en cliquant sur le bouton **OK**.

Gérer la barre des tâches

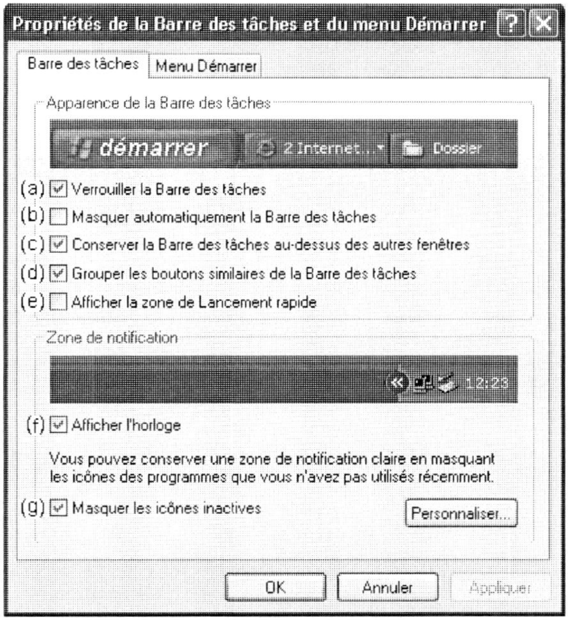

Gérer les barres d'outils

Pour afficher ou masquer une barre d'outils, cliquez avec le bouton droit de la souris dans un endroit vide de la barre des tâches.

- Activez l'option **Barres d'outils** puis activez l'une des cinq barres d'outils proposées.

  Si les icônes d'une barre d'outils ne sont pas toutes visibles, affichez-les en cliquant sur le bouton » situé à droite de la barre.

  Pour déplacer une barre d'outils, déverrouillez, si besoin est, la barre des tâches, pointez le trait vertical qui précède la barre d'outils à déplacer puis effectuez un cliqué-glissé dans la barre des tâches à l'endroit voulu.

  Si vous déplacez la barre d'outils sur le Bureau, elle s'affiche sous forme de fenêtre.

- **Pour déplacer un outil dans une barre d'outils**, cliquez sur l'outil à déplacer et, sans relâcher la souris, faites-le glisser vers la gauche ou vers la droite à l'endroit voulu dans la barre d'outils.

Gérer les barres d'outils

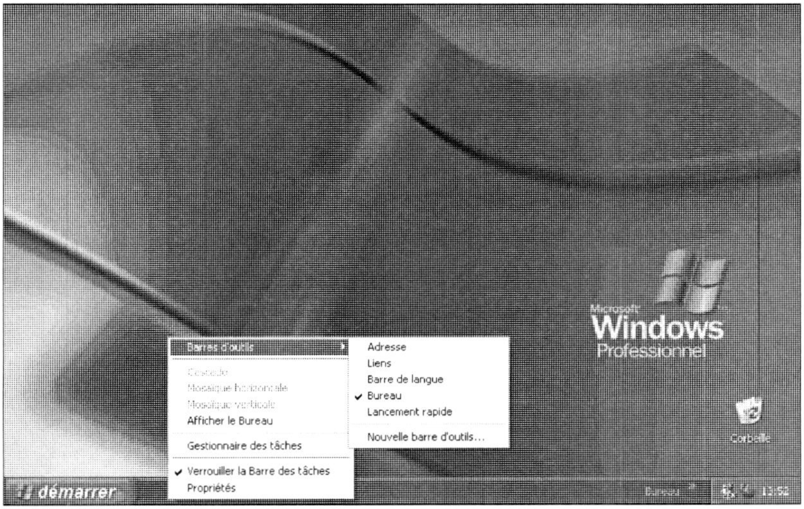

La ou les barres d'outils affichées sont précédées d'une coche.

L'emplacement de l'outil est matérialisé par un trait vertical épais et noir.

Personnaliser le menu démarrer

Cliquez avec le bouton droit de la souris sur le bouton **démarrer** puis cliquez sur l'option **Propriétés**.

*La page **Menu Démarrer** de la boîte de dialogue **Propriétés de la Barre des tâches et du menu Démarrer** apparaît à l'écran.*

Si vous souhaitez retrouver la présentation du menu **démarrer** des versions précédentes de Windows (Windows 98, Windows 2000...), activez l'option **Menu Démarrer classique**.

*La personnalisation du **Menu Démarrer classique** est sensiblement différente de celle du **Menu Démarrer**. Nous ne développerons dans cet ouvrage que les manipulations de personnalisation du **Menu Démarrer**.*

Cliquez sur le bouton **Personnaliser**.

*Selon que vous avez activé l'option **Menu Démarrer** ou **Menu Démarrer classique** dans l'étape précédente, les options de la page **Général** (boîte de dialogue **Personnaliser le menu Démarrer**) varient.*

Pour modifier la taille des icônes associées aux noms des programmes utilisés régulièrement, activez selon votre souhait, l'option **Grandes icônes** ou l'option **Petites icônes** du cadre **Sélectionnez une taille d'icône pour les programmes.**

Pour modifier le nombre de programmes utilisés régulièrement devant apparaître dans le menu **démarrer**, sélectionnez ou saisissez une nouvelle valeur dans la zone de saisie associée à l'option **Nombre de programmes dans le menu Démarrer** du cadre **Programmes.**

*Le bouton **Effacer la liste** du cadre **Programmes**, permet de supprimer du menu **démarrer** les raccourcis des derniers programmes utilisés.*

Pour afficher dans le menu **démarrer** les liens vers le navigateur **Internet** et vers le logiciel de **Courrier électronique** de votre choix, cochez les options correspondantes du cadre **Afficher dans le menu Démarrer**.

Cliquez sur l'onglet **Avancé**.

... /...

Personnaliser le menu démarrer

*Sur cet écran, il s'agit des options de la version **Menu Démarrer**.*

... /...

Personnalise le menu démarrer (suite)

Pour **Ouvrir les sous-menus lorsque la souris pointe sur ceux-ci**, cochez l'option correspondante du cadre **Paramètres du menu Démarrer**. Si cette option n'est pas cochée, vous devez cliquer sur l'option contenant les sous-menus pour les visualiser.

Pour **Afficher les programmes nouvellement installés en surbrillance** dans la liste **Tous les programmes** du menu **démarrer**, cochez l'option correspondante du cadre **Paramètres du menu Démarrer**.

Pour ajouter le dossier **Mes documents récents** au menu **démarrer** afin d'avoir accès rapidement aux derniers fichiers ouverts récemment (15 maximum), cochez l'option **Afficher les documents ouverts récemment** du cadre **Documents récents**.

Pour choisir les éléments à afficher dans le menu **démarrer**, cochez les options correspondantes de la zone de liste **Éléments du menu Démarrer**. Pour certaines de ces options, Windows offre deux possibilités :

Afficher en tant que lien l'élément apparaîtra sous forme de lien dans le menu **démarrer**. Un clic sur ce lien ouvrira la fenêtre correspondante dans laquelle vous visualiserez le contenu de cet élément.

Afficher en tant que menu l'élément apparaîtra sous forme de menu dans le menu **démarrer** (un triangle noir est visible à droite de l'élément). Lorsque vous pointerez ce menu, vous visualiserez les différentes options de ce menu dans un sous-menu.

Cliquez à deux reprises sur le bouton **OK**.

Personnaliser le menu démarrer (suite)

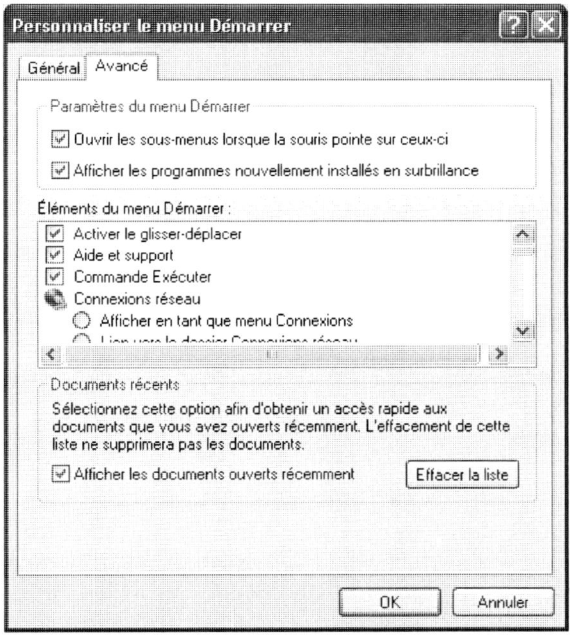

*L'option **Afficher les documents ouverts récemment** est cochée par défaut dans la version Windows XP Professionnel.*

Effacer le contenu de Mes documents récents

*Le menu **Mes Documents récents** contient les noms des quinze derniers fichiers utilisés.*

Cliquez avec le bouton droit de la souris sur le bouton **démarrer** puis cliquez sur l'option **Propriétés**.
Cliquez sur le bouton **Personnaliser** associé à l'option **Menu Démarrer** puis cliquez sur l'onglet **Avancé**.

Cliquez sur le bouton **Effacer la liste** du cadre **Documents récents**.
Cliquez à deux reprises sur le bouton **OK**.

Insérer une option à votre menu démarrer personnel

*Vous pouvez ajouter dans votre menu **démarrer** "personnel" (partie supérieure gauche du menu **démarrer**), une option qui permet d'accéder à une application, à un fichier de travail ou à un dossier. Ce raccourci ne sera pas visible dans le menu **démarrer** des autres utilisateurs de l'ordinateur.*
Ouvrez la fenêtre de l'Explorateur Windows (**démarrer - Tous les programmes - Accessoires - Explorateur Windows**).
Sélectionnez le fichier de travail (courrier, tableau...), le fichier du programme (dont l'extension est généralement **.EXE**) ou le dossier que vous souhaitez insérer dans le menu **démarrer** personnel puis faites-le glisser sur le bouton **démarrer** de la barre des tâches.

Relâchez le bouton de la souris lorsque l'élément apparaît en légère surbrillance sur le bouton **démarrer**.

Il est possible que durant la manipulation, le menu démarrer s'ouvre.

Si le menu démarrer n'est pas déjà ouvert, vérifiez l'insertion du nouveau raccourci en cliquant sur le bouton **démarrer**.

Pour intégrer un <u>programme</u> à votre menu **démarrer** personnel, vous pouvez aussi faire un clic droit sur le fichier ou l'icône de l'application concernée, soit à partir de l'Explorateur Windows, soit du Bureau ou de la liste **Tous les programmes** (bouton **démarrer**) puis cliquez sur l'option **Ajouter au menu Démarrer**.
Si l'icône correspondant à l'option à insérer dans le menu **démarrer** est visible sur le Bureau de Windows, vous pouvez la faire glisser sur le bouton **démarrer** pour l'insérer en haut du menu **démarrer**, c'est-à-dire dans le menu **démarrer** personnel.

Effacer le contenu de Mes documents récents

Insérer une option à votre menu démarrer personnel

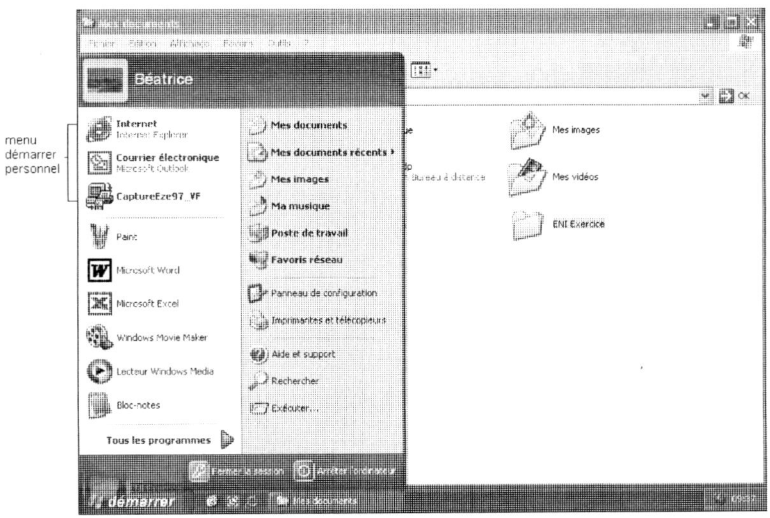

L'élément sélectionné (le dossier ENI Exercice dans notre exemple) ne s'insère dans le menu démarrer personnel qu'au relâchement de la souris.

Insérer une option dans le menu Tous les programmes du menu démarrer

*Si vous disposez d'un compte de type Administrateur vous pouvez ajouter une option au menu **Tous les programmes** de tous les utilisateurs ou de l'un d'entre eux.*

Cliquez avec le bouton droit de la souris sur le bouton **démarrer**.

Si vous souhaitez ajouter une option au menu **Tous les programmes** d'un autre utilisateur ou de tous les utilisateurs de l'ordinateur, cliquez sur l'option **Explorer tous les utilisateurs**.

Pour obtenir cette option, vous devez être connecté en tant qu'Administrateur.

Si vous souhaitez ajouter une option uniquement à votre menu **Tous les programmes** (utilisateur Administrateur ou Limité), cliquez sur l'option **Explorer**.

Vous visualisez dans le volet **Dossiers**, l'arborescence de **Documents and Settings.** Ce dossier contient un dossier personnel pour chacun des utilisateurs ainsi qu'un dossier commun, appelé **All Users**.

Notez que chaque dossier personnel contient quant à lui, un dossier **Menu Démarrer** qui lui est personnel ; alors que le dossier commun (**All Users**) contient un **Menu Démarrer** commun à tous. C'est dans le dossier **Menu Démarrer** que Windows reprend toutes les options à afficher lorsque vous cliquez sur le bouton **démarrer** puis sur l'option **Tous les programmes**.

Concernant le menu **Tous les programmes**, rappelons qu'il est composé de deux parties séparées par un simple trait horizontal.

Pour insérer une option dans la partie supérieure du menu **Tous les programmes**, cliquez sur le dossier **Menu Démarrer** de l'utilisateur concerné ou sur celui de **All Users** si vous souhaitez que l'insertion soit commune à tous les utilisateurs.

Pour insérer une option dans la partie inférieure du menu **Tous les programmes** (au même niveau que **Accessoires, Démarrage...**), ouvrez le **Menu Démarrer** puis cliquez sur le dossier **Programmes** de l'utilisateur concerné ou sur celui de **All Users** selon le cas.

Pour insérer une option dans un des sous-menus de **Tous les programmes** (exemple : un sous-menu de **Accessoires**), ouvrez le **Menu Démarrer** puis **Programmes** afin de pouvoir cliquez sur le menu dans lequel vous allez insérer une option.

Cliquez sur le menu **Fichier**, pointez l'option **Nouveau** puis cliquez sur l'option **Raccourci**.

*La fenêtre de l'Assistant **Création d'un raccourci** apparaît à l'écran.*

... /...

Insérer une option dans le menu Tous les programmes du menu démarrer

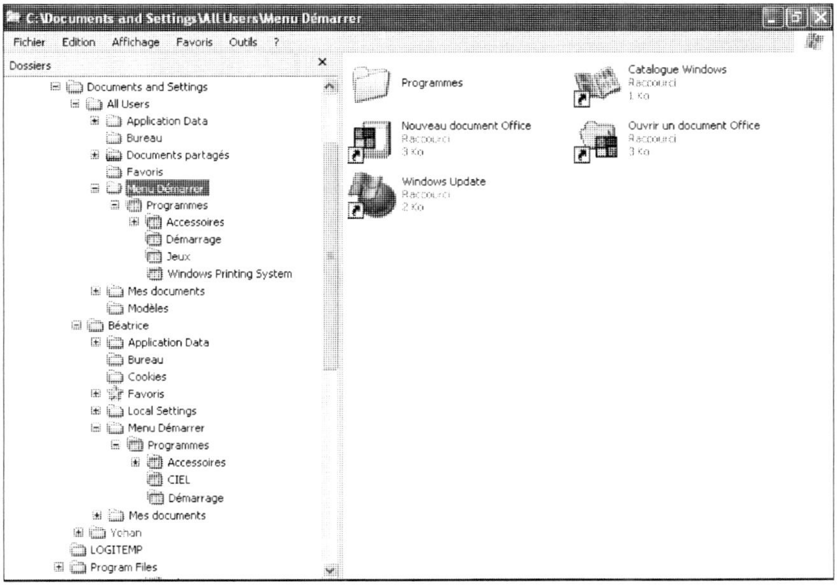

Dans cet exemple, il existe deux dossiers personnels (Béatrice et Yohan) en plus du dossier commun (All users).

... /...

Insérer une option dans le menu Tous les programmes du menu démarrer (suite)

Spécifiez l'emplacement du fichier, du dossier ou du programme pour lequel vous souhaitez créer un raccourci en saisissant son adresse complète dans la zone de saisie **Entrez l'emplacement de l'élément** ou en cliquant sur le bouton **Parcourir** pour la sélectionner.
Cliquez sur le bouton **Suivant** puis modifiez, si besoin est, le nom du raccourci.
Cliquez sur le bouton **Terminer**.

Le raccourci est visible dans le volet droit de l'Explorateur.

Fermez la fenêtre de l'Explorateur Windows en cliquant sur le bouton .

Pour ouvrir un fichier, un dossier ou une application au démarrage d'une session, vous devez créer le raccourci correspondant dans le dossier **Démarrage** de l'utilisateur concerné ou dans le dossier **Démarrage** du dossier **All Users** si l'élément doit s'ouvrir à l'ouverture de la session de chaque utilisateur de l'ordinateur.

Supprimer une option du menu démarrer

Lorsque vous supprimez une option du menu démarrer, vous supprimez un raccourci mais en aucun cas le fichier, le programme ou le dossier d'origine.

Affichez l'option à supprimer, pour cela, cliquez sur le menu **démarrer** puis, si besoin est, pointez le menu **Tous les programmes** et éventuellement un des sous-menus.
Cliquez avec le bouton droit de la souris sur l'option que vous souhaitez supprimer.
Cliquez sur l'option **Supprimer de cette liste** (si l'option à supprimer est dans le menu **démarrer** personnel) ou sur l'option **Supprimer** (si l'option à supprimer est dans le menu **Tous les programmes** ou l'un de ses sous-menus).

*Lors de la suppression d'une option dans le menu **démarrer** personnel, aucun message de confirmation n'apparaît ; la suppression est immédiate.*

*Lors de la suppression d'une option dans le menu **Tous les programmes** ou l'un de ses sous-menus un message de confirmation apparaît.*

Cliquez, selon le cas, sur le bouton **Oui** ou le bouton **Supprimer le raccourci**.

Insérer une option dans le menu Tous les programmes du menu démarrer (suite)

Afin d'éviter de faire une erreur de syntaxe lors de la saisie de l'adresse du fichier, nous vous conseillons d'utiliser le bouton **Parcourir**.

Supprimer une option du menu démarrer

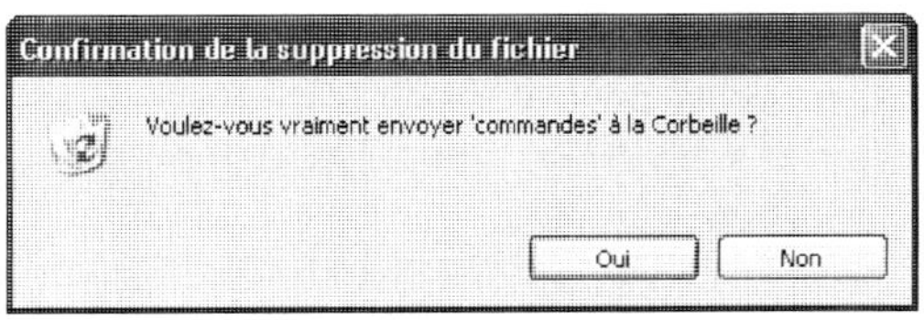

Ce message apparaît lors de la suppression d'un raccourci associé à un fichier de travail (courrier, facture, tableau...) ou à un dossier.

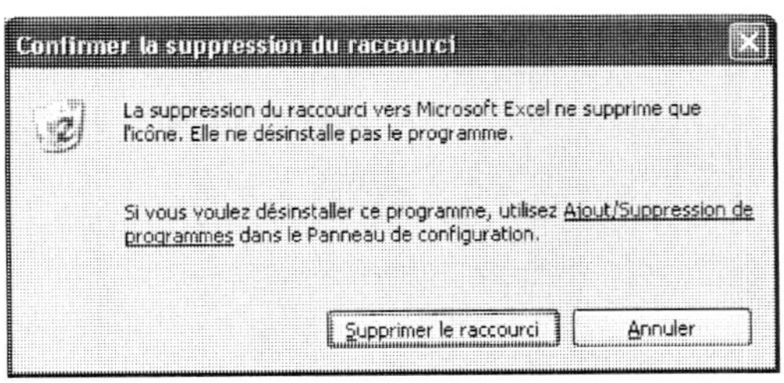

Ce message apparaît lors de la suppression d'un raccourci associé à un programme et vous informe que seul le raccourci sera supprimé.

Créer un raccourci sur le Bureau

Un raccourci représente un objet tel qu'un fichier, un programme ou un dossier. Il peut être inséré sur le Bureau afin que cet objet soit directement disponible lorsque vous accédez au Bureau de Windows.

Ouvrez la fenêtre de l'Explorateur Windows (**démarrer - Tous les programmes - Accessoires - Explorateur Windows**).

Réduisez, si besoin est, la taille de la fenêtre en cliquant sur le bouton afin qu'une partie du Bureau soit visible en arrière-plan.

Faites glisser avec le bouton droit de la souris, l'icône du fichier, du programme ou du dossier sur le Bureau.
Cliquez sur l'option **Créer les raccourcis ici**.

Windows crée alors automatiquement un raccourci vers le fichier, le dossier ou le programme.
Si vous avez choisi de faire glisser l'icône de l'unité de disquette, Windows vous propose de créer un raccourci ; cliquez alors sur le bouton ***Oui*** *pour confirmer la création du raccourci.*

Pour exécuter l'application correspondant au raccourci ou pour ouvrir le dossier ou le fichier correspondant, faites un double clic sur l'icône du raccourci.

Pour renommer si nécessaire, le raccourci, faites un clic droit sur son nom, puis cliquez sur l'option **Renommer** avant de saisir le nouveau nom de raccourci.

Pour créer le raccourci d'une option du menu **démarrer** personnel (partie en haut à gauche), ouvrez le menu **démarrer**, cliquez sur l'option concernée puis faites-la glisser sur le Bureau.
Pour créer le raccourci d'une option du menu **Tous les programmes** ou d'un de ses sous-menus, ouvrez le menu **démarrer**, pointez l'option **Tous les programmes** et éventuellement un des ses sous-menus puis cliquez avec le bouton droit de la souris sur l'option concernée. Cliquez ensuite sur l'option **Créer un raccourci** puis faites glisser le raccourci visible en bas de la liste sur le Bureau.
Pour supprimer un raccourci, cliquez dessus avec le bouton droit de la souris et activez l'option **Supprimer**. Confirmez alors la suppression.

Créer un raccourci sur le Bureau

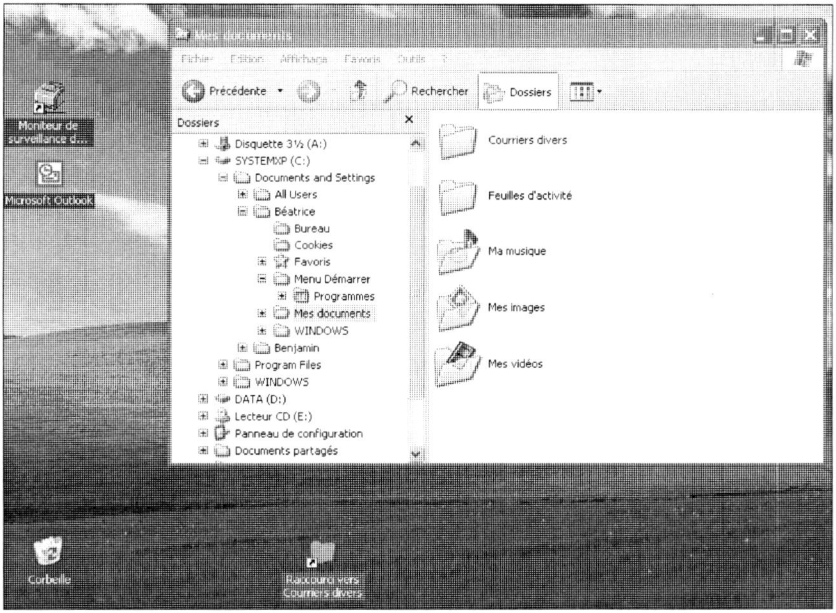

Notez que l'icône d'un raccourci est accompagnée d'une petite flèche.

Présenter le Bureau

Pour modifier la présentation du bureau, cliquez avec le bouton droit sur un espace vierge du bureau puis choisissez **Propriétés**.

↳ Dans la page **Bureau**, sélectionnez dans la liste **Arrière-plan** l'image à afficher en fond d'écran sur le Bureau.

Pour centrer l'image dans l'écran, choisissez l'option **Centrer** de la liste déroulante **Position**.

Pour répéter l'image de façon à remplir l'arrière-plan du bureau, choisissez l'option **Mosaïque** de la liste **Position** ; pour agrandir l'image de façon à ce qu'elle occupe tout l'arrière-plan, choisissez l'option **Étirer** de la liste **Position**.

*Le bouton **Appliquer** permet d'appliquer l'image à l'arrière-plan sans fermer la boîte de dialogue.*

*Le bouton **Parcourir** permet d'accéder à l'arborescence du disque afin de sélectionner un autre fichier au format BMP, GIF ou JPEG.*

↳ **Pour installer un écran de veille**, sélectionnez, dans la page **Écran de veille**, l'écran de veille dans la zone de liste correspondante et précisez dans la zone **Délai** la durée d'inactivité du micro nécessaire à l'affichage de l'écran de veille.

Si vous souhaitez afficher la fenêtre d'ouverture de session (écran d'accueil) lorsque vous activez à nouveau votre ordinateur, cochez l'option **À la reprise, afficher l'écran d'accueil**.

Cliquez sur le bouton **Paramètres** pour définir les paramètres associés à l'écran de veille sélectionné (si vous avez choisi **Texte 3D** par exemple, vous pouvez définir le texte que souhaitez afficher sur l'écran de veille).

Présenter le Bureau

Les paramètres sélectionnés peuvent être vérifiés à travers l'écran d'exemple visible dans la partie supérieure de la boîte de dialogue.

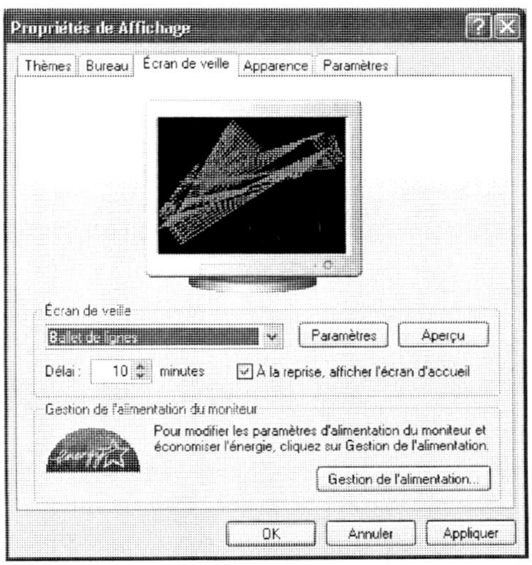

Vous visualisez l'écran de veille choisi dans l'écran d'exemple. Le bouton **Aperçu** *permet de voir l'écran de veille en plein écran (il suffit de faire bouger la souris pour retrouver la boîte de dialogue).*

Définir l'apparence des fenêtres et boîtes de dialogue

Cliquez avec le bouton droit de la souris sur une zone vide du Bureau puis cliquez sur l'option **Propriétés**.

Cliquez sur l'onglet **Apparence**.

Sélectionnez le style que vous souhaitez appliquer aux **Fenêtres et boutons** dans la liste correspondante.

Sélectionnez, dans la liste correspondante, le **Modèle de couleurs** que vous souhaitez utiliser.

Sélectionnez, dans la liste correspondante, la **Taille de police** que vous voulez utiliser pour le modèle de couleurs sélectionné.

Cliquez sur le bouton **Effets** pour définir les effets visuels des menus, des icônes et de polices, puis validez par **OK**.

Si vous souhaitez personnaliser l'apparence des fenêtres, des menus, des polices ou encore des icônes, cliquez sur le bouton **Avancé**.

Dans ce cas, pour modifier la couleur d'un des éléments du bureau, sélectionnez tout d'abord l'**Élément** concerné dans la liste correspondante puis sélectionnez la ou les couleurs à l'aide des deux zones de liste qui lui sont associées.

Pour modifier la dimension d'un des éléments du bureau, sélectionnez-le dans la liste **Elément** puis modifiez sa dimension dans la zone de liste **Taille**.

Si l'élément sélectionné possède du texte, vous pouvez modifier la **Police**, la **Taille**, la **Couleur** du texte et l'afficher en caractères Gras et/ou en Italique.

Cliquez sur le bouton **OK** de la boîte de dialogue **Apparence - paramètres avancés**.

Cliquez sur le bouton **OK**.

Définir l'apparence des fenêtres et boîtes de dialogue

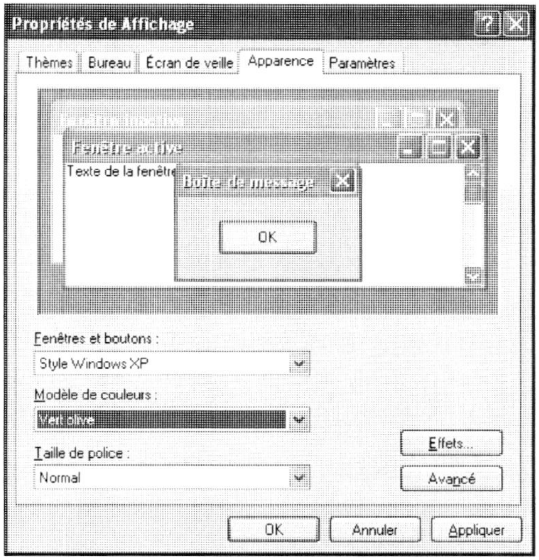

*Le bouton **Appliquer** vous permet d'enregistrer les modifications effectuées sans fermer la boîte de dialogue **Propriétés de Affichage**.*

Selon l'élément sélectionné, le nombre d'attributs disponible varie.

Définir le mode d'affichage de l'écran

Cliquez avec le bouton droit de la souris sur une zone vide du Bureau puis cliquez sur l'option **Propriétés**.

Cliquez sur l'onglet **Paramètres**.

Sélectionnez le nombre de couleurs à afficher sur l'écran à l'aide de la liste **Qualité couleur**.

Les options de cette liste sont directement liées aux caractéristiques de la carte graphique de votre ordinateur.

Modifiez, si besoin est, la résolution d'affichage de l'écran en faisant glisser le curseur du cadre **Résolution de l'écran**.

Cliquez sur le bouton **OK**.

Un message vous informe que le Bureau a été reconfiguré.

Cliquez sur le bouton **Oui** pour conserver les nouveaux paramètres ou sur le bouton **Non** pour revenir aux anciens paramètres.

Certains logiciels de jeux ou autres fonctionnent mieux dans une configuration autre que celle proposée dans la boîte de dialogue **Propriétés de Affichage**, sachez qu'un réglage est parfois possible (cf. GÉNÉRALITÉS - Lancer/quitter une application).

Définir le mode d'affichage de l'écran

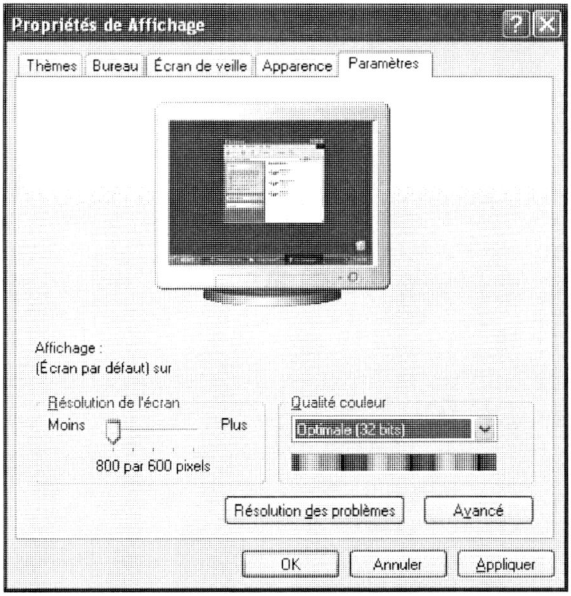

La résolution définit le nombre de pixels affichés sur la largeur et sur la hauteur de l'écran ; plus elle est élevée, plus les éléments de l'écran sont affichés petits, permettant donc d'afficher plus de données à l'écran. Les différentes résolutions disponibles sont aussi directement liées à la carte graphique.

Affecter un son à un événement

Affichez la fenêtre du **Panneau de configuration** par le bouton **démarrer**, cliquez sur le lien **Sons, voix et périphériques audio** puis sur le lien **Modifier le modèle de sons.**

Vous visualisez la liste des événements auxquels vous pouvez affecter un son.

Sélectionnez, si besoin est, un modèle sonore à partir de la liste **Modèle de sons**.

*Windows est livré avec un modèle de sons nommé **Windows par défaut**. Celui-ci contient un ensemble de sons affectés à divers événements. Vous pouvez modifier le modèle ou en créer un autre.*

Sélectionnez l'événement concerné dans la liste **Événements**.

Dans la liste **Sons**, choisissez le fichier sonore qui doit être exécuté lorsque l'événement se produit ou choisissez l'option **(Aucun)** pour ne plus affecter de son à l'événement. Vous pouvez également cliquer sur le bouton **Parcourir** pour sélectionner le fichier sonore.

Si vous avez choisi un son, vous pouvez cliquer sur le bouton ▶ pour l'écouter.

Modifiez, éventuellement, le **Volume sonore** ; pour cela, cliquez sur l'onglet **Volume** puis faites glisser le curseur du cadre **Volume du périphérique**.

Si vous avez apporté des modifications sur les sons affectés ou non aux événements, mais que vous ne souhaitez pas modifier le modèle actif ayant servi de base, cliquez sur le bouton **Enregistrer sous** de l'onglet **Sons** afin d'enregistrer le modèle de sons sous un autre nom.

Complétez la zone **Enregistrer ce modèle de sons sous** puis cliquez sur **OK**.

Cliquez sur le bouton **OK**.

Pour supprimer un **Modèle de sons**, sélectionnez-le dans la liste correspondante puis cliquez sur le bouton **Supprimer**.
Pour enregistrer vos propres fichiers sons, vous pouvez utiliser la commande Windows **Magnétophone** (menu **démarrer - Accessoires - Divertissement**).

Affecter un son à un événement

Les événements associés à un son sont précédés de l'icône .

Créer votre propre thème du Bureau

L'apparence générale du Bureau (c'est-à-dire l'arrière-plan, l'écran de veille, l'apparence des fenêtres et des boutons, les polices, les sons...) constitue un thème. Par défaut, Windows met à votre disposition les thèmes ***Windows classique*** *et* ***Windows XP*** *qui vous servent de base pour en créer de nouveaux.*

Cliquez avec le bouton droit de la souris sur une zone vide du Bureau puis cliquez sur l'option **Propriétés**.

Dans la liste correspondante de la page **Thèmes**, sélectionnez le **Thème** que vous souhaitez utiliser comme base afin d'y apporter des modifications.

Utilisez les différentes options des onglets **Bureau**, **Écran de veille**, **Apparence**, **Paramètres** pour définir l'apparence générale de votre Bureau.

Vous pouvez également inclure dans votre nouveau thème un modèle de sons associé à des événements (cf. Affecter un son à un événement) tout en maintenant la boîte de dialogue **Propriétés de Affichage** ouverte.

Vous pouvez aussi inclure dans le nouveau thème, un autre pointeur de souris (bouton **démarrer - Panneau de configuration - Imprimantes et autres périphériques - Souris**) tout en maintenant la boîte de dialogue **Propriétés de Affichage** ouverte.

Si vous avez été amené à utiliser différentes boîtes de dialogue, faites un clic droit sur une zone vide du Bureau puis cliquez sur l'option **Propriétés** pour ouvrir de nouveau la boîte de dialogue **Propriétés de Affichage**.

Activez, si nécessaire, l'onglet **Thèmes** de la boîte de dialogue **Propriété de Affichage**.

⇨ Cliquez sur le bouton **Enregistrer sous** puis modifiez éventuellement, le dossier dans lequel le thème doit être enregistré ; par défaut les thèmes sont enregistrés dans votre dossier **Mes documents**.

Pour modifier un thème existant, saisissez dans la zone **Nom du fichier** son nom en respectant exactement sa syntaxe. Pour créer un nouveau thème, saisissez un nom qui n'existe pas déjà.

Cliquez sur le bouton **Enregistrer**.

Dans le cas d'une modification de thème, un message vous informe que le thème existe déjà et vous demande si vous souhaitez le remplacer.

Dans ce cas, cliquez sur le bouton **Oui**.

Cliquez sur le bouton **OK**.

Créer votre propre thème du Bureau

*Le bouton **Supprimer** permet de supprimer le thème sélectionné.*

Modifier la date et l'heure système

Seuls les utilisateurs disposant d'un compte de type Administrateurs peuvent effectuer ces modifications.

Affichez la fenêtre **Panneau de configuration** par le bouton **démarrer**, cliquez sur le lien **Options régionales, date, heure et langue** puis sur le lien **Modifier la date et l'heure**.

Vous pouvez également faire un double clic sur l'heure affichée sur la barre des tâches.

Déterminez la date du jour et l'heure grâce aux zones de liste ou zones de saisie correspondantes.

Cliquez sur le bouton **OK** puis fermez la fenêtre **Options régionales, date, heure et langue** en cliquant sur le bouton ☒.

Choisir un symbole monétaire

Affichez la fenêtre du **Panneau de configuration** par la bouton **démarrer**, cliquez sur le lien **Options régionales, date, heure et langue** puis sur le lien **Modifier le format des nombres, des dates et de l'heure**.

Cliquez sur le bouton **Personnaliser** puis sur l'onglet **Symbole monétaire**.

Ouvrez la liste déroulante **Symbole monétaire** puis choisissez le symbole à appliquer par défaut aux valeurs numériques (c'est ce symbole qui est utilisé dans les tableurs (exemple : Microsoft Excel) lorsque vous appliquez aux valeurs un format monétaire).

Cliquez à deux reprises sur le bouton **OK**.

Fermez la fenêtre **Options régionales, date, heure et langue** en cliquant sur le bouton ☒.

Modifier la date et l'heure système

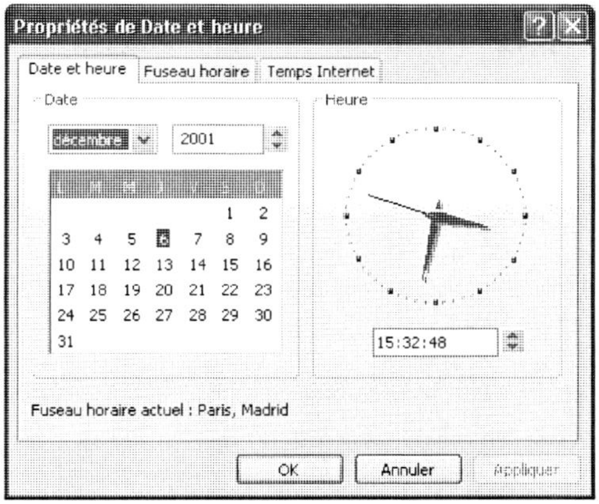

La page **Fuseau horaire** *permet de sélectionner le fuseau horaire correspondant à votre pays et d'activer automatiquement le passage à l'heure d'hiver ou à l'heure d'été.*

Choisir un symbole monétaire

La page **Nombres** *vous permet de définir le format des valeurs numériques utilisé dans les applications Windows et les pages* **Heure et Date** *définissent le format des heures et des dates repris dans les applications Windows.*

Paramétrer l'emploi de la souris

Affichez la fenêtre du **Panneau de configuration** par le bouton **démarrer**, cliquez sur le lien **Apparence et thèmes** puis sur le lien **Pointeurs de souris** visible à gauche de l'écran dans le cadre **Voir aussi** (vous pouvez également utiliser le lien **Panneau de configuration - Imprimantes et autres périphériques - Souris**).

Par défaut, le bouton gauche de la souris est le bouton principal, le secondaire étant le bouton droit. Le bouton prinicipal sert à effectuer des sélections et à utiliser les options des menus. Le bouton secondaire permet l'affichage des menus contextuels.

Si vous êtes gaucher, vous pouvez **Permuter les boutons principal et secondaire** en cochant l'option correspondante de la page **Boutons**.

Paramétrez la **Vitesse du double clic** en déplaçant le curseur correspondant vers **Lente** ou **Rapide** : plus il est proche de **Rapide** et plus l'intervalle de temps entre les deux clics doit être court. Pour tester la vitesse sélectionnée, faites un double clic sur l'icône du dossier visible à droite du cadre **Vitesse du double-clic**.

Pour modifier l'aspect du pointeur, activez l'onglet **Pointeurs,** puis choisissez dans la liste **Modèle** le style de pointeur souhaité.

Cliquez sur le bouton **OK**.

Fermez la fenêtre **Apparence et thèmes** en cliquant sur le bouton .

La page **Options du pointeur** permet de paramétrer le déplacement du pointeur ; et, la page **Matériel** permet de sélectionner le driver de la souris. La page **Roulette** (si votre souris en est pourvue) permet de définir la valeur de défilement lorsque vous faites tourner la molette d'un cran.

Paramétrer l'emploi de la souris

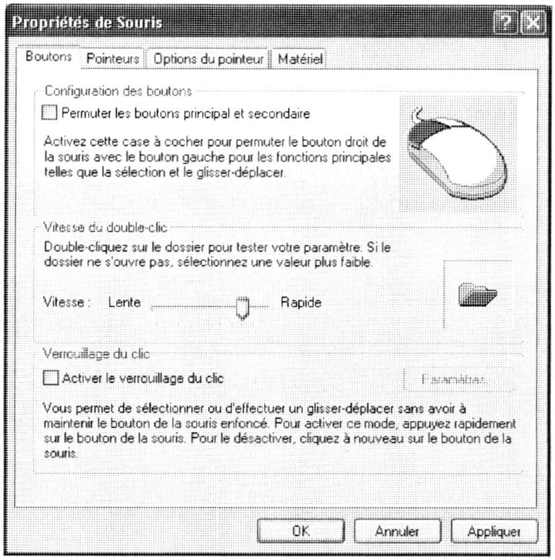

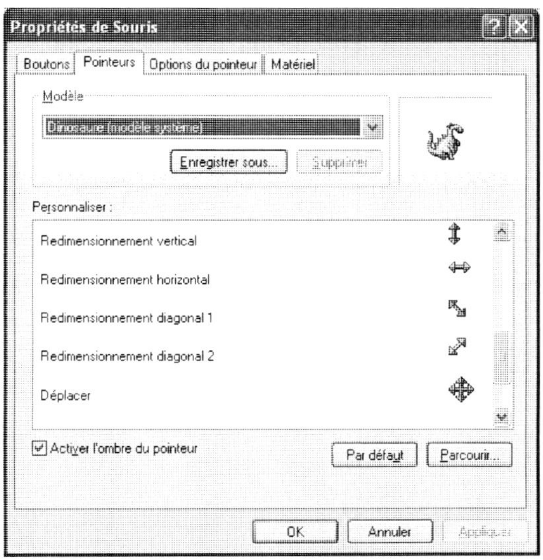

*Le bouton **Parcourir** permet de choisir une autre icône pour représenter l'action sélectionnée dans le cadre **Personnaliser**.*

Utiliser l'Assistant Nettoyage du Bureau

Par défaut, Windows XP supprime automatiquement du Bureau les icônes qui n'ont pas été utilisées depuis 60 jours au moins, de façon à ne pas encombrer le Bureau inutilement.

Pour désactiver/activer le nettoyage automatique du Bureau, cliquez sur le bouton **démarrer - Panneau de configuration - Apparence et thèmes - Affichage**, activez l'onglet **Bureau** et enfin cliquez sur le bouton **Personnalisation du Bureau**.

- Décochez l'option **Exécuter l'Assistant Nettoyage du Bureau tous les 60 jours** située dans le cadre **Nettoyage du Bureau** pour désactiver l'Assistant ou cochez l'option pour l'activer.

  *Vous pouvez supprimer vous-même les icônes du Bureau. Par cette manipulation, la suppression n'est pas définitive car en fait les icônes sont transférées dans le dossier **Raccourcis Bureau non utilisés** de façon à pouvoir les réintégrer sur le Bureau en cas de besoin.*

  Pour nettoyer le Bureau manuellement, cliquez sur le bouton **Nettoyer le Bureau maintenant** puis cliquez sur le bouton **Suivant** de l'Assistant Nettoyage du Bureau.

- Dans la liste **Raccourci vers le nettoyage**, cochez les **Raccourcis** que vous souhaitez supprimer du Bureau puis cliquez sur le bouton **Suivant**.

  *La fenêtre suivante liste les **Raccourcis** qui vont être supprimés du Bureau.*

  Pour modifier cette liste, cliquez sur le bouton **Précédent** et pour valider la suppression, cliquez sur le bouton **Terminer**.

  Pour réactiver des icônes supprimées faites un double clic sur l'icône  **Raccourcis Bureau non utilisés** située sur le Bureau, puis cliquez sur l'icône que vous souhaitez replacer sur le Bureau et enfin cliquez sur **Déplacer ce fichier**.

  Cliquez sur l'emplacement **Bureau** puis validez par le bouton **Déplacer**.

L'icône du raccourci est gérée comme un fichier ordinaire, de ce fait vous pouvez également la déplacer par la technique du "cliquer-glisser", du "couper-coller" (cf. Gestion des fichiers et dossiers - Déplacer des fichiers ou des dossiers).

Utiliser l'Assistant Nettoyage du Bureau

*Par défaut, l'option **Exécuter l'Assistant Nettoyage au Bureau tous les 60 jours** est cochée.*

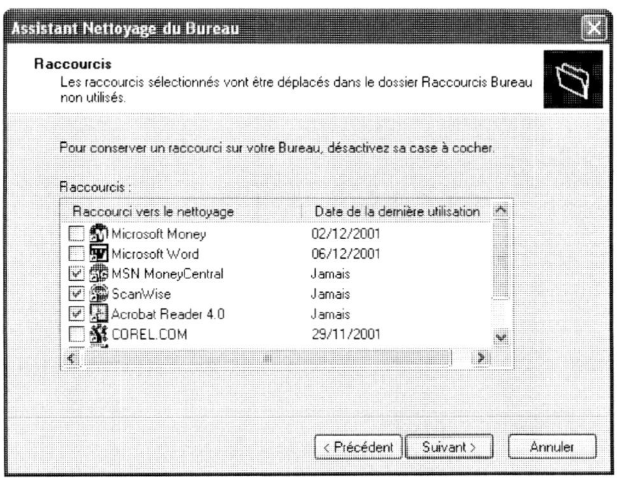

Les raccourcis cochés seront supprimés.

NOTES PERSONNELLES

Chapitre 5

SYSTÈME ET COMMUNICATION

Défragmenter un volume

Pour réaliser cette manipulation, vous devez être connecté en tant qu'Administrateur.

On appelle "volume", la zone de stockage d'un disque dur. Un disque dur peut comporter plusieurs volumes. Chaque volume se voit attribuer une lettre de lecteur C:, D:, E:, etc.

Le système dispose les nouveaux fichiers en fonction des pistes libres du disque : ainsi, le contenu d'un fichier peut se trouver étalé sur plusieurs pistes du disque. Plus le taux d'occupation du disque est élevé et plus les contenus des fichiers sont répartis sur un grand nombre de pistes, ralentissant ainsi les opérations de lecture et d'écriture sur le disque. L'opération de défragmentation consiste à regrouper les données sur des pistes contiguës afin d'améliorer l'accès aux données.

Pour lancer le **Défragmenteur de disque**, activez l'option correspondante située dans le menu **démarrer - Tous les programmes - Accessoires - Outils système** ou, à partir de l'Explorateur, cliquez avec le bouton droit sur l'unité de disque concernée, choisissez **Propriétés** puis cliquez sur le bouton **Défragmenter maintenant** de la page **Outils**.

Analyser le volume

Avant de défragmenter un volume, il est conseillé de l'analyser afin de vérifier s'il existe des fichiers et des dossiers qu'il serait nécessaire de défragmenter.

↳ Sélectionnez, éventuellement, dans la liste des volumes celui que vous souhaitez analyser puis cliquez sur le bouton **Analyser**.

L'analyse prend quelques minutes.

Cliquez ensuite sur le bouton **Afficher le rapport** pour visualiser des informations sur l'analyse ou sur le bouton **Défragmenter** pour lancer la défragmentation du volume immédiatement ou sur le bouton **Fermer** dans le cas contraire.

... /...

Défragmenter un volume

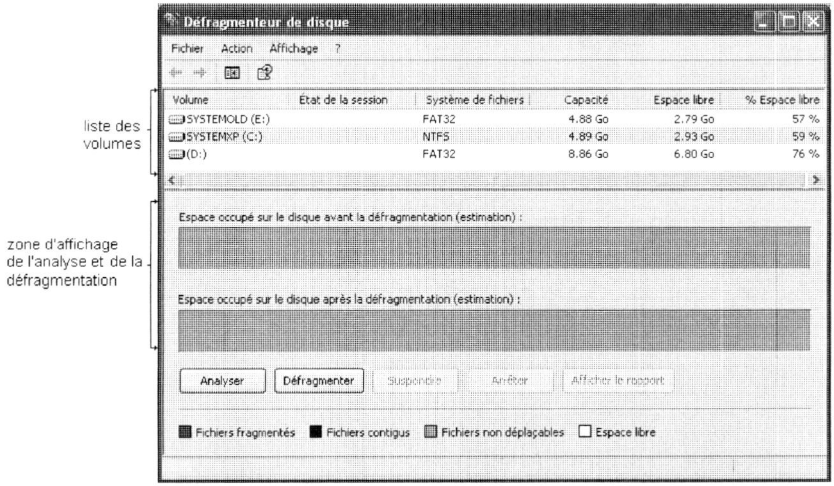

.../...

Défragmenter un volume (suite)

Défragmenter un volume

Sélectionnez, si besoin est, le volume à défragmenter, puis cliquez sur le bouton **Défragmenter**.

Même si l'analyse du disque a été réalisée, le Défragmenteur la recommence.

La défragmentation d'un disque dur est une opération qui, selon l'état du disque, peut prendre plus d'une heure.

*Pendant la défragmentation, vous pouvez utiliser votre ordinateur pour effectuer d'autres tâches, seulement celles-ci seront ralenties. Vous avez la possibilité de suspendre temporairement la défragmentation en cliquant sur le bouton **Suspendre**.*

À la fin de la défragmentation, cliquez sur le bouton **Afficher le rapport** pour en consulter le résultat ou sur le bouton **Fermer**.

Imprimez ou enregistrez le rapport si vous le souhaitez puis cliquez sur le bouton **Fermer**.

*La zone **Espace occupé sur le disque après la défragmentation** utilise les mêmes codes couleurs que la zone **"avant"**.*

Défragmenter un volume (suite)

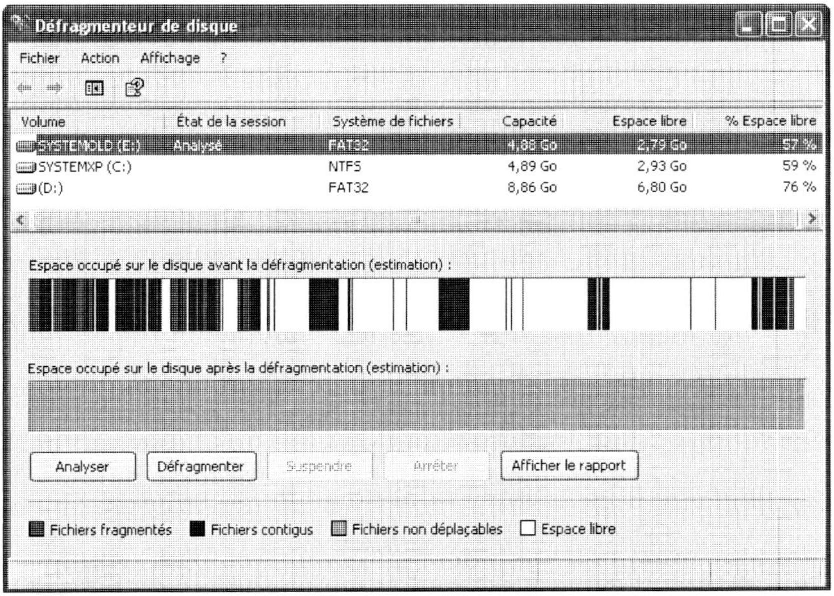

Les couleurs de la zone ***Espace occupé sur le disque avant la dégragmentation (estimation)*** *indiquent l'état du volume : le rouge indique les fichiers fragmentés, le bleu indique les fichiers non fragmentés, le blanc correspond à l'espace libre du volume et le vert correspond aux fichiers qui ne peuvent pas être déplacés par le défragmenteur.*

Restaurer le système

La restauration du système permet de récupérer une configuration antérieure du système à l'aide des points de restauration et ainsi d'annuler les modifications apportées à votre ordinateur (installation de matériels, de programmes, modification du système) sans entraîner la perte de votre travail comme, par exemple, les fichiers enregistrés. Vous devez être connecté en tant qu'Administrateur pour effectuer cette manipulation.

Activer la restauration du système

démarrer - **Panneau de configuration** - **Performances et maintenance** - **Système**

Cliquez sur l'onglet **Restauration du système**.

Veillez à ce que l'option **Désactiver la Restauration du système sur tous les lecteurs** soit décochée puis cliquez sur le bouton **OK**.

Créer un point de restauration

Bien que votre ordinateur crée automatiquement des points de restauration, vous pouvez choisir de créer vos propres points de restauration. Cela est particulièrement utile lorsque vous prévoyez d'apporter des modifications au système.

démarrer - **Tous les programmes** - **Accessoires** - **Outils système** - **Restauration du système**.

*Vous pouvez également utiliser le menu **démarrer - Aide et support - Annulez les modifications de votre ordinateur avec la Restauration du système**.*

Activez l'option **Créer un point de restauration** puis cliquez sur le bouton **Suivant**.

Saisissez la **Description du point de restauration** dans la zone de saisie correspondante puis cliquez sur le bouton **Créer**.

*Windows vous signale la création d'un **Nouveau point de restauration** et rappelle la date, l'heure ainsi que la description de ce point.*

Cliquez sur le bouton **Fermer**.

Restaurer le système

Fermez toutes les applications ouvertes ainsi que les autres sessions.

démarrer - **Tous les programmes** - **Accessoires** - **Outils système** - **Restauration du système**.

Activez l'option **Restaurer mon ordinateur à une heure antérieure** puis cliquez sur le bouton **Suivant**.

... /...

Restaurer le système

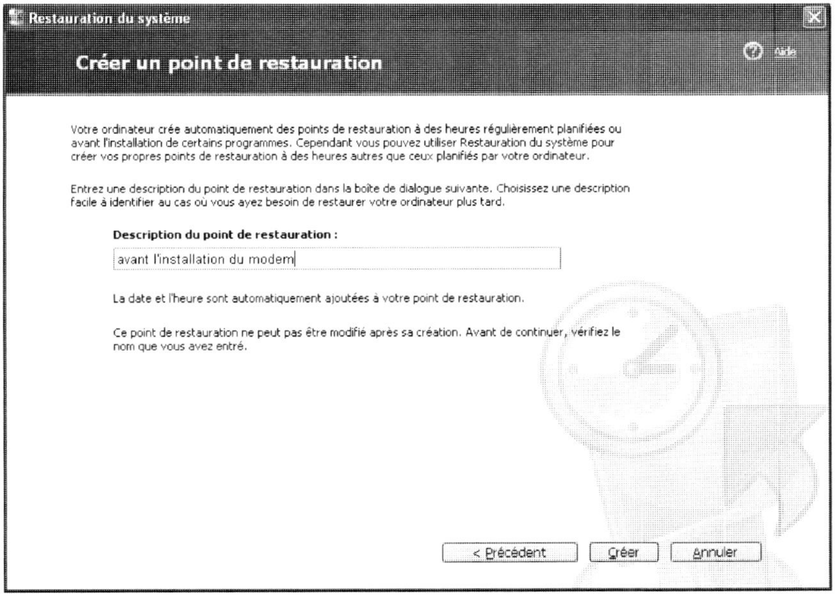

... /...

Restaurer le système (suite)

Cliquez dans le calendrier, sur la date en gras contenant le point de restauration à partir duquel vous souhaitez effectuer la restauration du système ; si besoin est, cliquez sur les boutons < et > pour accéder au point de restauration précédent ou suivant.

Sélectionnez, dans la liste, le point de restauration (automatique ou manuel) à partir duquel la restauration du système doit se faire ; si vous avez créé un point de restauration à cette date, vous visualisez sa description dans cette liste.

Cliquez sur le bouton **Suivant**.

Si besoin est, enregistrez et fermez tous les fichiers et quittez tous les programmes puis cliquez sur le bouton **Suivant**.

*Vous visualisez, dans la barre verticale de la fenêtre de l'étape **Restauration en cours**, la progression de la restauration du système. Lorsque celle-ci est terminée, votre ordinateur redémarre automatiquement.*

Réactivez, si nécessaire, votre session à partir de la page d'accueil Windows.

L'Assistant de restauration du système affiche un message vous indiquant que votre ordinateur a été restauré avec succès.

Cliquez sur le bouton **OK**.

Restaurer le système (suite)

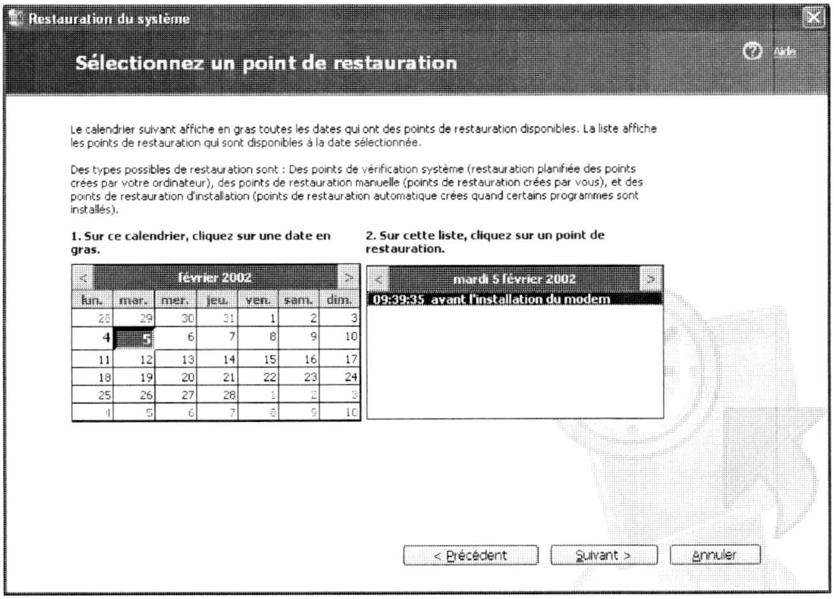

Dans cet exemple, un seul point de restauration a été généré à la date choisie.

Annuler une restauration du système

Vous pouvez annuler la dernière restauration effectuée.

démarrer - **Tous les programmes** - **Accessoires** - **Outils système** - **Restauration du système**.

Activez l'option **Annuler ma dernière restauration** puis cliquez sur le bouton **Suivant**.

Si besoin est, enregistrez et fermez tous les fichiers et quittez tous les programmes puis cliquez sur le bouton **Suivant**.

Vous visualisez dans la barre verticale de la fenêtre de l'étape ***Annulation de la dernière restauration****, la progression de l'annulation de la dernière restauration système. Lorsque l'annulation de la restauration est terminée, votre ordinateur redémarre automatiquement.*

Activez, si nécessaire, votre session à partir de la page d'accueil Windows.

L'Assistant de restauration du système affiche un message vous indiquant que l'annulation de la dernière restauration a été effectuée avec succès.

Cliquez sur le bouton **OK**.

Pour annuler la dernière restauration, vous pouvez aussi choisir un point de restauration antérieur à celui associé à la restauration que vous souhaitez annuler.

Annuler une restauration du système

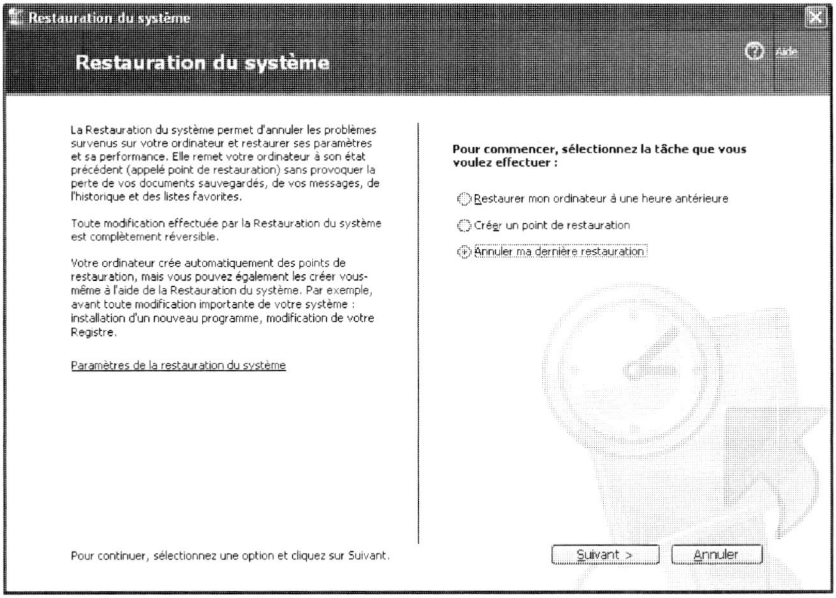

Nettoyer une unité

Cet utilitaire détecte les fichiers temporaires afin de libérer de l'espace sur votre disque dur (ou sur une disquette).

Lancez le **Nettoyage de disque** par le menu **démarrer - Tous les programmes - Accessoires - Outils Système** ou, à partir de l'Explorateur, cliquez avec le bouton droit sur l'unité de disque concernée, choisissez **Propriétés** et dans l'onglet **Général**, cliquez sur le bouton **Nettoyage de disque**.

Si vous utilisez la commande et non l'Explorateur, précisez le lecteur à nettoyer (généralement **A:** pour le lecteur de disquette ou **C:** pour le disque dur).

L'utilitaire inspecte le disque pour détecter l'espace à nettoyer.

Sélectionnez le type de fichier à effacer en cochant la case correspondante.

Cliquez sur le bouton **OK** pour supprimer du disque les fichiers sélectionnés.

Confirmez la suppression des fichiers.

*L'application **Nettoyage de disque** supprime les fichiers de votre disque.*

Afficher les informations sur le système

Les informations système permettent, par exemple, de renseigner l'administrateur réseau si celui-ci a besoin d'informations sur la configuration de votre système.

Utilisez la commande **démarrer - Tous les programmes - Accessoires - Outils système - Informations système**.

Développez au besoin l'arborescence en cliquant sur le signe + qui précède le nom de la catégorie à visualiser puis cliquez sur le nom de la catégorie pour afficher son contenu dans la partie droite de la fenêtre.

Pour rechercher un mot ou une expression dans les informations système, utilisez la zone **Recherche**.
Pour imprimer des données, sélectionnez éventuellement, la catégorie concernée puis faites **Fichier - Imprimer**.

Nettoyer une unité

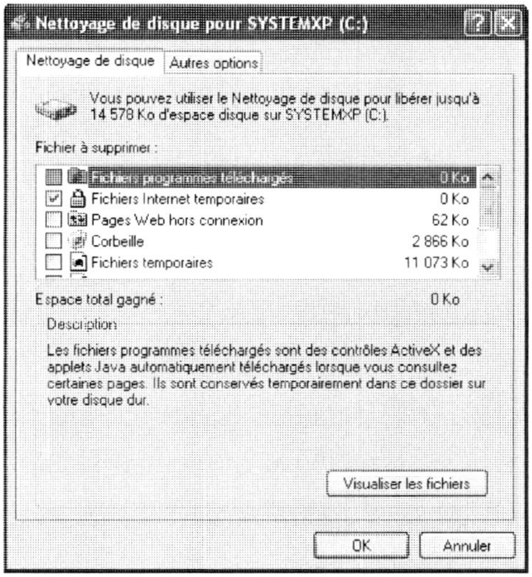

Le bouton ***Visualiser les fichiers*** *vous permet d'afficher une liste des fichiers détectés.*

Afficher les informations sur le système

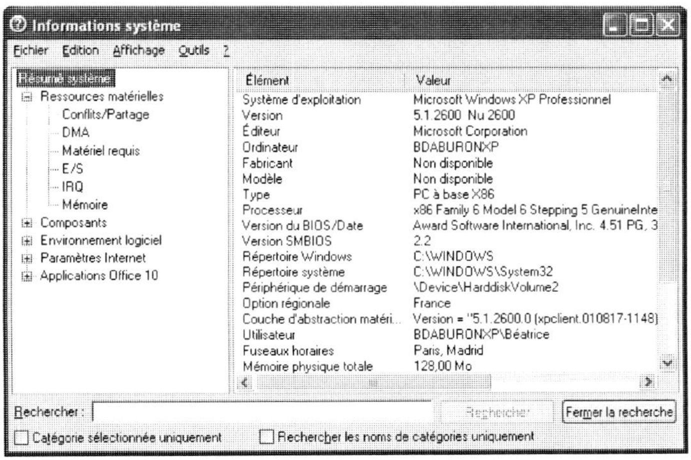

Les informations système sont réparties dans différentes catégories présentées sous forme d'arborescence.

Visualiser les propriétés de votre système

Cliquez sur le bouton **démarrer** puis sur **Panneau de configuration**.

Cliquez ensuite sur **Performances et maintenance** puis sur **Système**.

Vous visualisez alors les caractéristiques générales de votre système :

- Les options de la page **Nom de l'ordinateur** permettent de renommer l'ordinateur (si vous êtes un utilisateur de type Administrateur).
- La page **Matériel** comporte des assistants pour gérer votre matériel.
- La page **Avancé** permet de gérer les options de performances (gestion de la mémoire utilisée par les applications), le profil des utilisateurs, les variables d'environnement (relatives aux noms de lecteurs, de patch, de fichiers...) et les options de démarrage et de récupération (attitude en cas de redémarrage intempestif).

Cliquez sur le bouton **OK** pour refermer la boîte de dialogue.

Pour visualiser le volume d'espace utilisé et libre d'une unité (exemple : disque dur), faites un clic droit sur le bouton **démarrer**, puis un clic droit sur l'unité concernée (exemple c:) et validez l'option **Propriétés**. L'**Espace utilisé** et l'**Espace libre** sont précisés dans l'onglet **Général**.

Visualiser les propriétés de votre système

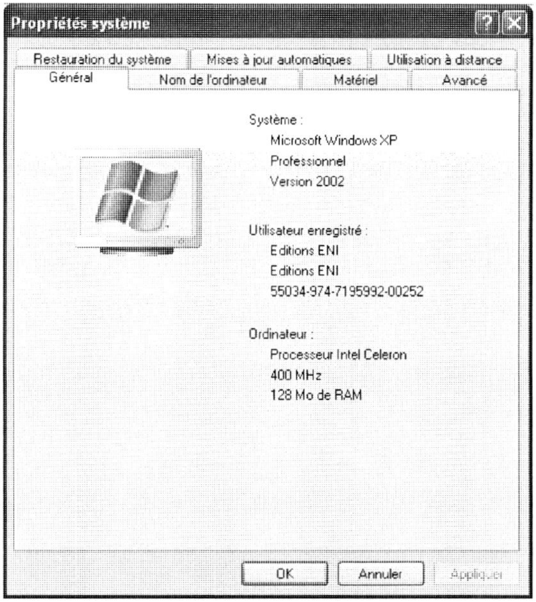

Activer/désactiver le pare-feu de connexion Internet

Un pare-feu (appelé Firewall en anglais) est un système de sécurité qui protège votre ordinateur en appliquant des restrictions sur les informations communiquées depuis votre ordinateur (ou réseau) vers Internet, et vice et versa. Windows XP dispose d'un pare-feu de connexion Internet nommé ICF pour Internet Connection Firewall.

Il est donc fortement conseillé de laisser le pare-feu actif.

Vous pouvez avoir besoin de contrôler l'état du pare-feu ou bien de le désactiver, dans des cas très particuliers comme par exemple l'utilisation d'une connexion VPN (il s'agit dans ce cas d'un réseau privé virtuel sur Internet, réseau invisible des autres utilisateurs connectés). Pour effectuer cette manipulation, vous devez être connecté en tant qu'Administrateur de l'ordinateur.

Cliquez sur le bouton **démarrer - Panneau de configuration - Connexions réseau et Internet - Connexions réseau**.

Cliquez sur la connexion à distance, de réseau local ou Internet concernée par le pare-feu puis sur **Modifier les paramètres de cette connexion**.

Cliquez sur l'onglet **Paramètres avancés** ou **Avancé** selon le cas.

Pour activer ou désactiver le pare-feu de connexion Internet, cochez ou décochez l'option **Protéger mon ordinateur et le réseau en limitant ou interdisant l'accès à cet ordinateur à partir d'Internet** situé dans le cadre **Pare-feu de connexion Internet**.

Attention : nous vous rappelons que le fait de décocher cette option désactive le pare-feu et rend votre réseau vulnérable aux intrusions.

Cliquez sur le bouton **OK** pour valider.

Activer/désactiver le pare-feu de connexion Internet

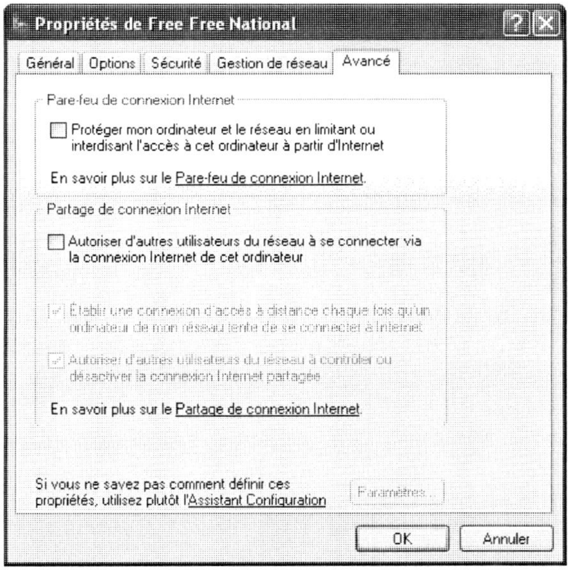

Le nombre des onglets et options varient selon le type de connexion activée.

Installer un périphérique reconnu numériquement

Les procédures d'installations de périphériques sont variées. Vous devez donc suivre les instructions d'installation du fabricant pour assurer un bon fonctionnement du matériel. Celles-ci varient d'un constructeur à un autre.
Windows peut parfois détecter et installer automatiquement le nouveau périphérique connecté. Dans le cas contraire, vous devrez installer le périphérique avec l'aide de l'Assistant Ajout de matériel. Notez également, qu'il est souvent préférable de désactiver le logiciel Antivirus avant d'installer les logiciels (pilote ou driver) du nouveau périphérique.

Pour effectuer certaines installations de périphériques, vous devez être connecté en tant qu'Administrateur.
Lorsque vous achetez un périphérique, il est fortement conseillé de s'assurer qu'il est ***Conçu pour Microsoft Windows XP*** *(ce logo doit apparaître sur l'emballage ou sur le périphérique lui-même). En effet, ce genre de produit possède une "signature numérique" vous garantissant la compatibilité du produit et du système.*

Connectez le nouveau périphérique à votre ordinateur (prise parallèle, série, USB, IEEE 1394...) et vérifiez sa mise sous tension.

Si Windows XP détecte automatiquement le périphérique connecté, il sait parfois travailler directement avec ce nouveau périphérique sans aucune manipulation supplémentaire, dans le cas contraire, il vous propose une assistance pour l'installer.

- Si vous disposez d'un CD (ou disquette) d'installation pour ce périphérique, insérez-le dans le lecteur adéquat. Il est possible que l'insertion du CD ouvre une fenêtre particulière, dans ce cas, fermez-la pour revenir à la fenêtre de l'**Assistant Matériel détecté**.
  Il est recommandé d'activer l'option **Installer le logiciel automatiquement**, mais si vous devez installer ce périphérique à partir d'un pilote installé sur un réseau (ou autre), activez l'option **Installer à partir d'une liste ou d'un emplacement spécifié**.
  Cliquez sur le bouton **Suivant**.

  Windows recherche alors le pilote du périphérique sur les différentes unités de votre ordinateur : CD, disque dur, disquette...
  Si Windows ne trouve pas de pilote sur vos unités de disque et que votre ordinateur est connecté à Internet, Windows cherche un pilote sur le site Web Microsoft. S'il le trouve, il le copie et l'installe sur votre ordinateur.

- *Par contre, si plusieurs pilotes sont disponibles pour ce nouveau périphérique, Windows vous les propose et contrôle en même temps l'existence de leur signature numérique.*

... /...

Installer un périphérique reconnu numériquement

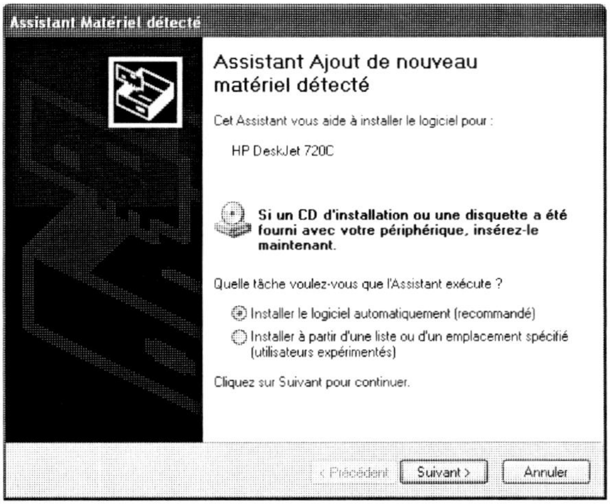

Dans cet exemple, Windows XP a détecté une nouvelle imprimante (connectée sur un port parallèle), mais a besoin de renseignements complémentaires pour l'utiliser. De ce fait, il propose son Assistant pour poursuivre l'installation.

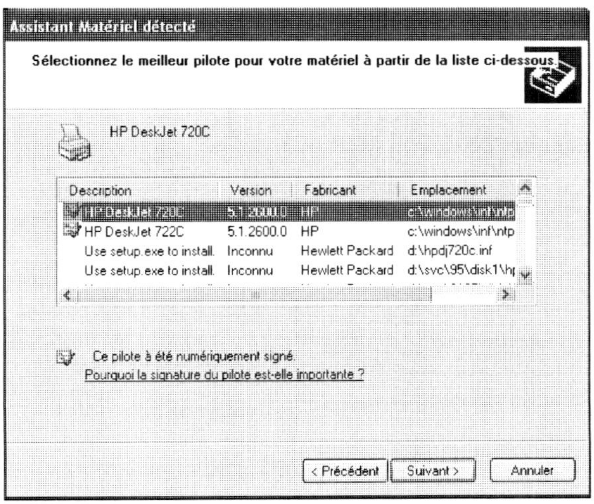

Notez que dans cet exemple, **Ce pilote a été numériquement signé** *(pilote sélectionné) et ne posera donc aucun problème d'installation.*

... /...

Installer un périphérique reconnu numériquement (suite)

Lorsque le pilote n'est pas conçu pour Windows XP (n'a donc pas de signature numérique), vous obtenez ce message :

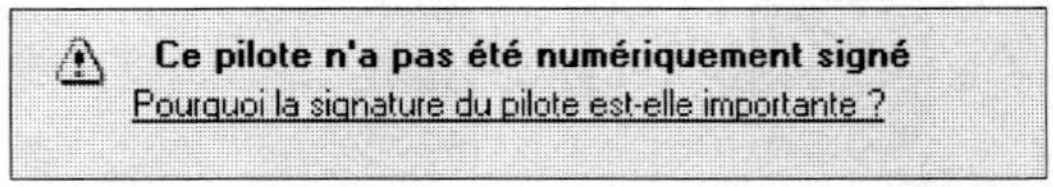

Si, malgré cet avertissement, vous persistez à vouloir installer le périphérique, Windows XP vous rappelle les risques majeurs encourus.

Il est donc fortement conseillé de cliquer sur le bouton **Arrêter l'installation**, mais si malgré ces avertissements, vous décidez de **Continuer** l'installation, sachez que Windows prend la précaution de mémoriser la configuration de votre système de façon à pouvoir le restaurer en cas de problèmes.

Choisissez alors dans la liste proposée, le pilote correspondant au périphérique en cours d'installation puis cliquez sur le bouton **Suivant**.

Lorsque l'installation est terminée, cliquez sur le bouton **Terminer**.

Pour installer un périphérique à l'aide de l'Assistant, connectez le nouveau périphérique à votre ordinateur, vérifiez sa mise sous tension puis cliquez sur le bouton **démarrer** - **Panneau de configuration** - **Imprimantes et autres périphériques** - **Ajout de matériel**.

L'Assistant Ajout de matériel démarre.

Cliquez sur le bouton **Suivant**.

Windows recherche un éventuel nouveau périphérique.

Poursuivez l'installation en respectant les étapes proposées(comme vu précédemment).

Pour installer une imprimante avec Assistance, vous pouvez également utiliser la fonction **Ajouter une imprimante** (**Panneau de configuration - Imprimantes et autres périphériques**) puis suivre la procédure proposée.

Pour installer un périphérique de capture d'image (scanner, appareil photo numérique, caméra vidéo numérique...) avec Assistance, vous pouvez également utiliser la fonction **Scanneurs et appareils photos** (**Panneau de configuration - Imprimantes et autres périphériques**) puis suivre la procédure proposée.

Installer un périphérique reconnu numériquement (suite)

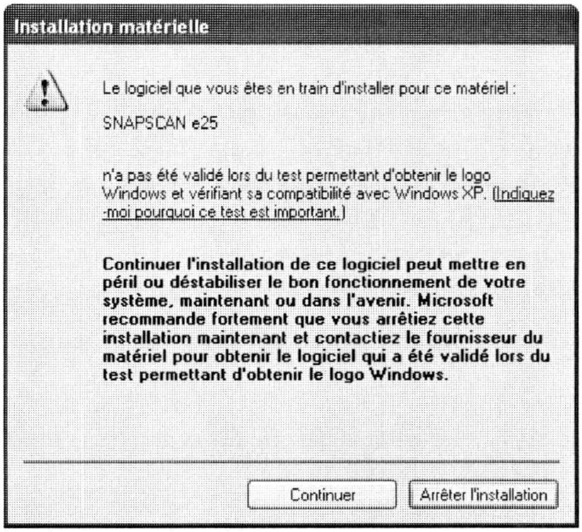

Installer/supprimer un programme

Rappelons que pour installer, supprimer ou modifier certains programmes, l'utilisateur doit être de type Administrateur.
Il existe deux cas de figure d'installation de programme (appelé aussi application) à partir d'un CD-Rom sur un ordinateur. En effet, il est possible que la procédure d'installation se lance automatiquement dès l'insertion du CD-Rom. Dans ce cas, il suffit de suivre les différentes étapes proposées à l'écran. Celles-ci sont généralement explicitées dans la documentation fournie avec le CD-Rom. Mais dans le cas où cette procédure ne serait pas automatique ou bien que l'application se trouverait sur des disquettes, vous pouvez alors utiliser les fonctionnalités de Windows.

Pour installer un programme, accédez au **Panneau de configuration** par le menu **démarrer**, puis cliquez sur **Ajouter ou supprimer des programmes.**

Cliquez sur le bouton **Ajouter de nouveaux programmes** puis sur le bouton **CD-ROM ou disquette.**

Comme vous y invite Windows, insérez la première disquette ou le CD-Rom de l'installation dans le lecteur puis cliquez sur **Suivant.**

*Windows recherche automatiquement sur le lecteur de disquette et/ou le lecteur de CD-Rom, le programme d'installation du logiciel puis affiche son nom dans la zone **Ouvrir**. Le bouton **Parcourir** permet de faire une recherche manuelle du programme d'installation.*

Cliquez sur le bouton **Terminer** pour lancer l'installation.

Suivez les différentes étapes de l'installation du programme jusqu'à la fin.

Pour modifier ou supprimer un programme, accédez au **Panneau de configuration** par le bouton **démarrer**, puis cliquez sur **Ajouter ou supprimer des programmes.**

Avant de modifier ou supprimer un programme, assurez-vous que vous êtes le seul utilisateur en cours de session sur cet ordinateur.

Cliquez sur le bouton **Modifier ou supprimer des programmes.**

... /...

Installer/supprimer un programme

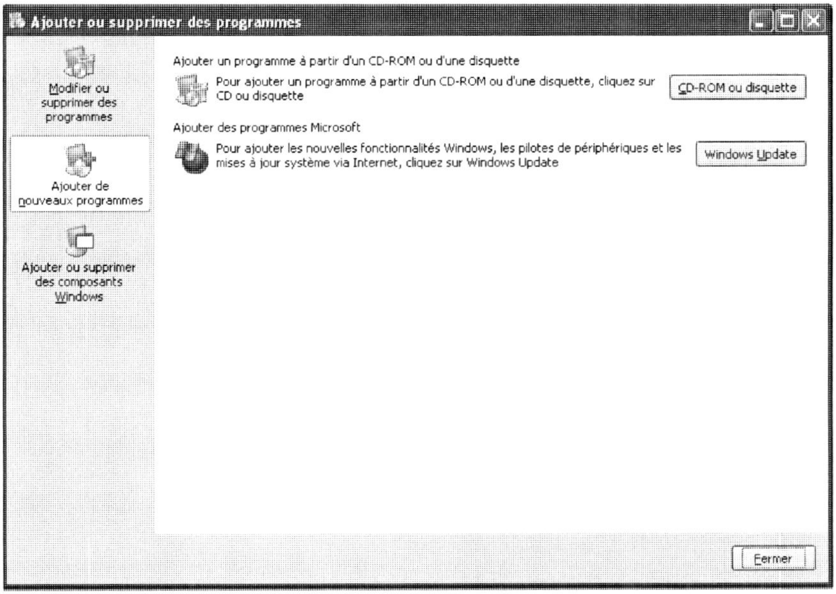

... /...

Installer/supprimer un programme (suite)

Cliquez dans la liste des **Programmes actuellement installés** sur la ligne correspondant au programme à modifier ou à supprimer.

Pour modifier un programme, cliquez sur le bouton **Modifier/Supprimer** ou sur le bouton **Modifier**.

Pour supprimer un programme, cliquez sur le bouton **Modifier/Supprimer** ou sur le bouton **Supprimer**.

Suivez ensuite les instructions pour modifier ou supprimer le programme.

Lorsque le programme est installé, son nom apparaît dans le menu **démarrer - Tous les programmes** commun à tous les utilisateurs ; il peut être ainsi exécuté.
Pour installer le raccourci d'un programme dans le menu **démarrer** d'un utilisateur en particulier, reportez-vous au chapitre Menu démarrer.
Vous pouvez aussi utiliser l'option **Exécuter** du menu **démarrer** pour installer un programme à partir du lecteur de CD ou du lecteur de disquette.

Installer/supprimer un programme (suite)

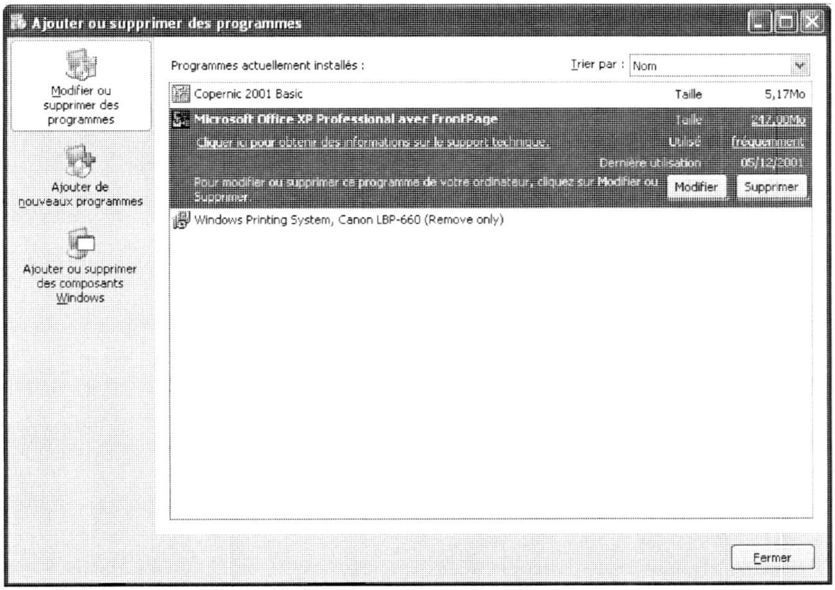

Windows peut proposer selon l'application concernée un seul bouton ***Modifier/Supprimer*** *ou deux boutons :* ***Modifier*** *et* ***Supprimer****. Attention, le bouton* ***Modifier/Supprimer*** *entraîne parfois la suppression de l'application, sans possibilité de modification.*

Installer/désinstaller des composants Windows

Il s'agit d'ajouter ou d'enlever des utilitaires qui n'ont pas été activés lors de la première installation de Windows XP.

Accédez au **Panneau de configuration** par le bouton **démarrer** puis cliquez sur **Ajouter ou supprimer des programmes**.

Cliquez sur le bouton **Ajouter ou supprimer des composants Windows**.

Windows affiche la liste des composants, celle-ci varie selon que vous disposez de la version Windows XP Professionnel ou Edition familiale. Les composants dont la case est cochée sont déjà installés et activés sur votre ordinateur.

Un composant peut être constitué de plusieurs parties.

Pour installer la totalité d'un composant (toutes ses parties), cliquez sur sa case à cocher de façon à faire apparaître une coche. Pour désinstaller un composant, décochez sa case à cocher.

Pour sélectionner les parties du composant à installer ou à désintaller, cliquez sur son nom puis cliquez sur le bouton **Détails**.

*Lorsque le bouton **Détails** n'est pas disponible, cela signifie que le composant n'est pas constitué de plusieurs parties.*

Cochez ou décochez ensuite les cases correspondant aux parties du composant à installer ou à désintaller puis cliquez sur le bouton **OK**.

Une case en gris clair  *signifie que toutes les fonctionnalités du composant ne sont pas sélectionnées.*

Cliquez sur le bouton **Suivant**.

Windows procède alors à l'installation des composants puis affiche le résumé de la manipulation effectuée.

Cliquez sur le bouton **Terminer**.

Installer/désinstaller des composants Windows

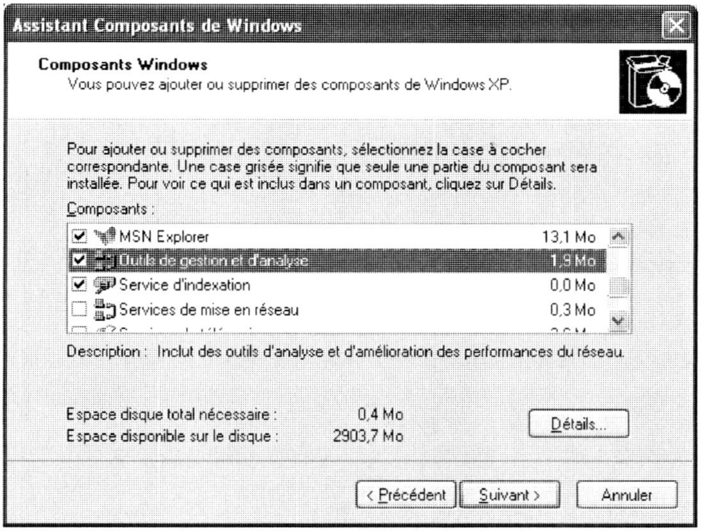

*Windows calcule et affiche l'**Espace disque total nécessaire** pour l'installation du composant et l'**Espace disponible sur le disque** en fonction des composants ajoutés ou supprimés.*

Mettre à jour votre ordinateur grâce à Windows Update

Le site Internet Windows Update vous permet de maintenir votre ordinateur à jour. Pour cela, il analyse (à votre demande) le système d'exploitation, les logiciels et matériels installés sur votre ordinateur et vous propose des mises à jour personnalisées. Il vous suffit ensuite d'accepter ou non ces mises à jour en vue d'assurer un fonctionnement optimal de votre ordinateur.

Il est possible que vous ayez besoin d'être connecté en tant qu'Administrateur pour effectuer certaines tâches de cette fonctionnalité.

Assurez-vous que votre connexion au réseau Internet est active.

Cliquez sur le bouton **démarrer** puis sur **Aide et support**.

Cliquez sur le lien **Maintenez votre ordinateur à jour avec Windows Update**.

*Lors de la première utilisation de cette fonctionnalité, la fenêtre **Avertissement de sécurité** apparaît et vous propose d'installer l'application Windows Update Control V4.*

Dans ce cas, cliquez sur le bouton **Oui** pour installer l'application qui va servir à analyser et mémoriser la configuration de votre ordinateur.

*Windows effectue alors ses recherches. Cliquez de nouveau si besoin est, sur le bouton **Oui** des fenêtres d'avertissement.*

Cliquez sur le lien **Rechercher des mises à jour**.

*Après analyse, Windows Update vous propose, dans le volet gauche de la fenêtre, d'éventuelles mises à jour. Celles-ci apparaissent classées par catégories sous le titre **Sélectionner les mises à jour à installer**.*

Cliquez sur la mise à jour proposée dans le volet gauche afin d'en visualiser le détail.

Pour accepter la mise à jour proposée, cliquez sur le bouton **Ajouter** pour insérer la mise à jour dans la liste des fichiers à télécharger.

Sachez que les mises à jour "critiques" sont ajoutées automatiquement dans cette liste.

Renouvelez cette manipulation, si nécessaire, pour toutes les mises à jour proposées.

Cliquez sur **Examiner les mises à jour et les installer** afin de contrôler les mises à jour sélectionnées.

Cliquez sur le bouton **Installer maintenant** pour lancer l'installation.

Cliquez sur le bouton **J'accepte** après avoir lu le contrat de licence.

Une fenêtre vous affiche le pourcentage de progression du téléchargement puis d'installation de la ou des mises à jour.

Une fois l'installation terminée, Windows vous le signale.

Mettre à jour votre ordinateur grâce à Windows Update

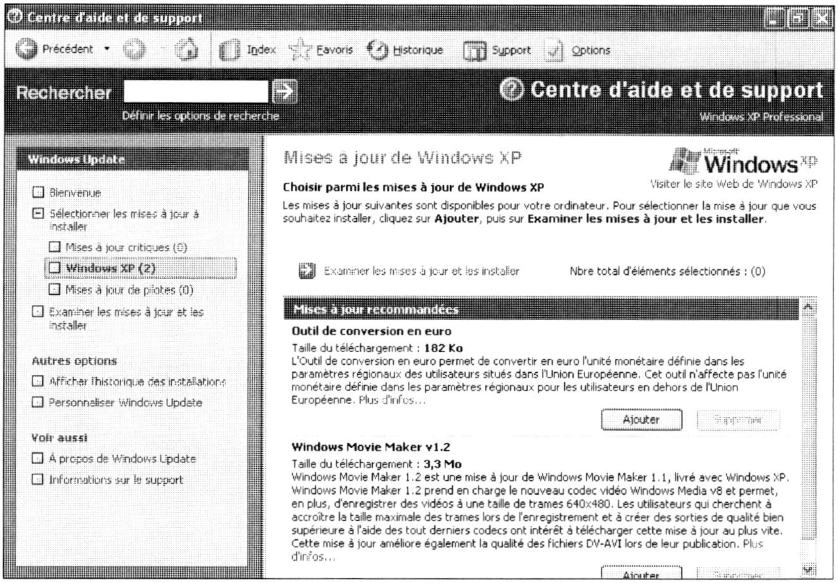

*Dans cet exemple, pour mettre à jour le système, Windows a trouvé deux mises à jour possible de **Windows XP**, mais aucune mise à jour critique ni de pilotes.*

Ouvrir une session Windows Messenger 4.0

L'application Windows Messenger vous permet d'échanger des messages en temps réel avec d'autres utilisateurs faisant partie de votre réseau interne ou tout simplement connectés à Internet.

Pour utiliser Windows Messenger, vous et vos correspondants devez :

- *disposer d'une connexion à Internet active,*
- *être identifiés via Microsoft Passport (cf. UTILISATEURS - Créer un Passport Microsoft en créant un compte MSN.com),*
- *avoir l'application Windows Messenger installée sur vos PC (cette application est installée automatiquement avec Windows XP).*

Cliquez sur le bouton **démarrer**, sur **Tous les programmes**, puis sur **Windows Messenger**.

Si vous ne disposez que d'un seul passeport ou si vous souhaitez activer le dernier passeport utilisé, patientez quelques instants pendant que Windows ouvre une session.

Par contre, si vous disposez de plusieurs passeports et que vous souhaitez ouvrir une session avec un passeport différent du dernier utilisé, cliquez sur **Fichier - Annuler l'ouverture de la session** puis sur le lien **Cliquer ici pour ouvrir une session avec un autre compte**.

Dans ce dernier cas, identifiez-vous alors en utilisant l'**Adresse de messagerie électronique** et le **Mot de passe** de l'autre Passport (cf. UTILISATEURS - Créer un Passport Microsoft en créant un compte MSN.com) puis cliquez sur **OK**.

... /...

Ouvrir une session Windows Messenger 4.0

Le mot de passe saisi apparaît sous forme de points.

... /...

Ouvrir une session Windows Messenger 4.0 (suite)

*La session **Windows Messenger** s'ouvre automatiquement en utilisant les données du Passport de l'utilisateur.*

Pour masquer cette fenêtre, cliquez sur le bouton ou faites **Fichier - Fermer**.

Windows Messenger vous signale que la session reste active bien que cette fenêtre soit fermée, ce qui vous permettra d'être averti à la réception de message instantané, lorsque la connexion Internet est active bien sûr.

Cliquez sur le bouton **OK**.

L'application Windows Messenger activée est symbolisée par l'icône située à l'extrême droite de la barre des tâches.

Pour fermer une session Windows Messenger, faites un clic droit sur l'icône puis cliquez sur l'option **Fermer la session**.

*(Si la fenêtre Windows Messenger est ouverte, vous pouvez également faire **Fichier - Fermer la session**).*

Pour activer une session déjà ouverte, faites un double clic sur l'icône située à l'extrême droite de la barre des tâches (vous pouvez également cliquer une fois sur ce symbole pour afficher son menu contextuel, puis cliquez sur l'option **Ouvrir**).

Ouvrir une session Windows Messenger 4.0 (suite)

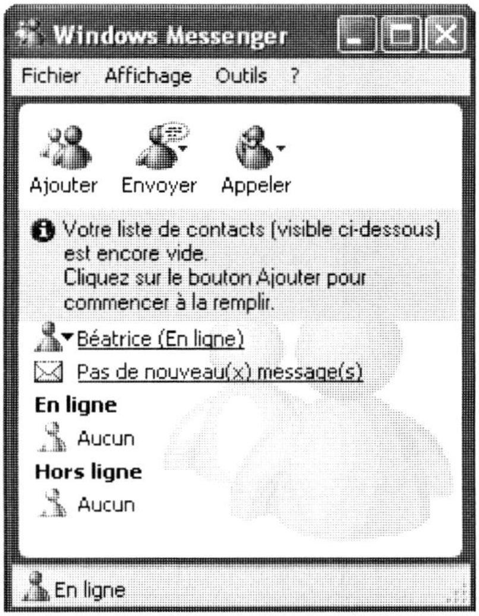

Lors de la première utilisation de Windows Messenger celui-ci vous indique qu'aucun "contact" n'est enregistré.

Créer un contact dont je connais l'adresse E-mail

Ouvrez ou activez une session Windows Messenger.

Cliquez sur le bouton 

de la boîte de dialogue **Windows Messenger**.

Activez l'option **Par adresse de messagerie ou nom d'utilisateur** puis cliquez sur le bouton **Suivant**.

Tapez, dans la zone de saisie correspondante, l'adresse de messagerie (e-mail) complète de la personne que vous souhaitez enregistrer en tant que contact.

Cliquez sur le bouton **Suivant**.

Windows Messenger contrôle les coordonnées saisies et vous précise si le contact que vous souhaitez créer dispose ou non d'un Passport Microsoft.

Si le nouveau contact dispose d'un Passport Microsoft, Windows Messenger ajoute le contact dans votre liste.

Dans ce cas, cliquez sur le bouton **Terminer** pour confirmer la création du nouveau contact.

Si le nouveau contact ne dispose pas d'un Passport Microsoft, Windows Messenger vous signale ne pas pouvoir ajouter le contact dans votre liste.

Dans ce cas, pour fermer cette boîte de dialogue sans adresser de message à cette personne, cliquez sur le bouton **Annuler**. Mais, pour lui adresser un message afin de lui suggérer de créer un Passport et d'utiliser Windows Messenger, cliquez sur le bouton **Suivant**.

Si vous avez cliqué sur **Suivant**, une nouvelle boîte de dialogue s'ouvre.

Saisissez alors votre message dans la zone **Tapez votre message ici** puis cliquez sur le bouton **Terminer**.

Le bouton **Suivant** vous permet de créer un autre contact.

Créer un contact dont je connais l'adresse E-mail

Quelques exemples de syntaxe vous sont proposés.

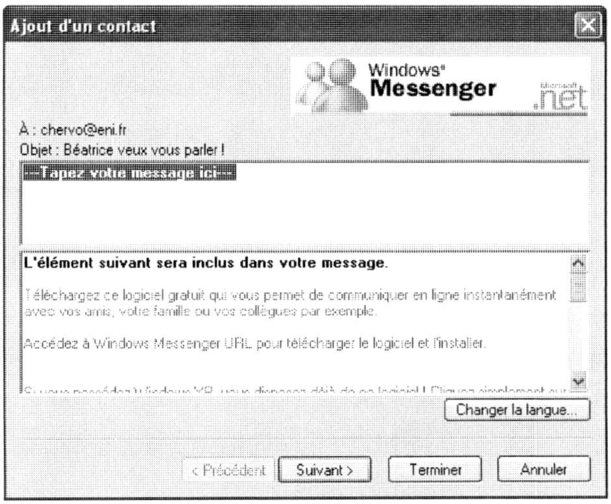

La saisie du message efface automatiquement le texte ***Tapez votre message ici.***

Créer un contact dont je ne connais pas l'adresse E-mail

Cliquez sur le bouton Ajouter de la boîte de dialogue Windows Messenger.

Activez l'option **Rechercher un contact** puis cliquez sur le bouton **Suivant**.

- Renseignez le ou les champs **Nom, Prénom, Pays/Région** du contact recherché.

  Si nécessaire, ouvrez la liste déroulante **Rechercher sur**, puis choisissez d'effectuer la recherche dans l'**Annuaire des utilisateurs Hotmail** ou dans le **Carnet d'adresses sur cet ordinateur** puis cliquez sur le bouton **Suivant**.

  *(Le Carnet d'adresses consulté pour cette recherche est accessible par le bouton **démarrer - Tous les programmes - Accessoires - Carnet d'adresses**).*

  *Windows Messenger affiche les **Résultats de la recherche** dans une boîte de dialogue.*

  Sélectionnez le nom de la personne concernée puis cliquez sur le bouton **Suivant** pour vous assurer qu'elle dispose bien d'un Passport Microsoft.

  Si la personne dispose d'un Passport, Windows Messenger vous propose de lui envoyer un message pour lui expliquer comment installer (si nécessaire) Windows Messenger et comment vous contacter.

- Dans ce cas, cliquez sur le bouton **Suivant** pour envoyer un message ou **Annuler** pour interrompre la procédure de création de contact.

  Si la personne n'a pas de Passport Microsoft, vous pouvez également lui adresser un message lui expliquant comment prendre contact avec vous en vue d'échanger des messages instantanés (via Windows Messenger).

  Pour supprimer un contact de ma liste faites un clic droit sur le nom du contact à supprimer puis cliquez sur l'option **Supprimer un contact** (ou appuyez sur la touche [Suppr]).

Vous pouvez créer jusqu'à 150 contacts dans votre liste.
Les utilisateurs de Windows Messenger qui ne figurent pas sur la liste peuvent toujours vous contacter sauf si vous les en avez empêchés en les bloquant.

Créer un contact dont je ne connais pas l'adresse E-mail

*Les options **Ville** et **Etat/Départ/Prov** s'activent si vous choisissez Etats-Unis en tant que **Pays/Région**.*

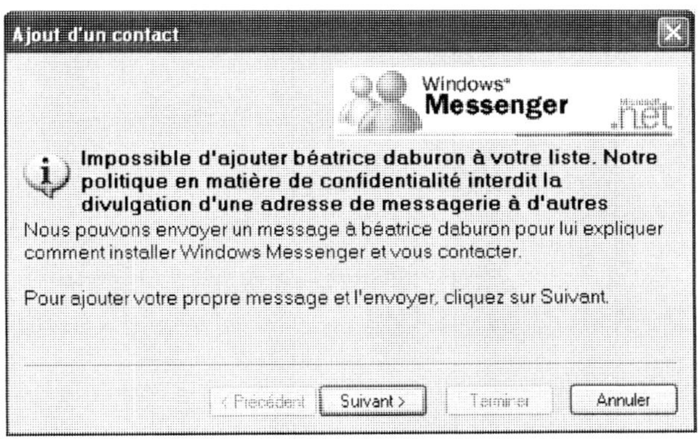

Envoyer un message à un contact

Activez ou ouvrez une session Windows Messenger.
Faites un double clic sur le nom de la personne **En ligne** ou **Hors ligne** que vous souhaitez contacter.
Si la personne n'est pas en ligne, Windows Messenger vous demande de confirmer la demande d'envoi d'un message en cliquant sur le bouton **Oui**. Dans ce cas, poursuivez la création du message. Cette procédure varie selon votre gestionnaire de messagerie (ex. hotmail.com, free.fr, wanadoo.fr...).
Si la personne est **En ligne**, la fenêtre **Contact - Conversation** s'ouvre.

- Saisissez votre message (400 caractères maximum) dans la partie inférieure de la boîte de dialogue.
  Vous pouvez intégrer à votre message des emoticons (petits dessins qui expriment des sentiments). Pour cela, tapez directement certains caractères qui se transforment en symbole une fois envoyés. Par exemple, si vous tapez **:-)**, ces caractères se transforment en ☺ au moment de l'envoi du message.

  Vous trouverez une liste d'emoticons en annexe de cet ouvrage.

  Pour joindre un fichier à votre message, cliquez sur **Envoyer un fichier**, sélectionnez le fichier concerné puis cliquez sur le bouton **Ouvrir**.
  Lorsque le message est prêt, cliquez sur le bouton **Envoyer** ou appuyez sur la touche [Entrée].

  Le message saisi est alors déplacé dans la partie supérieure de la boîte de dialogue.
  Notez que durant cette conversation, la barre des tâches de la boîte de dialogue vous informe si l'autre personne est en train de composer un message :

ou vous indique la date et l'heure du dernier message :

Pour désactiver la saisie des emoticons, faites **Outils - Options** - onglet **Personnel**, décochez l'option **Afficher des graphiques (emoticons) dans les messages instantanés** ou dans la fenêtre **Conversation**, faites **Edition - Afficher les Emoticons** pour désactiver cette option.

Envoyer un message à un contact

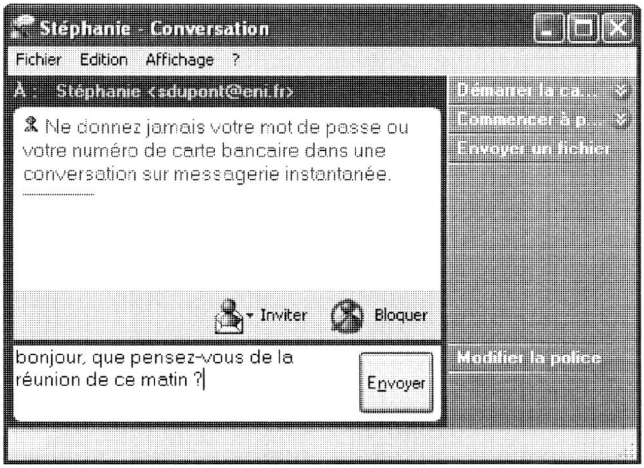

Pour passer à la ligne suivante durant la saisie, appuyez sur Shift Entrée.

Envoyer un message à une personne hors contact

Cliquez sur le bouton Envoyer, puis sur l'option **Autre**.

Tapez l'adresse e-mail de la personne (rappelons que celle-ci doit disposer d'un Passport Microsoft et de l'application Windows Messenger).

Cliquez sur le bouton **OK** pour valider.

La fenêtre ***Contact - Conversation*** *s'ouvre.*

Saisissez votre message puis cliquez sur le bouton **Envoyer**.

Si le correspondant ne peut être joint, un message vous le signale aussitôt :

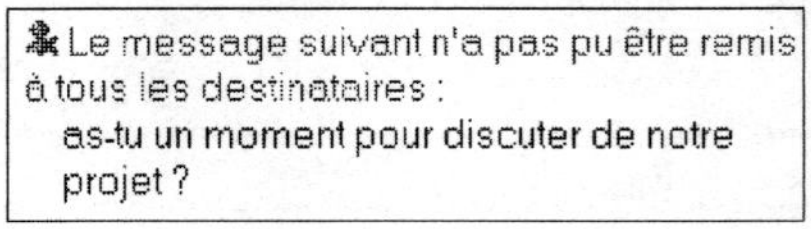

Bloquer un contact

Le fait de bloquer un contact empêche ce contact de vous contacter directement. Mais sachez que vous pouvez quand même vous retrouver dans une conversation avec ce contact si un autre participant vous a invité tous les deux.

Ouvrez ou activez une session Windows Messenger.

Pour bloquer un contact, faites un clic droit sur son nom puis cliquez sur l'option **Bloquer**.
Pour débloquer un contact, faites un clic droit sur son nom puis cliquez sur l'option **Débloquer**.

Un contact bloqué apparaît sous cette forme : 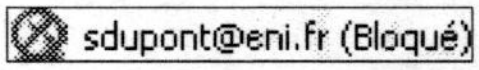

Envoyer un message à une personne hors contact

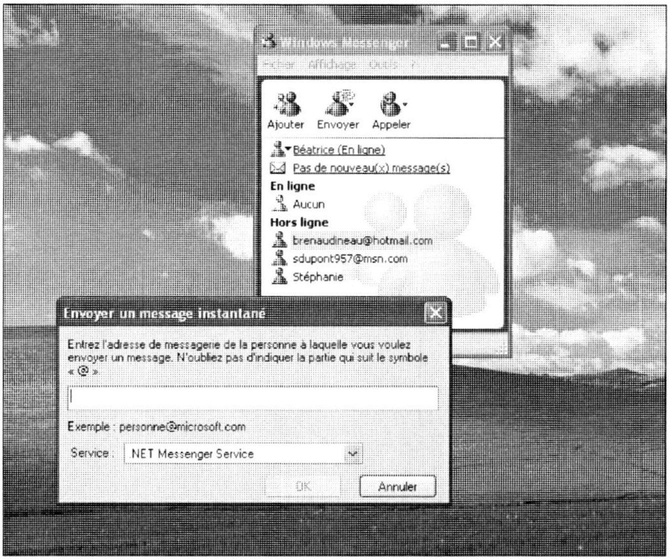

Un exemple de syntaxe vous est proposé.

Bloquer un contact

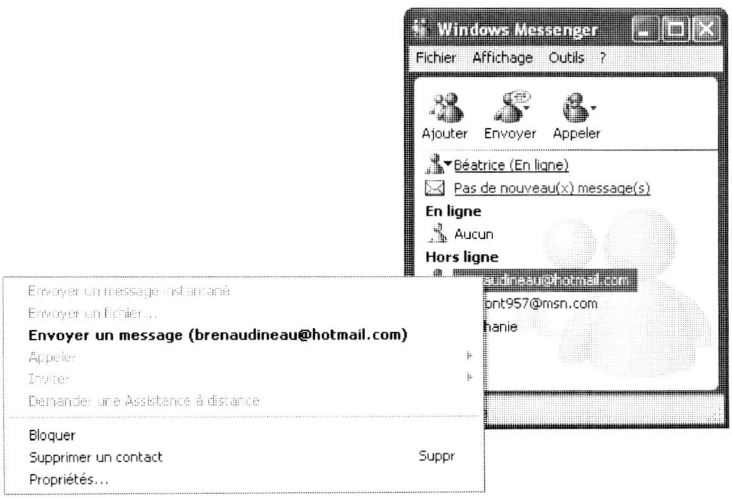

Appeler un autre ordinateur pour une conversation vocale et/ou vidéo

Cette fonctionnalité permet de parler via un microphone avec la personne contactée. Pour cela, votre ordinateur et celui de votre correspondant doivent être équipés :

- *d'une carte son duplex et des écouteurs (ou des haut-parleurs et un microphone) ou d'un port USB et des écouteurs USB (ou des haut-parleurs USB et un microphone USB).*
- *d'un modem fonctionnant à une vitesse d'au moins 28,8 Ko par seconde ET une vitesse de connexion d'au moins 28,8 Ko par seconde.*
- *d'une caméra Web si vous souhaitez y associer la vidéo.*

(Il n'est pas nécessaire d'avoir le matériel sonore si vous utilisez seulement la vidéo pour un appel pour lequel vous pouvez taper du texte plutôt que de parler).

Cliquez sur le bouton 

de la boîte de dialogue **Windows Messenger**.

Pointez le nom de la personne à appeler puis cliquez sur l'option **Ordinateur**.

Dans la fenêtre **Contact - Conversation**, cliquez sur **Démarrer la ca...** (**Commencer ou arrêter une conversation locale**) situé dans la barre latérale de la fenêtre.

Si le contact décline votre invitation, il se peut qu'il n'ait pas de carte son ou de microphone.

Si votre ordinateur est en réseau et qu'il utilise un pare-feu (le réseau d'une entreprise, par exemple), vous pouvez parler à une personne qui est derrière le même pare-feu que vous, mais vous ne pouvez pas toujours effectuer un appel d'ordinateur à ordinateur avec une personne se trouvant à l'extérieur du pare-feu.

Appeler un autre ordinateur pour une conversation vocale et/ou vidéo

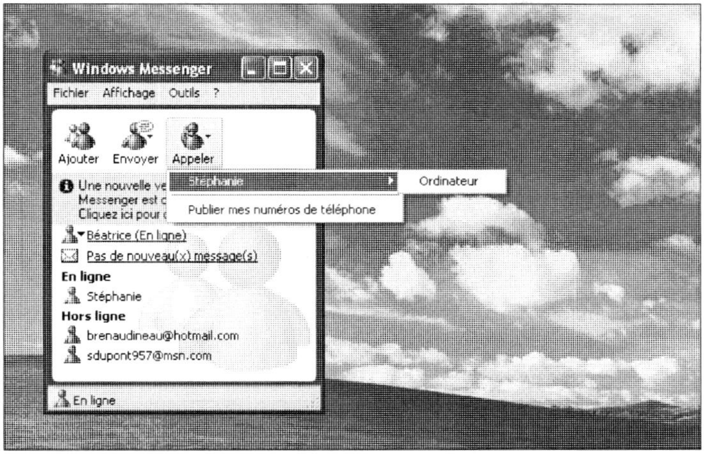

Seules les personnes "en ligne" peuvent être appelées.

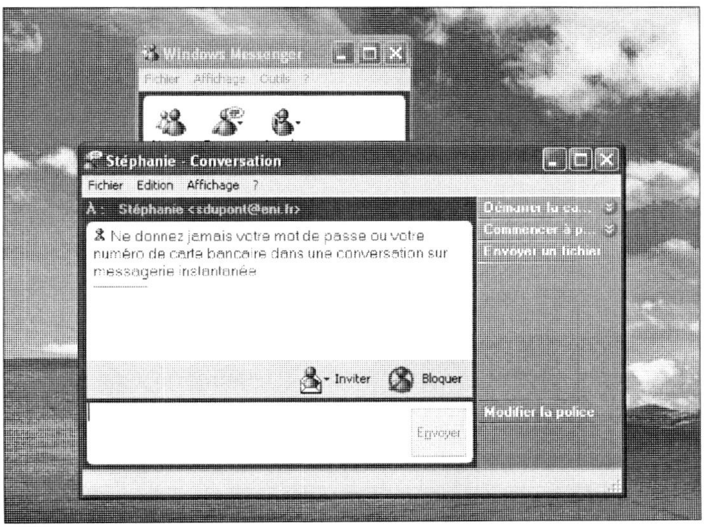

Si cette barre latérale n'apparaît pas, ouvrez-la en cliquant sur ***Barre latérale*** *du menu* ***Affichage****.*

Inviter un ami

Cette fonctionnalité vous permet d'inviter quelqu'un à participer à un jeu ou à utiliser les services d'Assistance à distance. S'il s'agit d'une invitation à un jeu, ce dernier, doit bien sûr être installé sur chacun des ordinateurs. Et s'il s'agit d'une invitation d'Assistance à distance, ce service faisant partie de Windows XP, la rend possible pour tout utilisateur de Windows XP.

Dans la fenêtre principale, cliquez avec le bouton droit sur le contact déjà en ligne que vous voulez inviter puis pointez l'option **Inviter**.

- Cliquez sur l'option **Pour commencer Partage d'application** ou **Pour commencer Assistance à distance** selon le cas.

  *La fenêtre **Contact - Conversation** est active et vous êtes en attente de réponse du correspondant appelé.*

  Pour annuler votre appel, faites Alt **Q**.

Le ou les programmes que vous pouvez utiliser avec des personnes invitées sont affichés dans le menu **Inviter**. Tout jeu installé sur votre ordinateur et qui utilise l'interface DirectPlayLobby, par exemple, apparaît dans le menu **Inviter**.

Répondre à une invitation

Selon le type d'invitation reçue, le message diffère bien sûr, mais le principe pour y répondre reste le même.

Pour **Accepter** l'invitation, cliquez sur le lien du même nom ou faites Alt **T**.

Pour **Refuser** l'invitation, cliquez sur le lien du même nom ou faites Alt **D**.

En cas d'acceptation de l'invitation à jouer en ligne, le jeu en question est lancé automatiquement sur votre poste (il doit bien sûr avoir été installé au préalable !) et sur celui de la personne qui vous a invité à jouer.

En cas d'acceptation de l'invitation à une Assistance à distance, la connexion à l'ordinateur distant s'effectue automatiquement.

Inviter un ami

*L'option **Inviter** n'est accessible que pour les contacts en ligne.*

Répondre à une invitation

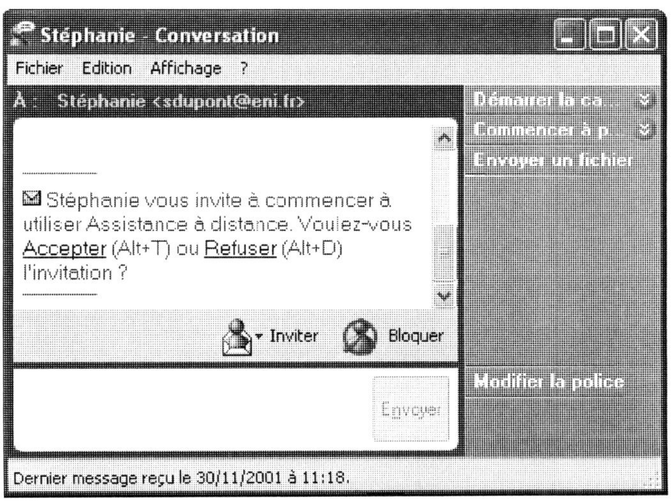

Généralités

Lorsqu'un utilisateur rencontre un problème qu'il ne peut résoudre lui-même sur son ordinateur, la solution consiste à utiliser l'assistance à distance. En effet, il s'agit d'un moyen pratique pour se connecter à l'ordinateur d'un ami, via Internet, afin de l'aider à trouver la solution à son problème.

Une fois connecté à l'ordinateur de votre ami, vous visualisez son écran et pouvez converser en ligne de ce que vous voyez tous les deux. Si votre ami vous en donne l'autorisation, vous pourrez même utiliser votre souris et votre clavier afin de travailler avec lui sur son ordinateur. Vous pouvez simultanément, travailler sur votre propre ordinateur.

Conditions d'utilisation de cette fonctionnalité :

- disposer de Windows XP,
- disposer d'une connexion à Internet (active),
- utiliser Windows Messenger ou bien un compte de courrier électronique compatible MAPI (exemple : Microsoft Outlook ou Outlook Express),
- si vous travaillez sur un réseau local ou d'entreprise, assurez-vous auprès de votre administrateur réseau que le ou les pare-feu vous permettent d'utiliser l'assistance à distance.

Pour demander une Assistance à distance, l'utilisateur en difficulté lance par Internet un appel à un ami en utilisant soit l'adresse de messagerie de son ami (rappelons que celle-ci doit être compatible MAPI), soit son propre Passport Windows Messenger.

Généralités

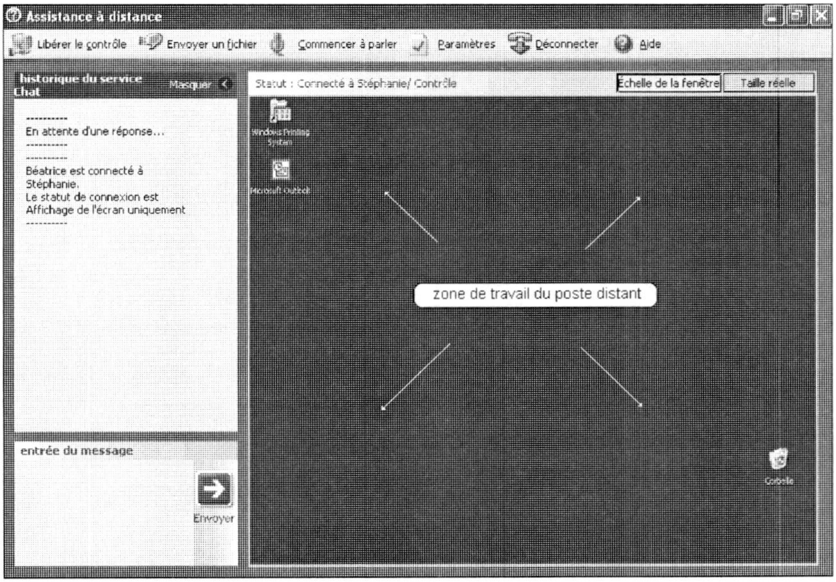

Paramétrer votre poste de travail

Avant d'essayer de lancer une invitation d'assistance à distance en cas de problème et de laisser éventuellement un correspondant prendre le contrôle de votre ordinateur, effectuez dans les paramètres Système quelques vérifications de faisabilité.

Cliquez sur le bouton **démarrer - Panneau de configuration - Performances et maintenance - Système.**

Selon la version Windows utilisée, cliquez sur l'onglet **À distance** pour Windows XP Edition familiale, et **Utilisation à distance** pour Windows XP Professionnel.

Assurez-vous que l'option **Autoriser l'envoi d'invitations d'assistance à distance à partir de cet ordinateur** dans le cadre **Assistance à distance** est cochée.

Pour autoriser un correspondant extérieur à prendre le contrôle de votre ordinateur lorsque la connexion est établie, cliquez sur le bouton **Avancées** (pour Windows XP Edition Familiale) ou **Options avancées** (pour Windows XP Professionnel), puis cochez l'option **Autoriser le contrôle à distance de cet ordinateur**.

Vous pouvez également, si nécessaire, **Définir la durée maximale pendant laquelle des invitations peuvent rester ouvertes** en utilisant les listes déroulantes associées.

Cliquez sur le bouton **OK** pour valider.

Paramétrer votre poste de travail

*Il s'agit de la boîte de dialogue **Propriétés système** de Windows XP Professionnel.*

Établir une connexion par Windows Messenger

Pour utiliser Windows Messenger, l'utilisateur en difficulté et son ami doivent disposer d'un Passport Windows Messenger (cf. UTILISATEURS - Créer un Passport Microsoft en créant un compte MSN.com).

Assurez-vous que la connexion à Internet est active.

démarrer - **Aide et support**.

Cliquez sur le lien **Invitez un ami à se connecter à votre ordinateur avec l'assistance à distance** puis sur **Inviter quelqu'un pour vous aider**.

Si la session Windows Messenger n'est pas ouverte, cliquez sur le bouton **S'abonner** puis saisissez l'**Adresse email** ainsi que le **Mot de passe** de votre Passport dans la boîte de dialogue **.NET Messenger Service**. Validez par le bouton **OK**.

Cliquez dans la liste de vos contacts sur le nom de la personne à qui vous souhaitez demander de l'aide puis cliquez sur **Inviter cette personne**.

Si le contact concerné a ouvert une session Windows Messenger (cf. Windows Messenger), l'invitation est instantanément envoyée. Attendez alors la réponse de votre contact (cf. Répondre à une invitation (Windows Messenger)). Si le contact accepte votre invitation, validez votre demande en cliquant sur le bouton **Oui** au message **Voulez-vous laisser cette personne afficher votre écran et converser avec vous ?**. La connexion est alors établie et vous pouvez travailler aussitôt.

Si le contact concerné n'a pas ouvert de session Windows Messenger (cf. Windows Messenger), Windows XP vous propose de lui envoyer une invitation par messagerie électronique.

Dans ce cas, cliquez sur le bouton **OK** puis saisissez le texte de l'invitation dans le cadre **Message** et cliquez sur le bouton **Continuer**.

... /...

Établir une connexion par Windows Messenger

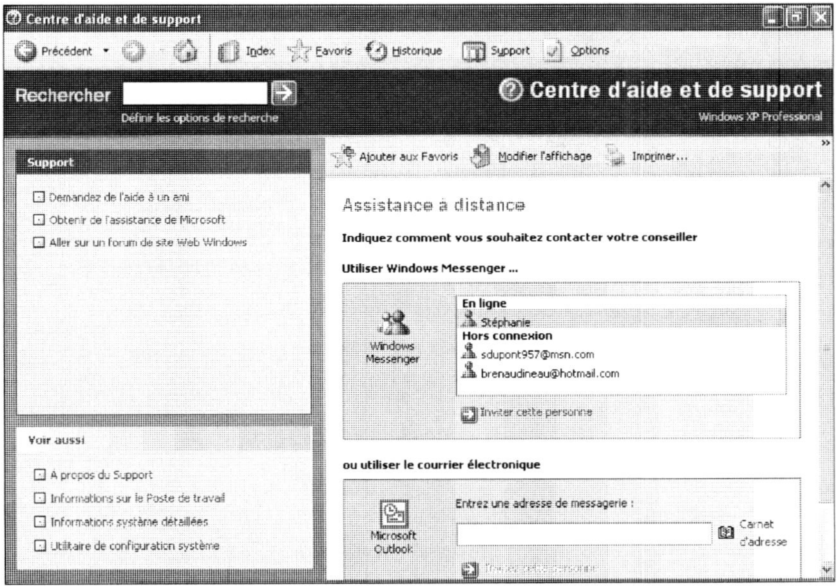

*Le lien **Inviter cette personne** devient accessible lorsqu'un utilisateur a été sélectionné.*

... /...

Établir une connexion par Windows Messenger (suite)

Modifiez, si nécessaire, le temps de connexion autorisé pour cette assistance. En cliquant sur les flèches, vous pouvez ainsi définir le nombre de **minutes**, d'**heures** ou de **jours** autorisé.

Il est vivement conseillé de cocher l'option **Demander au destinataire d'utiliser un mot de passe** puis **Entrez le mot de passe** et **Confirmez le mot de passe** que le destinataire de ce message devra également saisir afin d'avoir l'autorisation de se connecter à votre ordinateur (ce destinataire doit bien sûr avoir connaissance de ce mot de passe).

Cliquez sur le bouton **Envoyer l'invitation**.

Le message est alors envoyé via votre messagerie électronique définie par défaut (exemple : Outlook). Si vous utilisez Outlook 2002, une fenêtre vous signale qu'un programme essaie d'accéder aux adresses de messagerie enregistrées. Dans Outlook dans ce cas, cliquez sur le bouton **Oui** *à deux reprises pour poursuivre l'envoi du message.*

L'Assistance à distance vous signale alors que l'invitation a été envoyée. Attendez la réponse de votre contact (cf. Répondre à une invitation (Windows Messenger)) :

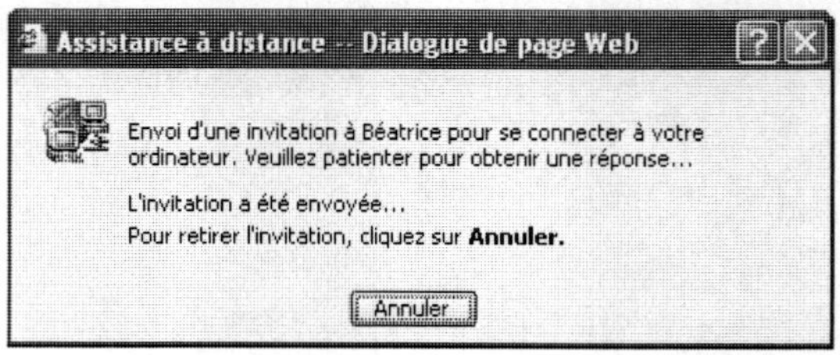

Établir une connexion par Windows Messenger (suite)

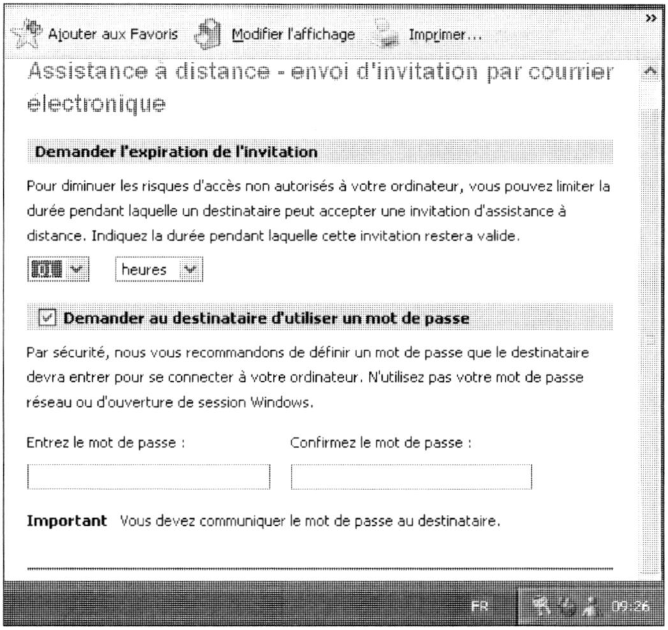

Le mot de passe saisi doit être connu par le destinataire puisqu'il devra également le saisir afin de pouvoir se connecter à votre ordinateur.

Répondre à une invitation (Windows Messenger)

Dans le cas où vous recevez une invitation (via Windows Messenger) de la part d'un ordinateur en difficulté, voici la procédure à suivre.

Si vous avez ouvert une session Windows Messenger, vous recevez des messages dans des fenêtres indépendantes.

- Pour **Accepter** l'invitation, cliquez sur le lien de même nom (ou faites Alt **T**) dans la boîte de dialogue **Contact - Conversation**.

  Pour **Refuser** l'invitation, cliquez sur le lien de même nom ou faites Alt **D**.

  Si vous n'avez pas ouvert de session Windows Messenger, l'invitation vous parvient sous forme de pièce jointe dans un message électronique.

  Dans ce cas, ouvrez le message d'invitation, puis faites un double clic sur le nom de la pièce jointe (exemple de pièce jointe : rcBuddy.MsRcIncident (1k)).

  Cliquez sur le bouton **Ouvrir** de la boîte de dialogue **Téléchargement de fichier**.

  Si l'invitation nécessite une saisie de mot de passe, une boîte de dialogue s'active. Dans ce cas, saisissez le mot de passe convenu entre vous et la personne qui vous invite puis cliquez sur le bouton **Oui**.

  Windows XP établit une connexion avec le poste en difficulté.

  *Pour que la connexion soit établie, le poste en difficulté qui était en attente de votre réponse doit vous autoriser à visualiser son écran et vous permettre de converser avec lui ; pour cela, il doit cliquer sur le bouton **Oui** sur son message.*

- *Lorsque la connexion est établie, la fenêtre **Assistance à distance** vous permet de visualiser l'écran de votre correspondant.*

  Pour le moment, vous ne pouvez que visualiser l'écran de votre correspondant en difficulté et échanger des messages et/ou des fichiers. Vous ne pouvez pas intervenir directement sur son poste.

Répondre à une invitation (Windows Messenger)

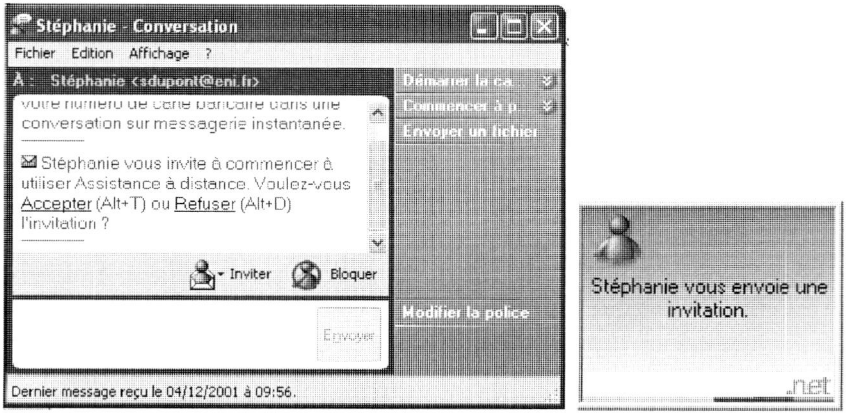

Message de l'invitation lorsque la session Windows Messenger est ouverte.

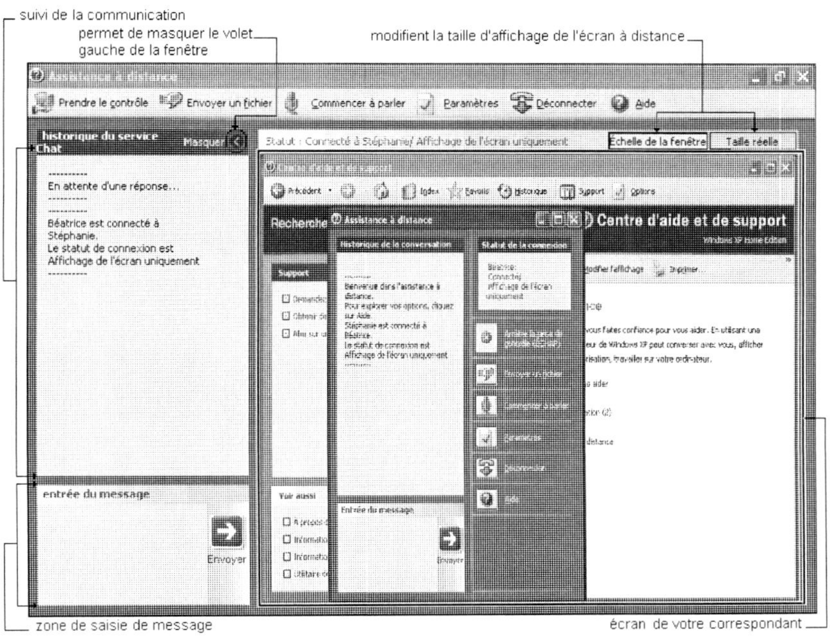

Établir une connexion par une adresse de messagerie électronique

démarrer - Aide et support.

Cliquez sur le lien **Invitez un ami à se connecter à votre ordinateur avec l'assistance à distance** puis sur **Inviter quelqu'un pour vous aider**.

Vérifiez que votre connexion à Internet est active.

Dans la zone de saisie **Entrez une adresse de messagerie**, renseignez l'adresse e-mail de la personne à qui vous souhaitez demander de l'aide (rappelons que l'adresse doit être compatible MAPI).

Cliquez sur **Inviter cette personne**.

Saisissez le texte de l'invitation dans le cadre **Message** puis cliquez sur le bouton **Continuer**.

Modifiez si nécessaire le temps de connexion autorisé pour cette assistance. En cliquant sur les flèches, vous pouvez ainsi définir le nombre de **minutes**, d'**heures** ou de **jours** autorisé.

Il est vivement conseillé de cocher l'option **Demander au destinataire d'utiliser un mot de passe** puis **Entrez le mot de passe** et **Confirmez le mot de passe** que le destinataire de ce message devra également saisir afin d'avoir l'autorisation de se connecter à votre ordinateur (ce destinataire doit bien sûr avoir connaissance de ce mot de passe).

Cliquez sur le bouton **Envoyer l'invitation**.

Le message est alors envoyé via votre messagerie électronique définie par défaut (exemple : Outlook). Si vous utilisez Outlook 2002, une fenêtre vous signale qu'un programme essaie d'accéder aux adresses de messagerie enregistrées dans Outlook. Dans ce cas, cliquez sur le bouton ***Oui*** *à deux reprises pour poursuivre l'envoi du message.*

L'Assistance à distance vous signale alors que l'invitation a été envoyée. Attendez la réponse de votre contact.

Établir une connexion par une adresse de messagerie électronique

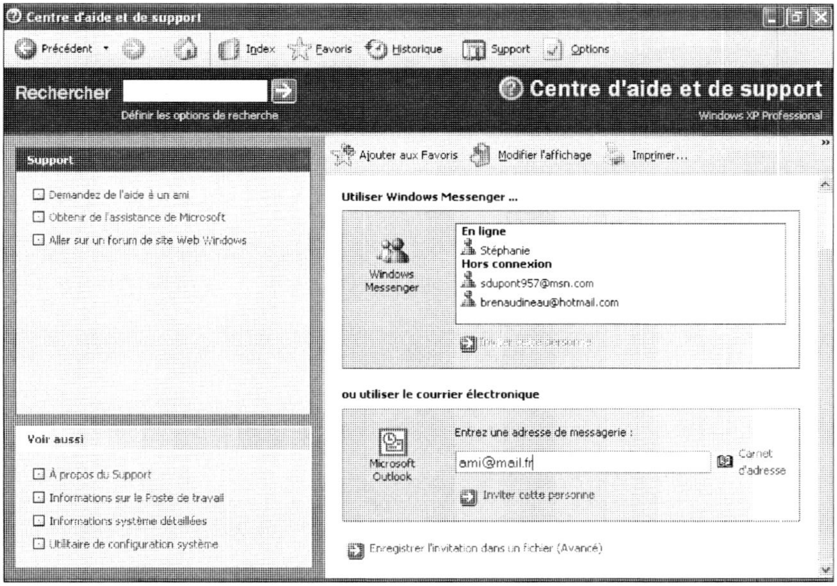

*Le lien **Carnet d'adresse** vous permet de rechercher un correspondant déjà existant dans votre carnet d'adresses.*

Répondre à une invitation (adresse e-mail)

Ouvrez si nécessaire votre logiciel de messagerie (exemple : Outlook).

Par défaut, l'objet du message est : "Vous avez reçu une invitation distante de :"

Ouvrez le message d'invitation, lisez l'éventuel "message personnel" (saisi par l'assisté) situé dans la partie inférieure du message électronique. Puis faites un double clic sur le nom de la pièce jointe (exemple de pièce jointe : rcBuddy.MsRcIncident (1k)).

Selon votre logiciel de messagerie, les commandes de l'écran suivant peuvent être différentes, mais le principe est identique, il consiste à ouvrir la pièce jointe.

- Renseignez la boîte de dialogue proposée de manière à ouvrir la pièce jointe.

  Si l'invitation nécessite une saisie de mot de passe, saisissez le mot de passe convenu entre vous et la personne qui vous invite puis cliquez sur le bouton **Oui**.

  Windows XP établit une connexion avec le poste en difficulté.

  *Pour que la connexion soit établie, le poste en difficulté qui était en attente de votre réponse doit vous autoriser à visualiser son écran et vous permettre de converser avec lui ; pour cela, il doit cliquer sur le bouton **Oui** sur son écran.*

- Lorsque la connexion est établie, la fenêtre **Assistance à distance** vous permet de visualiser l'écran de votre correspondant :

  Pour le moment, vous ne pouvez que visualiser l'écran de votre correspondant et échanger des messages et/ou des fichiers.

Répondre à une invitation (adresse e-mail)

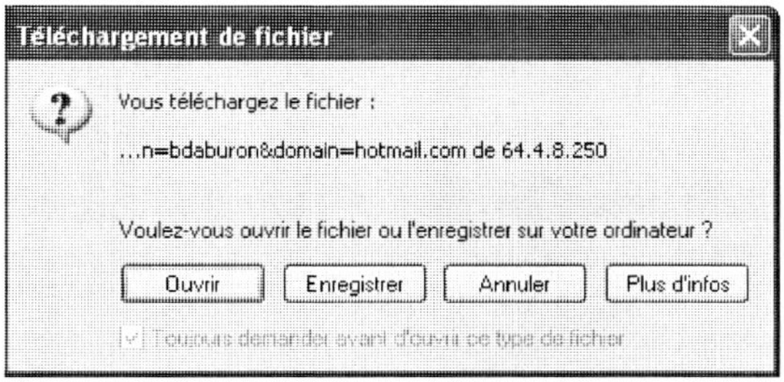

Dans cet exemple, il s'agit de la boîte de dialogue de Microsoft Outlook 2002.

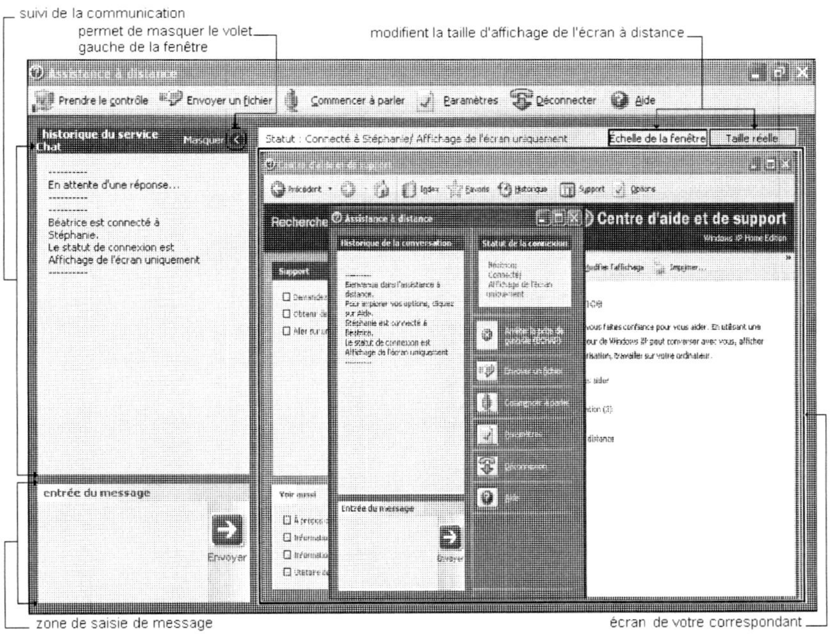

Gérer les invitations lancées

démarrer - Aide et support

Cliquez sur le lien **Invitez un ami à se connecter à votre ordinateur avec l'assistance à distance.**

Cliquez sur **Afficher le statut de l'invitation** (le chiffre situé entre parenthèses indique le nombre d'invitations déjà lancées).

Pour intervenir sur une invitation, activez l'option correspondante de la liste **Envoyer à** puis cliquez sur le bouton :

Détails	pour afficher les coordonnées de la personne invitée, la date de l'invitation, l'éventuel message inclus et l'indication de la protection par mot de passe.
Expirer	pour définir que le temps alloué à cette invitation est expiré.
Renvoyer	pour envoyer de nouveau une invitation avec les mêmes données (message, correspondant...).
Supprimer	pour supprimer définitivement l'invitation.

Modifier l'affichage de l'écran distant

Établissez une connexion de type Assistance à distance.

Pour modifier l'affichage sur votre poste de l'écran de votre correspondant, cliquez sur le bouton **Échelle de la fenêtre** pour que l'écran de votre correspondant ayant demandé de l'aide puisse s'afficher entièrement dans le volet d'affichage de la fenêtre **Assistance à distance** sur votre poste.

Cliquez sur le bouton **Taille réelle** pour que l'écran de votre correspondant s'affiche sur votre poste en taille réelle.

Que vous soyez "assistant" ou "assisté", pour dialoguer entre ordinateurs connectés, saisissez votre texte dans la zone **entrée du message** puis cliquez sur le bouton **Envoyer** pour expédier votre message.

*Les messages reçus et expédiés apparaissent dans le volet **Historique de la conversation** ou **historique du service Chat** selon la version Windows XP utilisée (professionnelle ou familiale).*

Gérer les invitations lancées

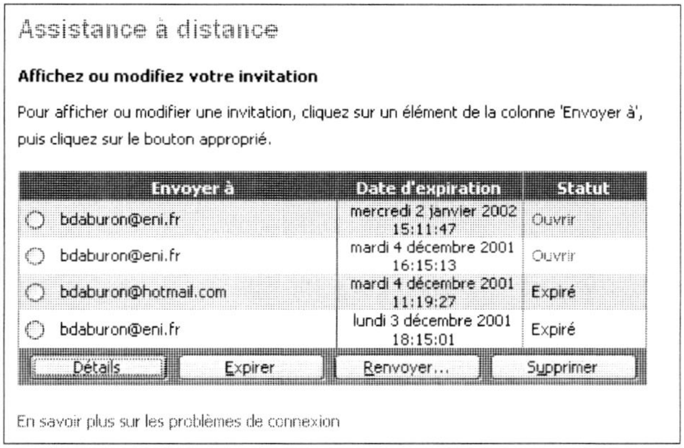

*La colonne **Statut** indique l'état de la connexion.*

Modifier l'affichage de l'écran distant

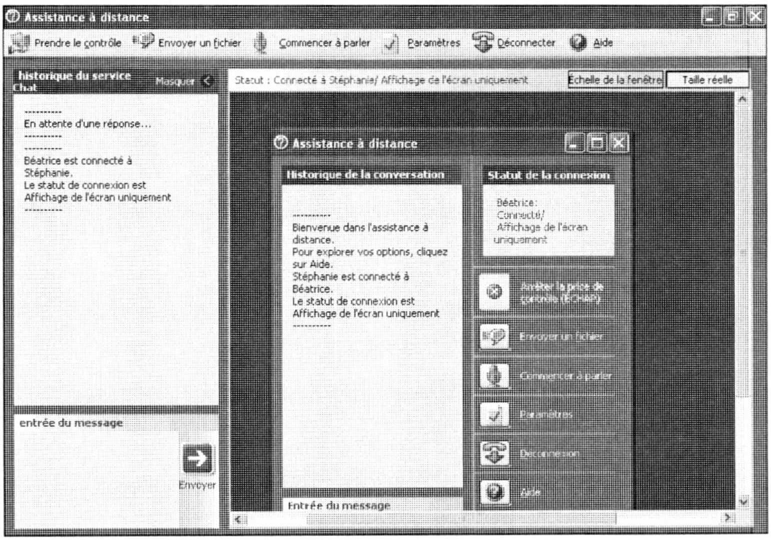

*En affichage taille réelle, des barres de défilement (horizontal et vertical) font leur apparition dans le volet d'affichage de la fenêtre **Assistance à distance** afin de vous permettre de visualiser les zones masquées de l'écran.*

Échanger un fichier entre ordinateurs connectés

Établissez une connexion de type Assistance à distance.

Pour envoyer un fichier, cliquez dans la fenêtre **Assistance à distance**, sur le bouton Envoyer un fichier à partir du poste de l'assistant ou sur le bouton **Envoyer un fichier** à partir du poste de l'assisté.

Saisissez, dans la zone réservée à cet effet, le nom complet du fichier concerné ou cliquez sur le bouton **Parcourir** pour le rechercher dans l'arborescence de votre poste de travail (ou sur un réseau).

Cliquez sur le bouton **Envoyer le fichier**.

L'ordinateur distant reçoit un avis de réception de fichier :

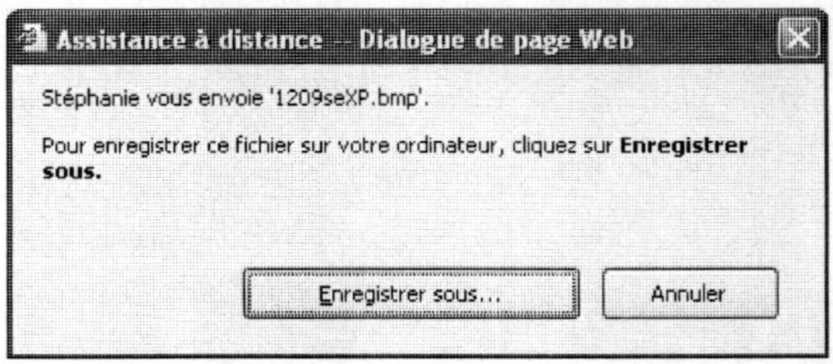

Le destinataire (ordinateur distant) clique alors sur **Enregistrer sous** pour enregistrer le nouveau fichier à l'emplacement choisi dans la fenêtre suivante **Enregistrer sous**.

Une nouvelle fenêtre lui propose d'ouvrir immédiatement le fichier nouvellement reçu (et enregistré). Pour cela, le destinataire clique sur le bouton **Oui** ou sur le bouton **Non** s'il préfère différer son ouverture.

Une notification est adressée à l'expéditeur lui indiquant que le destinataire a accepté le fichier (qu'il soit ouvert ou non).

*Tant que le destinataire n'a pas enregistré le fichier, l'expéditeur peut arrêter le transfert en cliquant sur le bouton **Annuler**.*

Échanger un fichier entre ordinateurs connectés

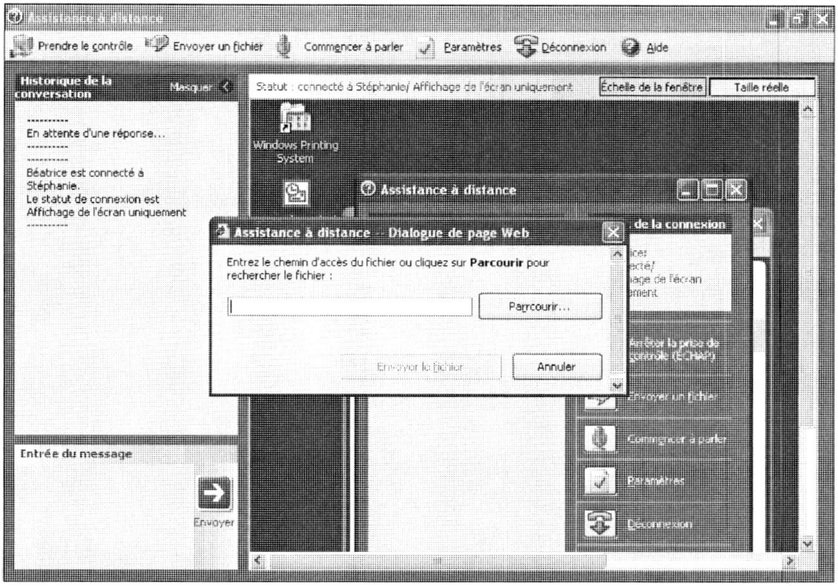

Prendre et libérer le contrôle de l'ordinateur distant

Cette fonctionnalité permet à l'assistant de travailler directement sur le poste de l'assisté. L'assistant utilise alors son clavier et sa souris pour intervenir directement sur les fichiers et système du poste distant. Durant la prise de contrôle à distance, l'assisté peut également intervenir.
Rappelons que cette fonction n'est possible que si l'ordinateur assisté en a donné l'autorisation auparavant (cf. Paramétrer votre poste de travail).

Établissez une connexion d'assistance à distance.
À partir de la fenêtre **Assistance à distance** de l'assistant, cliquez sur le bouton Prendre le contrôle.

Une notification de prise de contrôle s'affiche sur l'écran de l'assisté.

Pour autoriser la prise de contrôle de son ordinateur par l'assistant, l'assisté doit cliquer sur le bouton **Oui**.

Lorsque l'assisté à accepter cette prise de contrôle, l'assistant en est averti :

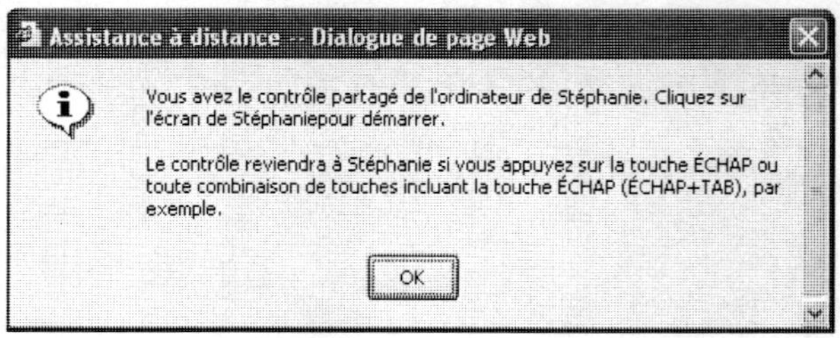

Cliquez sur le bouton **OK**.

Notez le nouveau statut de la connexion : Statut : Connecté à Stéphanie/ Contrôle.

... /...

Prendre et libérer le contrôle de l'ordinateur distant

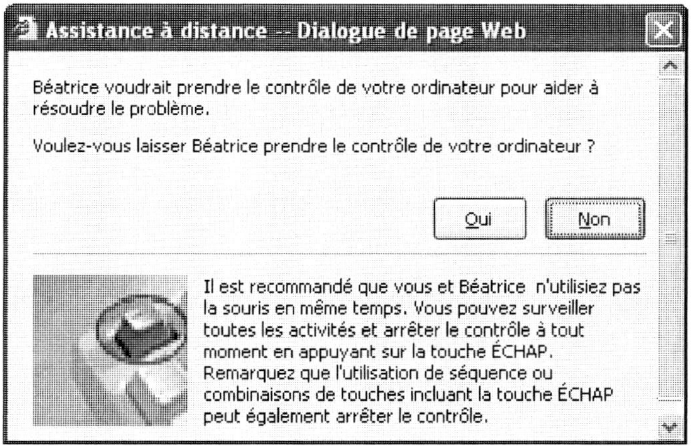

... /...

Prendre et libérer le contrôle de l'ordinateur distant (suite)

↳ *Vous pouvez désormais travailler sur et dans le poste distant comme s'il s'agissait de votre propre poste.*

Du poste assisté : Pour arrêter le contrôle à distance de votre ordinateur, appuyez sur la touche Echap du clavier ou cliquez sur le bouton **Arrêter la prise de contrôle (ECHAP)** de la fenêtre **Assistance à distance.**

Du poste assistant : Pour arrêter le contrôle à distance d'un poste distant, cliquez sur le bouton Libérer le contrôle.

Pour stopper la connexion au poste distant, cliquez sur le bouton Déconnecter ou **Déconnexion** à partir du poste assistant ou du poste assisté, puis cliquez sur **OK**.

Prendre et libérer le contrôle de l'ordinateur distant (suite)

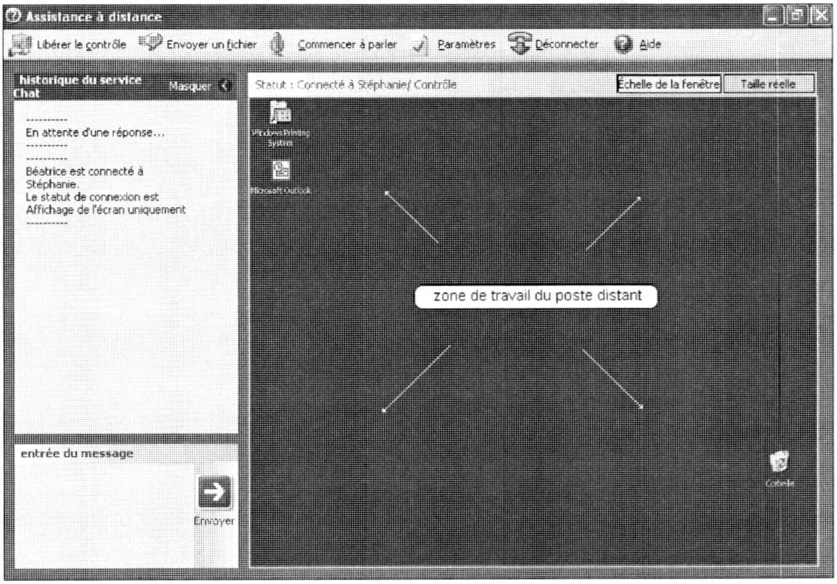

Définir les autorisations de connexion du poste Bureau

Windows XP vous permet de travailler à distance en vous connectant à votre ordinateur de bureau à partir de votre domicile ou d'un autre lieu. Cette connexion est appelée Bureau à distance.
L'ordinateur sur lequel vous souhaitez vous connecter peut être un serveur Terminal Server ou un ordinateur exécutant Windows XP Professionnel ou Windows XP Server.

L'ordinateur sur lequel vous vous connecterez (dont le système d'exploitation est Windows XP Professionnel) à partir de votre domicile doit avoir au préalable enregistrer les autorisations nécessaires.

démarrer - Panneau de configuration - Performance et maintenance - Système - onglet **Utilisation à distance**

Vérifiez que l'option **Autoriser les utilisateurs à se connecter à distance à cet ordinateur** est cochée.

Cliquez sur le bouton **Choisir des utilisateurs distants** afin de créer des autorisations personnelles.

Cliquez sur le bouton **Ajouter** pour ajouter un nouveau compte utilisateur à qui vous donnez une autorisation de connexion.

Dans la zone **Entrez les noms des objets à sélectionner**, saisissez le nom d'utilisateur concerné (le lien **exemples** vous propose quelques syntaxes autorisées).

Cliquez si nécessaire sur le bouton **Vérifier les noms** afin que Windows vérifie l'existence du nom de l'utilisateur saisi.

Cliquez sur le bouton **OK** pour valider.

Fermez successivement toutes les fenêtres en cliquant à deux reprises sur le bouton **OK**.

Définir les autorisations de connexion du poste Bureau

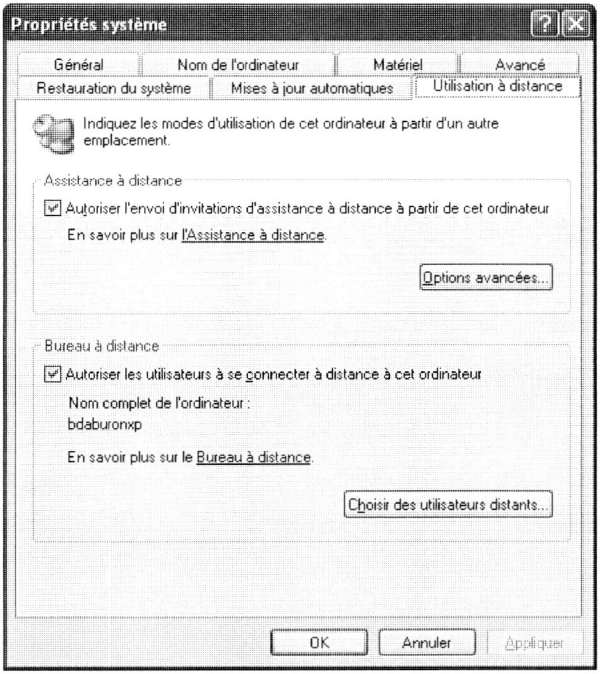

Le cadre ***Bureau à distance*** *n'apparaît que dans la version professionnelle de Windows XP.*

Définir/modifier les paramètres de connexion du poste "domicile"

*Le logiciel client nécessaire pour l'accès à distance est installé par défaut sur les versions Windows XP familial et professionnel. Pour les autres versions Windows (2000, ME, 98, 95) vous devrez l'installer à partir du CD-Rom de Windows XP. Pour cela, insérez le CD-Rom puis cliquez sur **Effectuer des tâches supplémentaires** puis sur **Créer une connexion Bureau à distance** et suivez les instructions de l'Assistant.*

Cliquez sur le bouton **démarrer** puis sur **Tous les programmes**.
Ouvrez le menu **Accessoires** puis **Communications**, et cliquez sur l'option **Connexion Bureau à distance**.
Cliquez sur le bouton **Options**.

➪ Dans le cadre **Paramètres d'ouverture de session** :

- saisissez le nom de l'**Ordinateur** ou son adresse IP (vous pouvez également cliquer sur la flèche associée au champ **Ordinateur** puis cliquer sur **Parcourir** afin de rechercher l'un des ordinateurs disponibles dans le domaine).
- vérifiez le **Nom d'utilisateur** sous lequel vous devrez ouvrir la session sur le poste distant.
- si vous le souhaitez, saisissez votre **Mot de passe** puis cochez l'option **Enregistrer mon mot de passe** (même si vous avez enregistré votre mot de passe dans ce champ, sachez que selon les stratégies de votre réseau ou la configuration du serveur Terminal Server auquel vous souhaitez vous connecter, il est possible que vous ayez à le ressaisir).
- saisissez si nécessaire dans la zone **Domaine**, le groupe de travail ou le domaine dans lequel une session doit être ouverte automatiquement.

Si vous souhaitez établir la connexion immédiatement, cliquez sur le bouton **Connexion**. Sachez que dans ce cas, les informations saisies sont enregistrées automatiquement dans un fichier nommé **Default.rdp** et deviennent les paramètres par défaut de toutes les connexions Bureau à distance.

*Par défaut, les fichiers.rdp sont enregistrés sous forme de fichiers <u>cachés</u> dans le dossier **Mes documents**.*

Si vous souhaitez enregistrer ces paramètres de connexion sous un nom particulier, cliquez sur le bouton **Enregistrer sous**.

... /...

Définir/modifier les paramètres de connexion du poste "domicile"

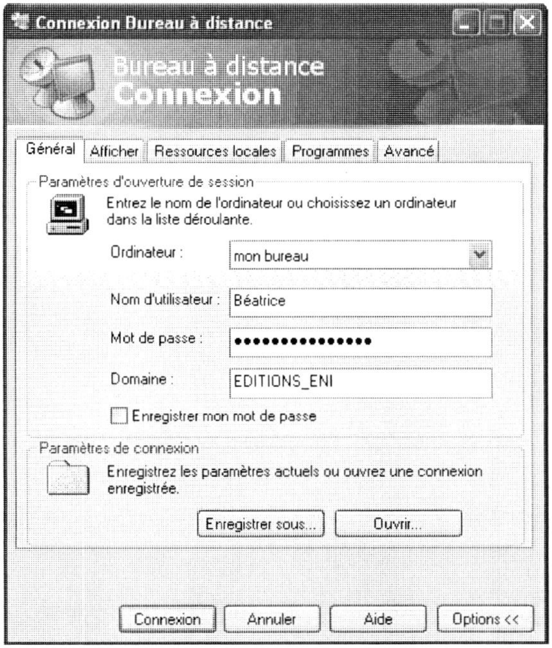

*Les onglets **Afficher**, **Ressources locales**, **Programmes** et **Avancé** vous permettent de paramétrer l'affichage de l'écran distant, de choisir les périphériques locaux, de lancer une application particulière à l'ouverture de la session, d'optimiser les performances de connexion, etc.*

... /...

Définir/modifier les paramètres de connexion du poste "domicile" (suite)

Vérifiez alors que le **Type** de fichier est bien **Fichiers du Bureau distant (*.RDP)** puis choisissez l'emplacement souhaité avant de saisir le **Nom du fichier**.

Cliquez sur le bouton **Enregistrer** pour valider.

Pour modifier les paramètres de connexion d'un fichier .rdp, cliquez avec le bouton droit sur le fichier, puis cliquez sur l'option **Modifier** (rappelons que les fichiers .rdp enregistrés automatiquement dans le dossier **Mes documents** sont "cachés", pour les visualiser faites **Outils - Options des dossiers** - onglet **Affichage**, puis activez l'option **Afficher les fichiers et dossiers cachés**).

Définir/modifier les paramètres de connexion du poste "domicile" (suite)

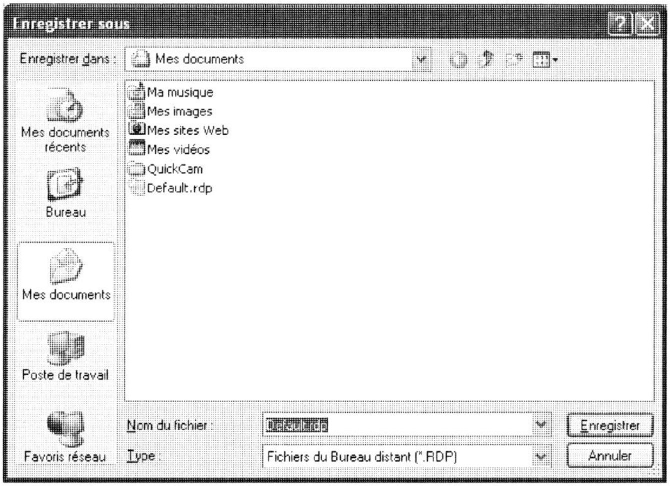

Utiliser la connexion Bureau à distance

Cliquez sur le bouton **démarrer** puis sur **Tous les programmes** du poste "domicile".

Ouvrez le menu **Accessoires** puis **Communications**, et cliquez sur l'option **Connexion Bureau à distance**.

Saisissez le nom de l'**Ordinateur** ou l'adresse IP sur lequel Bureau à distance a été activé et sur lequel vous disposez bien sûr de l'autorisation Bureau à distance.

Vous pouvez également cliquer sur la flèche associée au champ **Ordinateur** puis cliquer sur **Parcourir** afin de rechercher les ordinateurs disponibles dans le domaine.

L'ordinateur sur lequel vous souhaitez vous connecter peut être un serveur Terminal Server ou un ordinateur exécutant Windows XP Professionnel ou Windows XP Server.

Pour définir les paramètres de connexion, cliquez sur le bouton **Options** puis complétez les zones comme décrites dans le titre précédent.

Cliquez sur le bouton **Connexion**.

Cliquez sur le bouton **OK** de la boîte de dialogue **Ouverture de session Windows** après avoir renseigné les champs **Utilisateur** et **Mot de passe**.

... /...

Utiliser la connexion Bureau à distance

*Le bouton **Options** vous donne accès aux paramètres de connexion.*

... /...

Utiliser la connexion Bureau à distance (suite)

↳ *Le Bureau de l'ordinateur distant s'affiche et occupe tout l'espace (à condition que l'ordinateur distant soit allumé et connecté à Internet ou au réseau local). Un onglet jaune mentionne son adresse IP et contient les trois boutons classiques des fenêtres. Vous pouvez utiliser l'ordinateur distant comme si vous étiez physiquement devant lui.*

Le bouton [-] de l'onglet jaune permet de masquer le Bureau à distance afin de retrouver votre propre bureau. Pour afficher de nouveau le Bureau à distance, cliquez sur l'icône correspondante de la barre des tâches.

Pour vous déconnecter, fermez la fenêtre du Bureau à distance en cliquant sur [X] de l'onglet jaune puis validez par **OK**.

Attention : ceci ne clôture pas la session sur l'ordinateur distant. Les applications ouvertes restent en cours de fonctionnement.

Pour fermer la session (et la connexion par la même occasion) cliquez sur le bouton **démarrer** puis sur **Fermer la session**, cliquez ensuite sur le bouton **Fermer la session**.

Utiliser la connexion Bureau à distance (suite)

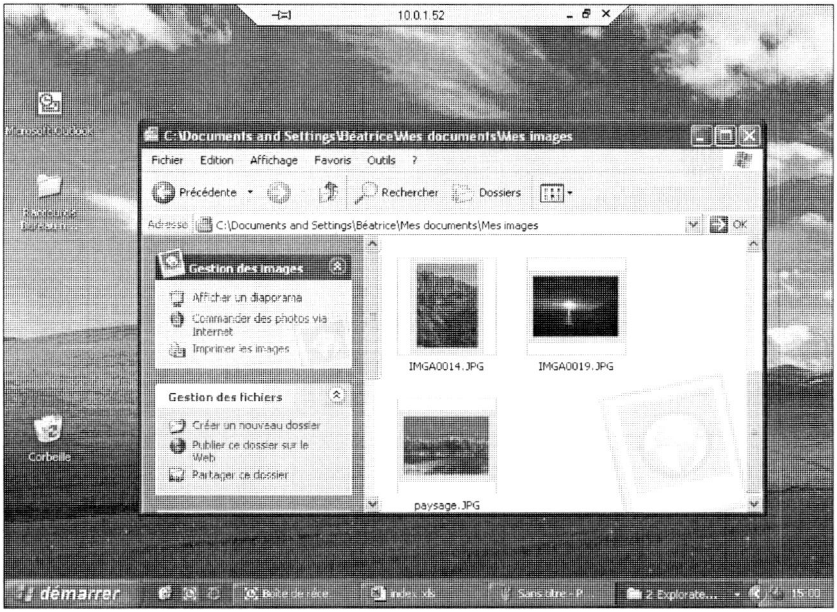

L'onglet jaune apparaît tout en haut de l'écran.

NOTES PERSONNELLES

Raccourcis-clavier généraux

Ctrl **C**	Copier la sélection dans le Presse-papiers
Ctrl **X**	Couper la sélection
Ctrl **V**	Coller la sélection
Ctrl **Z**	Annuler la dernière manipulation
Suppr	Supprimer l'élément sélectionné
⇧ Shift Suppr	Supprimer définitivement l'élément sélectionné sans passer par la Corbeille
Ctrl tout en faisant glisser un élément	Copier l'élément sélectionné
Ctrl ⇧ Shift tout en faisant glisser un élément	Créer un raccourci vers l'élément sélectionné
F2	Renommer l'élément sélectionné
Ctrl **A**	Sélectionner tout
F3	Rechercher un fichier ou un dossier
Alt Entrée	Afficher des propriétés pour l'élément sélectionné
Alt F4	Fermer l'élément actif ou quitter le programme actif
Alt Entrée	Afficher les propriétés de l'objet sélectionné
Alt Espace	Ouvrir le menu contextuel de la fenêtre active
Ctrl F4	Fermer le document actif dans les programmes vous permettant d'avoir plusieurs documents ouverts simultanément
Alt ⇄	Passer d'un élément ouvert à l'autre
Alt Echap	Parcourir les éléments dans leur ordre d'ouverture
F6	Parcourir les éléments d'écran d'une fenêtre ou du bureau
F4	Afficher la liste des barres d'adresse dans Poste de travail ou dans l'Explorateur Windows
⇧ Shift F10	Afficher le menu contextuel associé à l'élément sélectionné
Alt Espace	Afficher le menu Système pour la fenêtre active
Ctrl Echap	Afficher le menu **démarrer**
Alt + lettre soulignée d'un nom de menu	Afficher le menu correspondant

Lettre soulignée dans un nom de commande d'un menu ouvert	Exécuter la commande correspondante
[F10]	Activer la barre de menus dans le programme actif
[→]	Ouvrir le menu suivant à droite ou ouvrir un sous-menu
[←]	Ouvrir le menu suivant à gauche ou fermer un sous-menu
[F5]	Actualiser la fenêtre active
[⟵]	Afficher le dossier d'un niveau supérieur dans Poste de travail ou dans l'Explorateur Windows.
[Echap]	Annuler la tâche en cours
[⇧Shift] lorsque vous insérez un CD dans le lecteur de CD-Rom	Empêcher la lecture automatique du CD

Raccourcis dans une boîte de dialogue

[Ctrl] [⇄]	Avancer dans les onglets
[Ctrl] [⇧Shift] [⇄]	Reculer dans les onglets
[⇄]	Avancer dans les options
[⇧Shift] [⇄]	Reculer dans les options
[Alt] + lettre soulignée	Exécuter la commande correspondante ou sélectionner l'option correspondante
[Entrée]	Exécuter la commande pour l'option active ou le bouton actif
[Espace]	Activer ou désactiver la case à cocher si l'option active en cours est une case à cocher
Touches de direction	Sélectionner un bouton si l'option active est un groupe de boutons d'option
[F1]	Afficher l'Aide
[F4]	Afficher les éléments dans la liste active
[⟵]	Ouvrir un dossier d'un niveau supérieur si un dossier est sélectionné dans la boîte de dialogue **Enregistrer sous** ou **Ouvrir**.

Raccourcis-clavier spécifiques Windows

[Windows]	Afficher ou masquer le menu **Démarrer**
[Windows] **D**	Afficher le bureau
[Windows] **M**	Réduire toutes les fenêtres
[Windows] [⇧ Shift] **M**	Restaurer les fenêtres réduites
[Windows] **E**	Ouvrir le Poste de travail
[Windows] **F**	Rechercher un fichier ou un dossier
[Ctrl] [Windows] **F**	Rechercher des ordinateurs
[Windows] [F1]	Afficher l'Aide de Windows
[Windows] **L**	Verrouiller le clavier
[Windows] **R**	Ouvrir la boîte de dialogue **Exécuter**
[Menu contextuel]	Afficher le menu contextuel associé à l'élément sélectionné
[Windows] **U**	Ouvrir le Gestionnaire d'utilitaires

Raccourcis-clavier de l'Explorateur Windows

[Fin]	Afficher le bas de la fenêtre active
[↖]	Afficher le haut de la fenêtre active
* (sur le pavé numérique)	Afficher tous les sous-dossiers du dossier sélectionné
+(sur le pavé numérique)	Afficher le contenu du dossier sélectionné
- (sur le pavé numérique)	Réduire le dossier sélectionné
[←]	Réduire la sélection actuelle si elle est étendue ou sélectionner le dossier parent
[→]	Afficher la sélection actuelle si elle est réduite ou sélectionner le premier sous-dossier

Raccourcis-clavier de Windows Movie Maker

Ctrl N	Créer un nouveau projet
Ctrl O	Ouvrir un projet
Ctrl R	Enregistrer un projet
Ctrl ⇧Shift S	Enregistrer le projet sous
Ctrl I	Importer
Ctrl E	Enregistrer
Ctrl M	Enregistrer la séquence vidéo
Ctrl X	Couper
Ctrl C	Copier
Ctrl V	Coller
Suppr	Supprimer
Ctrl A	Sélectionner tout
F2	Renommer
Pg Up	Zoom avant
Pg Dn	Zoom arrière
Ctrl Alt ↑	Définir le point initial de découpage
Ctrl Alt ↓	Définir le point final de découpage
Ctrl Alt ⇧Shift S	Supprimer les points de découpage
Ctrl Alt S	Fractionner
Ctrl Alt C	Associer
Espace	Lecture/Pause
. (point)	Arrêt
Alt ←	Précédent
Alt →	Suivant
Ctrl Alt ←	Clip précédent
Ctrl Alt →	Clip suivant
Alt Entrée	Plein écran
Echap	Quitter le plein écran
F1	Rubriques d'aide
F6 ou ⇄	Volet Volet suivant
⇧Shift F6 ou ⇧Shift ⇄	Volet précédent
↖	Premier clip
Fin	Dernier clip

Emoticons (pour Windows Messenger)

Pour envoyer :	**Tapez**
	**:-)** ou **:)**
	**:-D** ou **:d**
	**:-O** ou **:o**
	**:-P** ou **:p**
	**;-)** ou **;)**
	**:-(** ou **:(**
	**:-S** ou **:s**
	**:-|** ou **:|**
	**(Y)** ou **(y)**
	**(N)** ou **(n)**
	**(L)** ou **(l)**
	**(U)** ou **(u)**
	**(K)** ou **(k)**
	**(G)** ou **(g)**
	**(F)** ou **(f)**
	**(X)** ou **(x)**
	**(Z)** ou **(z)**
	**(P)** ou **(p)**
	**(B)** ou **(b)**
	**(D)** ou **(d)**
	**(T)** ou **(t)**
	**(@)**
	**(C)** ou **(c)**
	**(I)** ou **(i)**
	**(H)** ou **(h)**
	**(S)**

	**(*)**
	**(8)**
	**(E)** ou **(e)**
	**(M)** ou **(m)**
	**:-[** ou **:[**
	**(^)**
	**:'(**
	**:-@** ou **:@**
	**({)**
	**(})**
	**(W)** ou **(w)**

A

B

C

E

F

G

H

I

P

R

S

W

Z

Liste des titres disponibles de la collection Repère

Consultez notre site Internet pour avoir la liste des derniers titres parus.
http://www.editions-eni.com

ACCESS 2002 – Fonctions de base
ACCESS 2002 – Fonctions avancées
ACCESS 2000 - Fonctions de base
ACCESS 2000 - Fonctions avancées
ACCESS 97 - Fonctions de base
ACCESS 97 - Fonctions avancées
EXCEL 2002 - Fonctions de base
EXCEL 2002 - Fonctions avancées
EXCEL 2000 - Fonctions de base
EXCEL 2000 - Fonctions avancées
EXCEL 97 - Fonctions de base
EXCEL 97 - Fonctions avancées
INTERNET EXPLORER 6
INTERNET EXPLORER 5
LOTUS NOTES 5 – Messagerie et environnement utilisateur
OUTLOOK EXPRESS (version 6)
OUTLOOK EXPRESS (version 5)
OUTLOOK 2002 - Utilisateur
OUTLOOK 2000 - Utilisateur
OUTLOOK 98 – Utilisateur
POWERPOINT 2002 – Création et utilisation de diaporamas
POWERPOINT 2000 - Création et utilisation de diaporamas
POWERPOINT 97 - Création et utilisation de diaporamas
WINDOWS XP
WINDOWS XP – Optimiser le poste de travail
WINDOWS XP – Communication et Multimédia
WINDOWS 2000 - Utilisateur
WINDOWS MILLENNIUM
WINDOWS 98
WINDOWS 95
WINDOWS NT 4 – Utilisateur
WORD 2002 – Fonctions de base
WORD 2002 – Fonctions avancées
WORD 2000 - Fonctions de base
WORD 2000 - Fonctions avancées
WORD 97 - Fonctions de base
WORD 97 - Fonctions avancées
WORKS 2000